SOCIÉTÉ DUNKERQUOISE

pour l'Encouragement des Sciences, des Lettres et des Arts

(Reconnue d'utilité publique.)

CONGRÈS
DES
SCIENCES HISTORIQUES

EN JUILLET 1907

(RÉGION DU NORD ET BELGIQUE)

A DUNKERQUE

2e VOLUME

(TRAVAUX DU CONGRÈS)

DUNKERQUE

[illegible]

1908

BIBLIOTHÈQUE POPULAIRE
MALO-les-BAINS
N° du Catalogue

CONGRÈS

DES

SCIENCES HISTORIQUES

SOCIÉTÉ DUNKERQUOISE

Pour l'Encouragement des Sciences, des Lettres et des Arts

(Reconnue d'utilité publique.)

CONGRÈS DES SCIENCES HISTORIQUES

EN JUILLET 1907

(RÉGION DU NORD ET BELGIQUE)

A DUNKERQUE

2me VOLUME

DUNKERQUE

TYPOGRAPHIE-LITHOGRAPHIE MINET-TRESCA, RUE DES PIERRES, 7

— 1907 —

Président d'Honneur

LE MINISTRE DE L'INSTRUCTION PUBLIQUE

Comité d'Honneur

Les Présidents des Sociétés du Nord de la France :

MM. V. Barbier, ✿ I., Président de la *Commission des Monuments historiques* et de l'Union Artistique du Pas-de-Calais ; Secrétaire-Général de l'Académie d'Arras.

Ch. Barrois, ✱ O., Professeur de Géologie à l'Université de Lille, Membre de l'Institut, Président de la *Société des Sciences, Agriculture et Arts de Lille.*

J. Boquet, Artiste Peintre ; Président de la *Société des Antiquaires de Picardie*, Membre de l'Académie d'Amiens, Président de l'Association des Rosati Picards et de la Société des Amis des Arts de la Somme.

E. Boyard, ✿, Président de la *Société Académique de Boulogne-sur-Mer.*

J. Decroos, Notaire, Président de la *Société des Antiquaires de la Morinie*, Membre de la Société Française d'Archéologie.

A. Doutriaux, ✿ I., Avocat, Président de la *Société d'Agriculture, Sciences et Arts de Valenciennes.*

J. Finot, ✱ ✿ I., Président de la *Commission Historique du Département du Nord*, Archiviste du Département du Nord.

MM. E. GELLÉ, député de la Somme, Président de la *Société d'Histoire et d'Archéologie du Vimeu.*

G. GOSSART, Président de la *Société Archéologique d'Avesnes.*

A. LALLEMANT, ✿, ancien Adjoint au Maire de Cambrai, Président de la *Société d'Emulation de Cambrai.*

P. LESTIENNE, Industriel, Président de la *Société d'Emulation de Roubaix.*

Abbé LEURIDAN, Archiviste du diocèse de Cambrai, Président de la *Société d'Etudes de la Province de Cambrai.*

Chanoine LOOTEN, Docteur ès-lettres, Professeur aux Facultés libres de Lille, Président du *Comité Flamand de France,* Membre correspondant de l'Académie Royale Flamande de Belgique.

L. RANDON, Notaire honoraire, Président de l'*Académie d'Amiens.*

B. A. RIVIÈRE, ✿ I., Bibliothécaire de la Ville de Douai, Président de la *Société Centrale d'Agriculture, Sciences et Arts du Nord.*

Dr REUMAUX, Président de l'*Union Faulconnier*, à Dunkerque.

Chanoine Ch. ROHART, ✠ Docteur en théologie, Professeur à la Faculté de théologie de Lille; Président de l'*Académie d'Arras ;* Secrétaire-Général de la Commission des Monuments historiques du Pas-de-Calais.

J. A. VAYSON, ✻, Industriel, Président de la *Société d'Émulation d'Abbeville.*

MM. AFTALION, Professeur à la Faculté de Droit de Lille.

BENOIT, Professeur à la Faculté des Lettres de Lille.

BLANCHARD, Professeur à la Faculté des Lettres de Grenoble.

Dr CALMETTE, Directeur de l'Institut Pasteur de Lille.

Chanoine CAUCHIE, Professeur à l'Université de Louvain.

MM. DEMANGEON, Professeur à la Faculté des Lettres de Lille.
ENLART, Conservateur du Musée du Trocadéro.
FREDERICQ, Professeur à l'Université de Gand.
GOSSELET, Doyen honoraire de la Faculté des Sciences de Lille.
LANGLOIS, Professeur à la Faculté des Lettres de Lille.
Dr MARMIER, Sous-Directeur de l'Institut Pasteur de Lille.
MERGHELYNCK, Archéologue à Ypres.
PETIT-DUTAILLIS, Professeur à la Faculté des Lettres de Lille.
PIRENNE, Professeur à l'Université de Gand.
Dr SURMONT, Professeur à la Faculté de Médecine de Lille.

BUREAU

DE LA

SOCIÉTÉ DUNKERQUOISE

Pour l'Encouragement des Sciences, des Lettres et des Arts.

Président : Dr G. DURIAU.

Vice-Présidents { E. BOUCHET.
E. DEBACKER.

Secrétaire-Général : H. TERQUEM.

Secrétaire des Séances : F. GORY.

Trésorier : F. ISORÉ.

Bibliothécaire-Archiviste : Dr LANCRY.

Bibliothécaire-Archiviste-Adjoint : A MINET

COMMISSION D'ORGANISATION DU CONGRÈS

Président : M. S. Dreyfus.

Secrétaire-Général : M. F. Gory, Secrétaire de la Société Dunkerquoise.

Trésorier : M. Isoré, Trésorier de la Société Dunkerquoise.

Membres : MM. G. Duriau, Président ; Bouchet, E. Debacker, Vice-Présidents ; H. Terquem, Secrétaire-Général ; Dr Lancry, Bibliothécaire-Archiviste et Minet, Bibliothécaire-Archiviste-Adjoint de la Société Dunkerquoise ; Bled, G. Bollaert, Bonnaire, A. Boone, Bufquin, P. Collet, M. Deck, Denquin, A. de Saint-Léger, Desplanque, Ch. Duriau, J. Geysen, G. Kremp, B. Morel, E. Reumaux, Vancauwenberghe, Vollaeys, F. Weus.

LISTE DES ADHÉRENTS

1° ALLEMAGNE

COHEN (Docteur Gustave), Lecteur de langue et de littérature française à l'Université de Leipzig, Breitenfelderst, 56-11, Leipzig, Gohlis.

2° BELGIQUE

MM. BERGMANNS, Paul, Sous-Bibliothécaire de l'Université, Secrétaire de la Société d'Histoire et d'Archéologie de Gand, rue de la Forge, 49, Gand.

BÉTHUNE (Baron François), membre du Cercle Historique et Archéologique de Courtrai, Marcke.

CAUCHIE Alfred (Chanoine), Professeur à l'Université de Louvain, rue de Namur, 40, Louvain.

CERCLE ARCHÉOLOGIQUE DU PAYS DE WAES, Grand'Place, Saint-Nicolas, Waes.

DE BUGGENOMS, Louis, Avocat, place de Brouckard, 19, Liège.

DE CANNART D'HAMALE, Arthur, Propriétaire, avenue de l'Hippodrome, 45, Bruxelles.

De Cannart d'Hamale (Mme Arthur), Propriétaire, avenue de l'Hippodrome, 45, Bruxelles.

MM. De Flou, Charles, Directeur de l'Académie royale flamande, délégué de l'Académie royale flamande, rue des Bouchers, 33, Bruges.

De Ghellinck Vaernewyck (Vicomte Amaury), Président du Cercle Archéologique d'Audenarde, château d'Elseghem, près Audenarde.

Delpy, Adrien, Architecte archéologue, rue Belliard, 63, Bruxelles.

De Maere d'Aertrycke (Baron Maurice), député, château d'Aertrycke, Aaertrycke, délégué de la Société d'Archéologie de Bruxelles.

De Royer de Dour (Baron), Commissaire d'arrondissement de Bruxelles, membre de la Société d'Archéologie de Bruxelles, rue Guimard, 14, Bruxelles.

De Schrevel A.-C. (Chanoine), rue des Annonciades, 35, Bruges.

Desmazières (Vicomte), rue d'Arlon, 13, Ixelles.

Du Fief, Jean, Professeur honoraire des Athénées royaux, rue de la Limite, 116, Bruxelles.

Fredericq, Paul, Professeur à l'Université de Gand, rue des Boutiques, 9, Gand.

Gailliard, Edw., Secrétaire perpétuel de l'Académie royale Flamande, délégué de l'Académie royale Flamande.

Gerlache, Jean, entrepreneur de travaux publics, place de l'Industrie, 9, Bruxelles.

Hocquet, Adolphe, Archiviste de la Ville de Tournai, 35, Chaussée de Willemeau, Tournai.

Laenen, Joseph (Abbé), Archiviste de l'Archevêché, boulevard des Arbalétriers, 140, Malines.

MM. Lasseau, Léon, Avocat, Docteur ès sciences politiques, secrétaire-général de la Fédération archéologique et historique de Belgique, rue de Nimy, 37, Mons.

Maertens, Joseph, Consul de Bolivie, Archéologue, place d'Armes, 4, Gand.

Maeterlinck, Louis, Conservateur du Musée des Beaux-Arts de Gand, rue du Compromis, 6, Gand.

Maton, Rodolphe, Capitaine d'état-major, rue Saint-Laurent, 148, Liège.

Merghelynck, Archéologue, Ypres.

Pirenne, Henri, Professeur à l'Université, rue Neuve Saint-Pierre, 132, Gand.

Saintenoy, Paul, Archiviste, Président de l'Académie royale d'Archéologie de Belgique, rue de l'Arbre-Bénit, 119, Bruxelles.

Société Verviétoise d'Archéologie et d'Histoire, rue du Midi, 44, Verviers.

Van der Linden, Hermann, Professeur à l'Université de Liège, quai de l'Ourthe, 16, Tilff.

Van Ruymbeke, Jean, Bourguemestre d'Oedelem, Château de Wapenaert, à Oedelem.

Waxweiler, Emile, Directeur de l'Institut de Sociologie Solvay, Professeur à l'Université, Parc Léopold, Bruxelles.

Willemsen, Gustave, Président du Cercle Archéologique du Pays de Waes, Délégué du Cercle Archéologique du Pays de Waes, rue de la Station, 15, Saint-Nicolas de Waes.

3° FRANCE

MM. Achard, Louis, expert-chef du Bureau Véritas, rue des Vieux-Quartiers, 32, Dunkerque.

Ackein, Jules, Négociant, rue Alexandre III, 8, Dunkerque.

Aftalion, Professeur à la Faculté de Droit, Lille.

Allemès, Albert, Licencié en Droit, Notaire, rue David-d'Angers, 25, Dunkerque.

Amsler, Henry, Capitaine au 110e Régiment d'infanterie, boulevard de la République, 10, Rosendaël (Nord).

Amespil, Pablo, Consul de la République Argentine, rue St-Sébastien, 1, Dunkerque.

Ardaillon, Recteur de l'Académie de Besançon, Besançon (Doubs).

Balledent, Licencié en Droit, Commissaire-priseur, rue Thiers 5, Dunkerque.

Barbier, Victor, Président de la Commission des Monuments historiques et de l'Union artistique du Pas-de-Calais, Secrétaire-Général de l'Académie d'Arras, Arras.

Baras, Pharmacien, rue de l'Eglise, 34, Dunkerque.

Barrois, Charles, Membre de l'Institut, Professeur à l'Université de Lille, rue Pascal, 41, Lille.

Barbion, Industriel, Membre de la Chambre de Commerce, Steene (Nord).

Beck, Jules, Membre du Comité Flamand de France, rue Alexandre III, 22, Dunkerque.

Becq, Elisée, Préfet du Cher à Bourges (Cher).

Beirnaert, Lucien, Avocat, Docteur en Droit, Cambrai (Nord).

MM. Belle, André, Brasseur, rue de l'Abreuvoir, 20, Dunkerque.

Benoit, Professeur à la Faculté des Lettres de Lille, Lille.

Bérode, Négociant, Consul de Suède, place de la République, 29, Dunkerque.

Berquet, Marcel, Docteur en Médecine, rue Saint-Denis, Calais.

Berthier, Médecin-major de 1re classe à l'Hôpital Militaire d'Amélie-les-Bains (Pyrénées-Orientales).

Béthune, Propriétaire, rue de Soubise, 21, Dunkerque.

Bion, Propriétaire, rue Emmery, 47, Dunkerque.

Blanchard, Docteur ès-lettres, Professeur à la Faculté des Lettres de Grenoble, Grenoble (Isère).

Bled, Edmond, Comptable à la Compagnie des Bateaux à Vapeur du Nord, rue du Fort-Louis, 41, Dunkerque.

Bollaert, Aloys, Filateur, Téteghem (Nord).

Bollaert, père, Professeur de musique, Paris.

Bollaert, Emile, Professeur de musique, rue Dupouy, Dunkerque.

Bollaert, Georges, Courtier fluvial, place Jean-Bart, Dunkerque.

Bombart, Henry, Docteur en médecine, fabricant de pansements, Solesmes (Nord).

Boquet, Jules, Propriétaire, Artiste peintre, Membre de l'Académie d'Amiens, Président de l'Association des Rosati Picards, Président de la Société des Amis des Arts de la Somme, Amiens.

Bonnaire, Professeur au Collège Jean-Bart, rue Carnot, 10, Dunkerque.

Boone, Professeur de Philosophie au Collège Jean-Bart en retraite, Marquise (Pas-de-Calais).

Boone, Alphonse, Conducteur des Ponts et Chaussées, rue des Arbres, 20, Dunkerque.

Bossaert (Mlle Lucie), Propriétaire, rue de la Marine, 24, Dunkerque.

MM. Bossaut, Bibliothécaire de la Chambre de Commerce de Dunkerque, Malo-les-Bains.

Bouchet, Emile, Homme de Lettres, Membre de la Commission Historique du Département du Nord, Vice-Président de la Société Dunkerquoise pour l'Encouragement des Sciences, des Lettres et des Arts, rue Saint-Jean, 58, Dunkerque.

Bouchon, Licencié ès-sciences mathématiques, ancien Professeur de Physique au Collège Jean-Bart, rue Neuve, 9, Dunkerque.

Boulanger, Elisée, Négociant, avenue Bel-Air, Malo-les-Bains.

Bourdel, Directeur de la Société de Construction du Slip-Way, rue Lhermitte, 2, Dunkerque.

Boutaric, Vétérinaire départemental, rue du Fort-Louis, 41. Dunkerque.

Boutique, Secrétaire-Général de la Société Photographique du Nord, Douai.

Boyard, Eugène, Président de la Société Académique de Boulogne-sur-Mer, Boulogne-sur-Mer.

Breynaert, Louis, Docteur en médecine, rue Emmery, 6, Dunkerque.

Brière, Conservateur-adjoint au Château de Versailles, Versailles.

Brisac, Jules, Sous-Préfet de Dunkerque, Hôtel de la Sous-Préfecture, Dunkerque.

Brossard, Ingénieur des Ponts et Chaussées, rue Faulconnier, 28, Dunkerque.

Broutta, Charles, Entreposeur des Tabacs en retraite, rue Alexandre III, 29, Dunkerque.

Brunet, Licencié ès-lettres, Professeur au Collège Jean-Bart, rue de la Victoire, 7, Dunkerque.

MM. Bufquin, Alphonse, Directeur de la Succursale de la Banque de France, place Jean-Bart, Dunkerque.

Bultheel, Avocat, rue du Sud, 28, Dunkerque.

Cabour, Charles, Agent de change, Juge au Tribunal de Commerce, rue Saint-Jean, 52, Dunkerque.

Calmette, Directeur de l'Institut Pasteur de Lille, Lille.

Calvet, Casimir, Professeur au Lycée Michelet, Vanves (Seine).

Caron, Archiviste paléographe, Archiviste aux Archives nationales, Paris.

Caroulle, Directeur d'école primaire, rue Caumartin, 36, Dunkerque.

Caspers, Henri, Compositeur de musique à Nogent-sur-Marne.

Catrice, Négociant, Juge suppléant au Tribunal de Commerce, rue Saint-Sébastien, 17, Dunkerque.

Cazenave, Sous-Directeur des Contributions indirectes, rue du Jeu-de-Paume, 14, Dunkerque.

Chamard, Professeur à l'Université de Paris, Paris.

Champion, Alfred, Homme de Lettres, Paris.

Charles, Emile, Recteur de l'Académie de Lyon, correspondant de l'Institut, Lyon (Rhône).

Charlet, Pharmacien de 1re classe, place de la République, 10, Dunkerque.

Chimot (Mlle), Directrice de l'Ecole communale, Rosendaël (Nord).

Claeys, Léon, ancien Sénateur, Conseiller général, maire de Bergues, Bergues (Nord).

Cleenewerck, Sous-ingénieur des Ponts et chaussées, rue Neuve, 23, Dunkerque.

Cogniart, Professeur de dessin au Collège Jean-Bart, rue de la Victoire, Dunkerque.

MM. Coiscaud, Professeur au Collège Jean-Bart, rue de la Gare, Dunkerque.

Colas, Charles, Commis des Douanes Françaises, Tunis.

Collery, Professeur de musique, compositeur, Bourbourg (Nord).

Collet, Ernest, Négociant, rue Royale, 18, Dunkerque.

Collet, Charles, Négociant, ancien Vice-Président de la Chambre de Commerce, rue du Château, 4, Dunkerque.

Collet, Charles, Ingénieur de la Chambre de Commerce, rue du Château, 4, Dunkerque.

Collet, Olry, ancien élève de l'Ecole Polytechnique, Ingénieur des constructions navales, Le Havre.

Collet, Paul, Négociant, rue Saint-Jean, 41, Dunkerque.

Coolen, Médecin-Vétérinaire, Rosendaël (Nord).

Coolen, Eugène, Négociant, rue du Lion-d'Or, 36, Dunkerque.

Coolen, Marcel, Agent général d'assurances, rue du Lion-d'Or, 11, Dunkerque.

Collignon, Receveur particulier des Finances, rue Saint-Sébastien, 20, Dunkerque.

Commission Historique du Département du Nord, Lille.

Cortier, Armateur, Malo-les-Bains.

Cortyl, Eugène, Vice-Président du Comité Flamand de France, rue d'Ypres, 46, Bailleul (Nord).

Coquelle, Félix, Négociant, Consul du Pérou, Juge au Tribunal de Commerce, rue Saint-Bernard, 11, Dunkerque.

Couhé, Louis, Docteur en Droit, Président du Tribunal Civil, rue du Sud, 44, Dunkerque.

MM. CRAPET, Aristote, Professeur à l'Ecole normale de Douai, Délégué de la Société de Géographie de Douai, Douai (Nord).

CREVELLE, Ernest, Médecin-Vétérinaire de l'armée en retraite, Inspecteur du service de l'Abattoir, rue de Beaumont, 7, Dunkerque.

CRUNEL (Mlle), Professeur de piano, Rosendaël (Nord).

CUVELIER, Albert, Propriétaire, avenue Vallon, Rosendaël (Nord).

DALINVAL, Edmond, Négociant-Armateur, rue du Vieux-Marché-au-Beurre, 18, Dunkerque.

DANY, Directeur de la banque Verley-Decroix, rue David-d'Angers, 3, Dunkerque.

DARCQ, Secrétaire en chef de la Mairie de Dunkerque.

D'AUBENTON, Percepteur des Contributions directes, rue Emmery, 77, Dunkerque.

DAVAINE, Président du Tribunal Civil, Cherbourg.

DAVID, Chimiste en chef du Ministère des Finances, rue du Jeu-de-Paume, Dunkerque.

DEBACKER, Emile, Conducteur principal des Ponts et Chaussées en retraite, Membre de la Commission Historique du département du Nord, Vice-Président de la Société Dunkerquoise pour l'Encouragement des Sciences, des Lettres et des Arts, rue du Fort-Louis, 13, Dunkerque.

DE BAECKER, Frédéric, Négociant, quai des Hollandais, 60, Dunkerque.

MM. DEBAECKE, Eugène, Directeur du Mont-de-Piété, rue Marengo, 18, Dunkerque.

DEBETTE, Directeur de la Succursale du Crédit Lyonnais, place Jean-Bart, 13, Dunkerque.

DECK, Fernand, Négociant-Armateur, rue Royale, 40, Dunkerque.

DECK, Maurice, Négociant-Armateur, rue Marengo, 46, Dunkerque.

DECKMYN, Daniel, Agent général d'assurances, rue Royale, 18, Dunkerque.

DECKMYN, Ernest, Docteur en médecine, rue Saint Jean, 50, Dunkerque.

DECONINCK, Daniel, Elève du Conservatoire de Paris, Paris.

DECONINCK, Georges, Huissier-Audiencier au Tribunal de Commerce, rue de Soubise, Dunkerque.

DECOURTRAY (Mlle), Directrice d'Ecole communale, rue des Vieux-Remparts, 64, Dunkerque.

DECROOS, Jérôme, Notaire, Président de la Société des Antiquaires de la Morinie, Membre de la Société française d'Archéologie, 51, Grand'Place, Saint-Omer (Pas-de-Calais).

DEGRAVIER, Edouard, Agent voyer principal en retraite, place de la République, 9, Dunkerque.

DELAAGE DE BELLEFAYE, Directeur des Douanes à Brest.

DELBECQ, Docteur en médecine, Gravelines (Nord).

DELON, Agent général de la Compagnie des Chargeurs Réunis, rue de la Poudrière, 2, Dunkerque.

Deltour (Mlle), Directrice d'école communale, rue de la Panne, Dunkerque.

MM. De Lesdain, Avocat, rue Sainte-Barbe, 8, Dunkerque.

De Lesdain, Licencié ès-sciences, Docteur en médecine, rue Emmery, 18, Dunkerque.

Deman, Eugène, Receveur des Finances, Abbeville (Somme).

Demangeon, Professeur à la Faculté des Lettres de Lille, rue Dénis-Godfroy, 3, Lille.

Demey, Paul, Licencié ès-lettres, rue Marengo, Dunkerque.

Denquin, Lucien, Sous-Ingénieur des Ponts et Chaussées, rue Royale, 29, Dunkerque.

De Pas, Justin, Secrétaire-Général de la Société des Antiquaires de la Morinie, Délégué de la Société des Antiquaires de la Morinie, rue Omer-Pley, 10, Saint-Omer (Pas-de-Calais).

Deprez, Eugène, Archiviste départemental du Pas-de-Calais, ancien Membre de l'Ecole française de Rome, Docteur ès-lettres, Palais Saint-Vaast, Arras.

Derudder, Emile, Négociant, rue des Pierres, 24, Dunkerque.

De Saint-Léger, Alexandre, Docteur ès-lettres, Professeur à la Faculté des Lettres de l'Université de Lille, rue de Paris, 60, Lille.

Desfarges, Gérard, Négociant, Juge au Tribunal de Commerce, place Jean-Bart, 11, Dunkerque.

Desmyttère, Aimé, ancien Maire de Cassel, Cassel (Nord).

De Solang (le Comte Aimé), Président du Comité Historique de l'Ouest, Angers.

MM. DESPLANQUE, Bibliothécaire de la Ville, rue Benjamin-Morel, Dunkerque.

DESGARDIN, Chef du service des Travaux municipaux, rue Caumartin, Dunkerque.

DESMAZIÈRES, Greffier en Chef du Tribunal Civil, Dunkerque.

DE VALOIS, Jules, Propriétaire, Maire d'Aumâtre, Membre du Conseil administratif de la Société française d'archéologie, Délégué de la Société d'Emulation d'Abbeville, Aumâtre par Oisemont (Somme).

DE SWARTE, Victor, Ancien Trésorier payeur général du Nord, Paris.

DEWACHTER, Jules, Négociant, rue Faidherbe, 8, Lille.

DEWACHTER, Louis, Négociant, rue Faidherbe, 8, Lille.

DEWAILLY, Saint-Pol-sur-Mer (Nord).

D'HOOGHE, Edouard, Avocat à la Cour d'appel de Douai, Douai (Nord).

D'INGRANDE, Edmond, Compositeur de musique, Paris.

DODANTHUN, A., Docteur en Droit, Secrétaire-Général de l'Union Faulconnier, Hazebrouck (Nord).

DODANTHUN, ancien Bibliothécaire de la Ville de Dunkerque, Hazebrouck (Nord).

DOUTRIAUX, André, Avocat, Président de la Société d'Agriculture, Sciences et Arts de Valenciennes, rue d'Oultreman, 8, Valenciennes (Nord).

DOUXAMI, Henri, Professeur à la Faculté des Sciences de Lille rue Blanche, 38, Lille-Saint-Maurice.

DREYFUS, Léon, Négociant, rue Carnot, 30, Dunkerque.

MM. Dreyfus, Silvain, Ingénieur en Chef des Ponts et Chaussées, Dunkerque.

Dryburgh, Edouard, Agent général d'assurances, rue du Jeu-de-Paume, 23, Dunkerque.

Dubois (Mlle), Directrice d'Institution de demoiselles, rue du Sud, 6, Dunkerque.

Dubois, Professeur au Collège Jean-Bart, rue du Sud, 6, Dunkerque.

Dubois, Pierre, Président de la Société des Antiquaires de Picardie, Secrétaire des Rosatis Picards, rue Pierre-l'Ermite, 24, Amiens.

Dubuisson, Emile, Ingénieur des Arts et Manufactures, rue Benjamin-Morel, 21, Dunkerque.

Duflos, Auguste, Brasseur, rue Vauban, Dunkerque.

Dufour, Maurice, Ingénieur des Arts et Manufactures, rue Alexandre III, 16, Dunkerque.

Dumont, Alfred, Avocat, Maire de Dunkerque, Président d'honneur de la Société Dunkerquoise pour l'Encouragement des Sciences, des Lettres et des Arts, rue de la Ferronnerie, 6, Dunkerque.

Dumont, Georges, Avoué, rue de Soubise, 26, Dunkerque.

Durand, Georges, Archiviste de la Somme, rue Pierre-l'Ermite, 22, Amiens.

Duriau, Charles, Courtier Maritime, Agent de change, rue de Soubise, 30, Dunkerque.

MM. Duriau, Gustave, Docteur en Médecine, Directeur du Service sanitaire, Médecin des hôpitaux, Président de la Société Dunkerquoise pour l'Encouragement des Sciences, des Lettres et des Arts, rue Royer, 20, Dunkerque.

Dutoict, Victor, Comptable, avenue Gaspard-Malo, 16, Malo-les-Bains (Nord).

Dutoit, Albert, Négociant, Administrateur du Mont-de-Piété, rue de la Paix, 5, Dunkerque.

Duval, Docteur en Médecine, rue Saint-Sébastien, 11, Dunkerque.

Elby, Maurice, Négociant, rue Royale, 38, Dunkerque.

Enlart, Conservateur du Musée du Trocadéro, Palais du Trocadéro, Paris.

Epinay, ancien Secrétaire-Général de la Société Dunkerquoise pour l'Encouragement des Sciences, des Lettres et des Arts, Professeur d'histoire en retraite au Lycée de Valenciennes, Valenciennes (Nord).

Espinas, Georges, Archiviste au Ministère des Affaires Étrangères, rue de la Planche, 7, Paris.

Faidherbe, Docteur en Médecine, Roubaix (Nord).

Falciny, Photographe-Editeur, rue Sainte-Barbe, 1, Dunkerque.

Félizet, Georges, Avocat à la Cour d'Appel de Paris, rue d'Amsterdam, 93, Paris.

Fesquet, Emile, ancien Elève de l'Ecole normale supérieure, Professeur au Collège Jean-Bart, rue de l'Abreuvoir, 18, Dunkerque.

MM. Fiévet, Docteur en Médecine, rue des Pierres, 1, Dunkerque.

Fichaux, René, Industriel, rue Saint-Charles, Dunkerque.

Finot, Jules, Archiviste du département du Nord, Président de la Commission Historique du département du Nord, Lille.

Flipo, Louis, Maire de Deûlémont, Deûlémont par Quesnoy-sur-Deûle (Nord).

Fockenberghe, Capitaine au long-cours, Armateur, Vice-Président de la Commission administrative des Hospices, rue des Vieux-Remparts, 85, Dunkerque.

Fouble, Pharmacien de 1re classe, rue Nationale, Rosendaël (Nord).

Fournier, Adolphe, Commissaire-Priseur, rue Sainte-Barbe, 24, Dunkerque.

Freno, Charles, Pharmacien de 1re classe, rue Emmery, 31, Dunkerque.

Gazin, Jean, Professeur au Collège du Quesnoy, Membre Honoraire du Congrès des Sciences Historiques de Dunkerque, Le Quesnoy (Nord).

Gaillard, Docteur en Droit, Secrétaire de la Société des Chantiers de France, rue de Douai, Malo-les-Bains (Nord).

Garnuchot, Emile, Expert au Bureau Véritas, rue des Vieux-Quartiers, 32, Dunkerque.

Geeraert, Docteur en Médecine, Maire de Malo-les-Bains, Malo-les-Bains.

MM. GELLÉ, Ernest, Député de la Somme, Président de la Société d'Histoire et d'Archéologie du Vimeu, Saint-Valery-sur-Somme (Somme).

GEYSEN, Jean, Propriétaire, Secrétaire-Général de la Société Photographique de Dunkerque, rue Neuve, 27, Dunkerque.

GIARD, Professeur à la Faculté des Sciences de l'Université de Paris, Paris.

GILBRIN, Henri, Procureur de la République à Mantes (Seine-et-Oise).

GOETGHEBEUR, Gustave, Huissier à Bourbourg (Nord).

GOETGHEBEUR, Emile, Huissier, rue Saint-Sébastien, 26, Dunkerque.

GONTIER, Arthur, Architecte agréé, Membre de la Commission Historique du Département du Nord, rue Marengo, 4, Dunkerque.

GORY, François, Commis Principal des Douanes, Secrétaire de la Société Dunkerquoise pour l'Encouragement des Sciences, des Lettres et des Arts, Secrétaire de la Société Photographique de Dunkerque, 7, rue du Nouvel-Arsenal, Dunkerque.

GOSSART, Maurice-Gustave, Docteur ès-lettres, Président de la Société Archéologique d'Avesnes, rue d'Etrœungt, Avesnes-sur-Helpe (Nord).

GOSSELET, Jules, Doyen honoraire de la Faculté des Sciences, rue d'Antin, 18, Lille.

GOVARE, Paul, Docteur en droit, Avocat à la Cour d'appel de Paris, rue de Stockholm, 3, Paris.

MM. GRAVET, Albert, Publiciste, Président des Rosatis du Hainaut, rue du Jeu-de-Balle, 16, Avesnes-sur-Helpe (Nord).

GUERLIN, Robert, Vice-Président de la Société Industrielle d'Amiens, ancien Président de la Société des Antiquaires de Picardie, rue Saint-Louis, 30, Amiens.

GUILBERT, Jules, Chef de Cabinet du Préfet du Doubs, ancien Secrétaire de la Société, Besançon.

GUILBERT, Gaston, Propriétaire, villa Miradon, Malo-les-Bains.

GUILLAIN, Député, ancien Ministre des Colonies, Inspecteur général des Ponts et Chaussées, Directeur honoraire au Ministère des Travaux publics, Paris.

GUINGUET, Négociant, rue Dampierre, 20, Dunkerque.

HAMOIR, Ernest, Agent général d'assurances, rue Emmery, 63, Dunkerque.

HANNON, Emile, Huissier, Calais (Pas-de-Calais).

HÉRAUX, Directeur de la Société d'Exploitation forestière, rue de l'Abreuvoir, Dunkerque.

HERBART, Léon, Président de la Chambre de Commerce, Dunkerque.

HERPBECK, Victor, Négociant, Compositeur de musique, rue des Vieux-Remparts, 45, Dunkerque.

HOCQUETTE, Directeur de l'Usine à Gaz, Coudekerque-Branche (Nord).

HUYGHE, Docteur en médecine, rue du Fort-Louis, 28, Dunkerque.

HULLEU, Maxime, Docteur en médecine, ancien interne des hôpitaux de Paris, rue Sainte-Barbe, 8, Dunkerque.

MM. Hurtrel, Négociant, Bourbourg (Nord).

Husson, Pharmacien de 1re classe, rue du Sud, 21, Dunkerque.

Hutter, Marcel, Ingénieur Civil, Agent de change, Courtier maritime, Vice-Président de la Chambre de Commerce, Malo-les-Bains.

Isambert, Médecin principal de 1re classe, ancien Vice-Président de la Société Dunkerquoise pour l'Encouragement des Sciences, des Lettres et des Arts, Tours.

Isoré, Fernand, Greffier de la Justice de Paix, Trésorier de la Société Dunkerquoise pour l'Encouragement des Sciences, des Lettres et des Arts, rue Thiers, 25, Dunkerque.

Jannin, Albert, Négociant, Juge au Tribunal de Commerce, rue Royale, 38, Dunkerque.

Jansson, Publiciste, Bourbourg (Nord).

Jockelson, Négociant, rue des Vieux-Remparts, 83, Dunkerque.

Jubault, Lieutenant de vaisseau en retraite, Officier chef du Pilotage, Dunkerque.

Kremp, Georges, Licencié ès-lettres, Professeur d'Histoire au Collège Jean-Bart, rue des Vieux-Quartiers, Dunkerque.

Ladureau, Georges, ancien Président du Tribunal de Commerce, rue Saint-Jean, 38, Dunkerque.

Lafoutry, Appréciateur au Mont-de-Piété, rue de la Paix, 2, Dunkerque.

Lahaussois, Ingénieur des Ponts et Chaussées, rue des Vieux-Remparts, 80, Dunkerque.

MM. LALLEMANT, Augustin, ancien Adjoint au Maire de Cambrai, Président de la Société d'Emulation de Cambrai, Cambrai (Nord).

LANCRY, Gustave, Docteur en médecine, ancien interne des hôpitaux de Paris, rue Emmery, 37, Dunkerque.

LANDRIN, Célestin, Archiviste de la Ville de Calais, Calais.

LANGLOIS, Professeur à la Faculté des Lettres de Lille, Lille (Nord).

LANOIRE, Edmond, Substitut du Procureur de la République, rue Royale, 26, Dunkerque.

LAUX, A., Docteur en médecine, rue Bolivar, 4, Paris.

LAVAGNE, Jean, rue Montaigne, 19, Paris.

LAVAGNE, Paul, rue du Ranelagh, Paris.

LAVERGNE, Edouard, Industriel, Juge suppléant au Tribunal de Commerce, rue du Lion-d'Or, 27, Dunkerque.

LEBLEU, Léopold, Docteur en Droit, Notaire, rue du Sud, 11, Dunkerque.

LEBLOND, Etienne, Docteur en médecine, rue Nationale, 22, Dunkerque.

LEBRUN, Agrégé de l'Université, Professeur au Collège de Lunéville, Lunéville (Meurthe-et-Moselle).

LECAT, Médecin-Vétérinaire, rue du Lion-d'Or, 27, Dunkerque.

LECESNE, Edmond, ancien Vice-Président du Conseil de Préfecture, Arras.

LE CHOLLEUX, Directeur de la Revue Septentrionale, Paris.

MM. Leclair, E., Docteur de l'Université de Paris, Pharmacien en Chef de l'Hôpital de la Charité, Secrétaire de la Société d'Études de la province de Cambrai, rue de Puébla, 35, Lille.

Lecocq, Jules, Architecte, rue de la Marine, 6, Dunkerque.

Lecomte, Edouard, Entrepreneur de Travaux publics, rue des Vieux-Remparts, 29, Dunkerque.

Lecomte, Léonce, Entrepreneur de Travaux publics, Membre de la Chambre de Commerce, Malo-les-Bains.

Lecouffe, Pierre, Brasseur, rue Vauban, 13, Dunkerque.

Lécuyer, Ernest, Directeur des Douanes, rue de Paris, 8, Dunkerque.

Le Désert, Ernest, ancien Professeur au Collège Jean-Bart, Paris.

Ledieu, Alcius, Archiviste municipal, Conservateur de la Bibliothèque communale et des Musées de la Ville d'Abbeville, Vice-Président de la Société d'Histoire et d'Archéologie du Vimeu, rue Saint-Gilles, 152, Abbeville (Somme).

Leduc, Entrepreneur de Transports, Juge au Tribunal de Commerce, rue du Lion-d'Or, 36, Dunkerque.

Lefebvre, Charles, ancien Pharmacien de 1re classe, rue de Furnes, Dunkerque.

Lefebvre, G., Agrégé d'histoire, Professeur au Lycée de Lille, rue Jeanne-Maillotte, 18, Lille.

Lefebvre, Henry, Propriétaire, Administrateur du Bureau de Bienfaisance, rue Neuve, 24, Dunkerque.

MM. Lefebvre, Jules, Principal du Collège Jean-Bart, Membre du Conseil Académique, rue du Collège, Dunkerque.

Lefebvre, Léon, Imprimeur, rue de Tournai, 88, Lille.

Lefebvre, Pierre, Pharmacien, rue des Bassins, 7, Dunkerque.

Lefebvre, Ch., Directeur des Magasins Généraux, rue de Lille, 26, Dunkerque.

Lefranc-Claisse, Négociant, Juge au Tribunal de Commerce, Valenciennes (Nord).

Le Gall, Trésorier-payeur général du Nord, Lille.

Legrand, Charles, Secrétaire-Archiviste de la Société des Antiquaires de la Morinie, rue Gambetta, 5, Saint-Omer (Pas-de-Calais).

Legriel, Directeur de la Succursale du Comptoir National d'Escompte, rue de l'Eglise, 16, Dunkerque.

Lehuerou-Kerisel, Procureur de la République, rue de l'Eglise, 2, Dunkerque.

Lemaire, Henri, Agent général d'assurances, Administrateur du Bureau de Bienfaisance, rue du Château, 9, Dunkerque.

Lemaire, Laurent, Agent général d'assurances, rue Emmery, 8, Dunkerque.

Lemaire, Docteur en médecine, rue des Vieux-Remparts, Dunkerque.

Lennel, Fernand, Professeur, boulevard International, 27, Calais.

Lepers, Industriel, Malo-les-Bains.

Leroy, Agent-voyer d'arrondissement, rue du Milieu, 48, Dunkerqne.

MM. LESAGE, G., Ingénieur hydrographe de la Marine, rue Thévenet, Dunkerque.

LESNE, Emile (l'Abbé), Professeur aux Facultés libres de Lille, rue de Canteleu, 10, Lille.

LESTIENNE, Pierre, Industriel, Président de la Société d'Emulation de Roubaix, rue Neuve, 33, Roubaix (Nord).

LETELLIER, Victor, Conducteur des Ponts et Chaussées, rue de la République, 52, Saint-Pol-sur-Mer (Nord).

LEURIDAN, Théodore (l'Abbé), Archiviste du Diocèse de Cambrai, Président de la Société d'études de la province de Cambrai, boulevard Vauban, 60, Lille.

LEVÉ, Albert, Juge honoraire, rue des Pyramides, 6, Lille.

LEVI, Camille, Commandant breveté à l'état-major du 1er corps d'armée, membre de la Commission historique du département du Nord, rue Denis-Godefroy, 3, Lille.

LEVY, Sous-Intendant militaire, Malo-les-Bains.

L'HERMITTE, Archiviste départemental de la Sarthe, Le Mans.

L'HOTE, Edouard, Inspecteur primaire, rue du Fort-Louis, 38, Dunkerque.

LIÉNARD, Jules, Homme de Lettres, avenue Vallon, Rosendaël (Nord).

LIZOT, René, Avocat, Secrétaire général de la Société de Géographie, rue de Soubise, 18, Dunkerque.

LOOTEN, Camille (l'Abbé), Chanoine, Docteur ès-lettres, Professeur aux Facultés libres de Lille, Président du Comité Flamand de France, Membre correspondant de l'Académie Royale Flamande de Belgique, rue Charles-de-Muyssart, 20, Lille.

MM. **Loridan**, Directeur d'école communale, rue de la Gare, 21, Dunkerque.

Lory, Paul, Professeur à l'École primaire supérieure de Tourcoing, Tourcoing (Nord).

Madelaine, Paul, Entrepreneur de travaux publics, rue des Quatre-Ecluses, 14, Dunkerque.

Maire, Paul, Avoué près le Tribunal Civil, rue du Sud, 9, Dunkerque.

Malo-Lefebvre, Capitaine de frégate, Malo-les-Bains.

Manouvriez, Secrétaire en Chef de la Sous-Préfecture, rue Emmery, Dunkerque.

Marchand, Maurice, Industriel, rue de la Verrerie, 12, Dunkerque.

Marchand, Paul, Industriel, Malo-les-Bains.

Marec, Claude, Professeur au Collège Jean-Bart, rue du Château, 3, Dunkerque.

Marix, Industriel, ancien élève de l'Ecole Polytechnique, rue de Paris, 1 bis, Dunkerque.

Marmier, Louis, (Docteur), Sous-Directeur de l'Institut Pasteur de Lille, rue du Prieuré, 42, Fives-Lille (Nord).

Mascart, Ingénieur des Ponts et Chaussées, Paris.

Massiet du Biest, Alexis, Conseiller à la Cour d'appel, Amiens.

Maurois, Alfred, Lieutenant de vaisseau, Cherbourg.

Maurois, Georges, Négociant, rue de la Cunette, 10, Dunkerque.

Merlen, Henri, Armateur, Directeur de la Société de Remorquage de Dunkerque, rue de la Poudrière, 6, Dunkerque.

Merveille, L., Docteur en médecine, rue de la Marine, 22, Dunkerque.

MM. MÉTIN, Professeur à l'Université de Paris, Paris.

MICHEL, Pierre, Licencié en droit, Greffier du Tribunal de Commerce, place Jeanne-d'Arc, 9, Dunkerque.

MINET-TRESCA, Alfred, Licencié en droit, Imprimeur breveté, rue des Pierres, 7, Dunkerque.

MONBORNE, Alexandre, Chef de bureau à la Compagnie des Bateaux à Vapeur du Nord, rue Royer, 24, Dunkerque.

MONIER, Docteur en médecine, Coudekerque-Branche (Nord).

MONTEUUIS, Docteur en médecine, établissements Sylvabelle, La Croix (Var).

MONTEUUIS, Isidore, Avoué, Juge suppléant, Administrateur des Hospices, rue du Sud, 2, Dunkerque.

MORAEL, Georges, ancien Bâtonnier de l'Ordre des Avocats, Rosendaël.

MOREL, Benjamin, Courtier Maritime, Agent de change, Consul des Etats-Unis, Adjoint au Maire de Dunkerque, rue Emmery, 76, Dunkerque.

MOREL, Frédéric, Ingénieur de la Compagnie des Bateaux à Vapeur du Nord, rue des Pierres, 9, Dunkerque.

MOREL, Jean, Architecte, rue du Collège, 24, Dunkerque.

MOURAUX, Professeur au Collège Jean-Bart, rue des Bassins, 10, Dunkerque.

NANCEY, Préfet honoraire, Receveur particulier des Finances, Senlis (Oise).

NÉERMAN, Louis-Adolphe, Directeur de l'Ecole de Musique, Chef de la Musique Communale, place du Théâtre, 4, Dunkerqne.

MM. Nosten, Léon, Licencié en droit, Avoué, rue de la Ferronnerie, 9, Dunkerque.

Obellianne, Maurice, Licencié en droit, Négociant, rue Faulconnier, 22, Dunkerque.

Odoul (le Colonel), Wormhoudt (Nord).

Oury, Paul, Inspecteur divisionnaire des Douanes, rue de la Douane, Dunkerque.

Paillot, Professeur à la Faculté des Sciences de Lille, Lille.

Pannier, Négociant, ancien Professeur de dessin, rue de la Gare, 19, Dunkerque.

Parisis, Léon, Courtier maritime, Agent de change, rue Saint-Jean, 30, Dunkerque.

Pauwels, Gustave, Négociant, rue Dampierre, 4, Dunkerque.

Pérot, fils, Banquier, Lille.

Perrier, Louis, Ingénieur en chef des travaux du Canal de Suez, Ismaïlia (Egypte).

Petit-Dutaillis, Professeur à la Faculté des Lettres de Lille, rue Brûle-Maison, 48, Lille.

Petyt, Alfred, Banquier, ancien Président de la Chambre de Commerce, ancien Conseiller général du Nord, rue Emmery, Dunkerque.

Philippe, Ingénieur des Ponts et Chaussées, rue du Ponceau, 7, Dunkerque.

Pichon, René, Directeur de l'Asile de Vaucluse.

Poncelet, Vice-Président de la Société d'Agriculture, des Sciences et des Arts de Douai, Douai.

Portevin, H.-P., Ingénieur-Architecte, ancien élève de l'Ecole Polytechnique, rue de la Belle-Image, 1, Reims.

Potez, H., Professeur à la Faculté des Lettres de Lille, Lille.

MM. POTIER, Jules, Architecte départemental, Malo-les-Bains.

POULAIN, Georges, Architecte, rue David-d'Angers, 22, Dunkerque.

QUAGHEBEUR, Pharmacien de 1re classe, Petite-Synthe (Nord).

QUIGNON, G.-Hector, Professeur au Lycée, Correspondant du Ministère, Délégué de la Société des Etudes Historiques et Scientifiques du Département de l'Oise, rue Louis-Borel, 5, Beauvais.

QUILLIET, Pharmacien de 1re classe, rue de Calais, 27, Dunkerque.

RAFIN, Maurice, Négociant, rue Carnot, Dunkerque.

RANDON, Léon, Notaire honoraire, Président de l'Académie d'Amiens, Amiens.

REED, Agent maritime, Malo-les-Bains.

REBREYEND, ancien Interne des Hôpitaux de Paris, Docteur en médecine, boulevard La Fayette, 21, Calais.

REUMAUX, Emmanuel, Docteur en médecine, rue Neuve, 19, Dunkerque.

REUMAUX, Tobie, Docteur en médecine, Président de l'Union Faulconnier, place du Théâtre, 1, Dunkerque.

RICHARD, Camille, Etudiant de la Faculté des Lettres de Lille, (Institut de Géographie), Lille.

RISLER, Professeur de harpe au Conservatoire de Lille, Lille.

RIVIÈRE, B.-Adolphe, Bibliothécaire de la Ville de Douai, Président de la Société Centrale d'Agriculture, Sciences et Arts du Nord, Douai.

ROBYN, Albert, Avocat agréé, Roubaix.

ROCHE, Alfred, Directeur de l'Octroi de Dunkerque, Malo-les-Bains.

MM. Rodière, Roger, Montreuil-sur-Mer (Pas-de-Calais).

Rohart, Charles (Chanoine), Docteur en Théologie, Professeur à la Faculté de Théologie de Lille, Président de l'Académie d'Arras, Secrétaire-Général de la Commission des Monuments historiques du Pas-de-Calais, Arras.

Rolland, Licencié ès-lettres, Professeur au Collège Jean-Bart, rue David-d'Angers, 7, Dunkerque.

Ruyssen, Anthime, Licencié en droit, Secrétaire des Hospices, rue Royale, 4, Dunkerque.

Ruyssen, Georges, Docteur en médecine, Chirurgien en Chef de l'Hôpital Civil, rue Royale, 27, Dunkerque.

Sagnac, Ph., Professeur à la Faculté des Lettres de Lille, Lille.

Salomé, R., Licencié ès-lettres, avenue Mac-Mahon, 21, Paris.

Scheffer, Agent général d'assurances, rue de Soubise, 39, Dunkerque.

Schmitt, Professeur au Collège Jean-Bart, rue de Soubise, 67, Dunkerque.

Seligmann, Edward, Agent maritime, rue de la Marine, 12, Dunkerque.

Sens, Georges, membre de la Commission des Monuments Historiques du Pas-de-Calais, rue de l'Arsenal, 8, Arras.

Seys, Edouard, fils, filateur, rue de Calais, 39, Dunkerque.

Shelley, Henri, Artiste peintre, rue Royale, Dunkerque.

Simon, Lucien, Professeur au Collège Jean-Bart, place de la Petite-Chapelle, 2 bis, Dunkerque.

Sis, Docteur en médecine, Loon (Nord).

MM. SMAGGHE, Pharmacien de 1re classe, rue de la Couronne, 17, Dunkerque.

SURMONT, Docteur en médecine, Professeur à la Faculté de médecine de Lille, Lille.

TERQUEM, Henri, Avocat, docteur en droit, Administrateur des Hospices, Membre de la Commission Historique du Département du Nord, Président de la Société Photographique de Dunkerque, Secrétaire Général de la Société Dunkerquoise pour l'Encouragement des Sciences, des Lettres et des Arts, rue Royer, 12, Dunkerque.

TERQUEM, Maurice, Administrateur-délégué de la Compagnie Industrielle des Pétroles, rue d'Abbeville, 6, Paris.

TERQUEM, Paul, Professeur d'hydrographie en retraite, ancien adjoint au Maire de Dunkerque, membre fondateur de la Société Dunkerquoise pour l'Encouragement des Sciences, des Lettres et des Arts, rue Saint-Jean, 41, Dunkerque.

THÉRY, Eugène, Professeur de musique, Directeur de la Société Chorale « La Jeune France », rue du Sud, 31, Dunkerque.

TRESCA, Henri, Malteur, rue de Calais, 33, Dunkerque.

TRYSTRAM, Emile, Docteur en droit, Avocat à la Cour d'appel de Paris, rue de Rennes, 95, Paris.

TRYSTRAM, Jean, Sénateur, Président honoraire de la Chambre de Commerce, Administrateur du Chemin de Fer du Nord, Petite-Synthe (Nord).

TRYSTRAM, Jean, fils, Industriel, rue St-Sébastien, 19, Dunkerque.

TRYSTRAM, Louis, Industriel, rue de Soubise, 47, Dunkerque.

TRYSTRAM, Paul, Ingénieur civil, Spycker (Nord).

MM. Vaillant, Gustave, Directeur d'école primaire, rue de l'Abreuvoir, 29, Dunkerque.

Vallerey, Jules, Professeur d'hydrographie, ancien Président de la Société Dunkerquoise pour l'Encouragement des Sciences, des Lettres et des Arts, Marseille.

Vancauwenberghe, Georges, Ingénieur civil, Conseiller général, Maire de Saint-Pol-sur-Mer, Président du Conseil d'Administration du Sanatorium, Saint-Pol-sur-Mer (Nord).

Vanel, Entrepreneur de travaux publics, rue Marengo, 40, Dunkerque.

Vaneste, Louis, Pharmacien de 1re classe, rue des Bassins, 7, Dunkerque.

Vanhamme, Désiré, Directeur de la Compagnie des Bateaux à Vapeur du Nord, rue du Milieu, 17, Dunkerque.

Van Merris, Camille, Médecin principal à l'Hôpital Saint-Martin, Paris.

Vanrycke, Paul, Bibliothécaire en Chef de l'Université, rue de Denain, 1, Lille.

Van Tricht, avenue de Wagram, 67, Paris,

Vayson, J.-Antoine, Industriel, Président de la Société d'Emulation d'Abbeville, Abbeville.

Verlomme, Comptable, rue du Jeu-de-Paume, 7, Dunkerque.

Vézien, Ernest, Médecin principal en retraite, rue Thévenet, 11, Dunkerque.

Vigreux, Paul, Clerc de notaire, rue Royale, 40, Dunkerque.

Vinel, Directeur de la Société Générale, rue de l'Eglise, Dunkerque.

Vollaeys, Maurice, Avocat, rue Royer, 26, Dunkerque.

Wade, Négociant, rue de Soubise, Dunkerque.

MM. WAETERLOOT, Ernest, Courtier fluvial, rue de Calais, 45, Dunkerque.

WATTEAU, Contrôleur des Contributions directes, rue de la Verrerie, 25, Dunkerque.

WEUS, Fernand, Négociant, quai des Hollandais, Dunkerque.

WOUSSEN, Lesti, Négociant, Membre de la Chambre de Commerce, rue Neuve, 17, Dunkerque.

WULLENS, Jules, Vérificateur-adjoint des Douanes, rue de l'Abreuvoir, Dunkerque.

ZIÉGLER, Albert, Constructeur-Mécanicien, rue Dampierre, 17, Dunkerque.

CHILI

M. DECARDEMOY, Jules, Ingénieur des Arts et Manufactures, Ingénieur en chef des travaux maritimes du gouvernement Chilien, Santiago.

PORTUGAL

M. DOUAU, Max, Ingénieur des Arts et Manufactures, ancien Vice-Président de la Société Dunkerquoise pour l'Encouragement des Sciences, des Lettres et des Arts, Directeur de l'exploitation du port de Lisbonne, Lisbonne.

OUVRAGES ENVOYÉS

MM. J. Beck : Les Meubles Flamands.
Le Musée Flamand du Trocadéro.
Reuses de Flandre et Gigantes d'Espagne.

E. Belleroche : L'Édit de Nantes et les événements successifs qui en ont amené la promulgation. (Conférence faite le 13 Avril 1898 à New-York).

Dr Bombart : Concordance du Patois et du Roman.

G. Cohen : Le Parler Belge.

Vte de Ghellinck Vaernevyck : Rapport sur le Congrès Archéologique de France. Carcassonne et Perpignan, 22-31 Mai 1906.

M. de Maere Limmander : Brochure maritime.
Aperçu Historique sur la Cavalerie.
Volunteer Manœuvres en 1887.

Institut International de Bibliographie : Notice-Catalogue.

Ed. Jonckheere : L'Origine de la Côte de Flandre et le Bateau de Bruges.

MM. Lonay : Le Bail à ferme en Hainaut en l'an de grâce 1902.

G. Willemsen : Étude sur la Démographie d'une Commune du Plat-Pays de Flandre aux XVIIe et XVIIIe siècles.

COMPTE-RENDU DU CONGRÈS

COMPTE-RENDU DU CONGRÈS

DIMANCHE 14 JUILLET 1907

Réunion du Comité d'Organisation

Le Comité d'organisation s'est réuni à 10 heures 1/2 du matin dans un des salons de l'Hôtel de Ville pour procéder à la nomination des Présidents, Vice-Présidents et Secrétaires des sections.

Ont été nommés :

Séances du Lundi 15 Juillet. — *Section II* — Président : M. le Chanoine Looten ; Vice-Présidents : MM. Petit-Dutaillis et L. Lefebvre ; Secrétaire : M. Lennel.

Section V. — Président : M. Ch. Barrois ; Vice-Présidents : MM. Douxami et Willemsen ; Secrétaire : M Crapet.

Séance du Mardi 16 Juillet. — *Section III.* — Président : M. Sagnac ; Vice-Présidents : M. P. Dubois et M. le Chanoine Leuridan ; Secrétaire : M. G. Lefebvre.

Séances du Mercredi 17 Juillet. — *Section II.* — Président : M A. Ledieu ; Vice-Présidents : MM. Espinas et de Cannart d'Hamale ; Secrétaire : M. Vayson.

Section IV. — Président : M. Levé ; Vice-Présidents : MM. Marmier et Rodière ; Secrétaire : M. Gossart.

SÉANCE SOLENNELLE D'OUVERTURE

La séance est ouverte à 11 heures 1/2 dans un des salons de l'Hôtel de Ville par M. le Dr Duriau, Président de la Société Dunkerquoise, entouré de MM Trystram, Sénateur du Nord ; Boell, Général-Gouverneur de Dunkerque ; Brisac, Sous-Préfet ; Dumont, Maire de Dunkerque ; Herbart, Président de la Chambre de Commerce ; Hutter, Vice-Président de la Chambre de Commerce ; Couhé, Président du Tribunal Civil ; Th. Deman, Président de la Société de Géographie de Dunkerque ; S. Dreyfus, Ingénieur en Chef des Ponts et Chaussées, Président du Comité d'organisation ; Coquelle, Maire de Rosendaël ; Bouchet et Debacker, Vice-Présidents de la Société Dunkerquoise ; B. Morel, Adjoint au Maire de Dunkerque ; Terquem, Secrétaire-Général de la Société Dunkerquoise ; Gory, Secrétaire-Général du Congrès.

Assistaient également à la séance : Mme Art. de Cannart d'Hamale ; Mlles Deltour, Dubois, Legros ; MM. Achard, Beaufils, G. Beck, Bled, Bonnaire, Brunet, Art. de Cannart d'Hamale, Caroulle, P. Collet, Ed. Dalinval, Desplanque, Dewachter, C. Dubois, E. Fesquet, De Flou, Geysen, Vte de Ghellinck Vaernewyck, Colonel Guérandel, Hutter, Lefebvre, Lennel, J. Leroy, Sous-Intendant Lévy, Minet, Mouraux, Oury, Poulain, Rolland, Colonel Rouquerol, Simon, Thiéry, E. Trystram, L. Trystram, Vaillant, Vanrycke, Vasseur, Vayson, Willemsen, etc., etc.

S'étaient fait excuser : MM. Bollaert, A. Bonpain, Commandant Blondin, Chanoine Cauchie, Cazenave, Dr G. Cohen, Daubenton, F. Debaecker, Debavelaere, F. Deck, M. Deck, Durin, G. Eeckmann, Finot, Fouble, Gazin, Commandant Givelet ; Gosselet, A. Ledieu, H. Lefebvre, Legriel, Lemattre, Le Huerou-Kerisel, Ch. Lhermitte, G. Lyon, Recteur de l'Académie de Lille ; Baron de Maere d'Aertrycke, Lieutenant-Colonel Meauzé, A. Monborren, Nissen, Colonel Odoul, Colonel Parês, de Pas, A. Petyt, Prélat, Docteur Reumaux, Ruyssen, Ed. Seligmann, Verlomme, Docteur Vézien, F^d Weus, Woussen, etc., etc.

Après l'exécution de la *Marseillaise* et de la *Brabançonne*, par la Musique Communale, sous la direction de son chef, M. A. Néerman, M. le Docteur Duriau prononce l'allocution suivante :

ALLOCUTION

de Monsieur le Docteur Duriau

Président de la Société Dunkerquoise

MESDAMES, MESSIEURS,

En 1860, la Société Dunkerquoise organisait dans cette ville un Congrès Archéologique, tentative bien audacieuse alors, et qui cependant réunissait 500 adhérents, venant de France, de Belgique, d'Angleterre, d'Italie, de Suède et de Norwège. Ses assises durèrent une semaine et des travaux de grande valeur y virent le jour.

En 1907, cette même Société Dunkerquoise, s'inspirant des idées si fécondes de ses prédécesseurs, estime qu'il est de son devoir de continuer cette saine tradition, et à 47 ans de distance elle invite les Savants de la Belgique et du Nord de la France à étudier en commun les faits historiques si connexes à nos deux pays et à vouloir bien accepter de nouveau l'hospitalité dans cette même ville de Dunkerque dont l'histoire politique et économique occupe une des plus grandes pages de l'histoire des Pays-Bas.

C'est qu'en effet depuis plusieurs années notre Compagnie s'est intéressée d'une façon toute particulière aux faits si troublants de l'histoire économique de notre province. Je n'en veux comme exemple que les Cahiers des Paroisses de la Flandre Maritime dus à la collaboration de deux de nos éminents Collègues, MM. de Saint-Léger et Sagnac, et la publication de la Flandre Maritime, œuvre de M. Raoul Blanchard. Nous estimons à juste raison que cette science historique si bien établie à l'heure actuelle est la leçon de choses la plus saine, la plus féconde, et que les textes historiques doivent être maintenant le bréviaire toujours consulté qui doit nous guider avec sécurité vers l'avenir.

C'est vers ces documents que doivent être incessamment tournés les regards de tous les dirigeants, à quelque pays qu'ils appartiennent. Ils verront ainsi qu'il n'y a rien de nouveau sous le soleil et que les faits de chaque jour, qui leur paraissent anormaux, ont déjà été vécus sous d'autres formes ; leur nouveauté n'est en somme qu'une adaptation fatale à des temps plus modernes et à des milieux souvent mieux préparés. Et il a semblé à la *Société Dunkerquoise* que c'était faire œuvre de patriotisme éclairé que de mettre au jour ces documents, ces textes, véritable résurrection des temps passés qui serviront toujours de ligne de conduite à la vie des temps modernes.

Notre Collègue M. S. Dreyfus, Président de la Commission d'organisation du Congrès, vous exposera avec une plus grande autorité que la mienne la genèse de ce Congrès et la distribution des travaux qu'on y effectuera. Je veux ici tout simplement rendre hommage et adresser nos remerciements, au nom de la *Société Dunkerquoise* à ceux dont l'activité a su réunir en ce jour autant de notabilités savantes de Belgique et de France; ainsi qu'aux autorités nombreuses qui ont bien voulu accepter notre invitation.

J'adresse tout d'abord l'hommage de notre respectueuse reconnaissance à M. le Ministre de l'Instruction publique qui nous a fait le très grand honneur d'accepter la présidence d'honneur de ce Congrès et qui par ce fait même a prouvé l'intérêt bienveillant que le Gouvernement de la République Française ne cesse de porter aux travailleurs.

J'adresse également toute l'expression de notre reconnaissance au Conseil Général du Nord et à son distingué représentant M. Georges Vancauwenberghe, notre porte-parole à cette Assemblée, à la Municipalité, à son Maire M. Dumont, notre dévoué Président d'honneur, à la Chambre de Commerce, qui nous ont généreusement offert leur appui moral et financier. Et je n'aurai garde d'oublier qu'en cette circonstance, nous devons beaucoup à notre sympathique Sénateur, M. J. Trystram, que nous nous honorons de compter parmi nos Membres.

J'exprime aussi nos vifs remerciements à ces hautes notabilités scientifiques qui ont bien voulu accepter de faire partie de la Commission du Congrès.

Enfin l'expression la plus sincère de notre reconnaissance va à nos Collègues MM. de Saint-Léger et Sagnac, les érudits historiens de l'Université de Lille, ainsi qu'à tous nos collaborateurs de la *Société Dunkerquoise* dont le dévouement n'a jamais faibli un seul instant et qui sont les facteurs intelligents de ce Congrès.

Mesdames, Messieurs les Congressistes, je vous adresse, au nom de la *Société Dunkerquoise*, le salut le plus cordial et les souhaits les plus chaleureux de bienvenue.

Je déclare le Congrès ouvert et donne la parole au Président du Comité d'organisation, M. S. Dreyfus. »

M. Dreyfus donne alors lecture de l'allocution suivante :

ALLOCUTION
de Monsieur S. Dreyfus
Président de la Commission d'Organisation

Mesdames et Messieurs,

« A la date du 12 Février 1905, les Membres de la *Société Dunkerquoise*, réunis dans la salle ordinaire de leurs séances et groupés autour de leur dévoué Président, M. le Docteur Duriau, écoutaient avec une attention soutenue une communication de notre éminent confrère, M. Sagnac, professeur à l'Université de Lille.

M. Sagnac avait pris pour sujet l'organisation du travail historique en France et notamment dans le Nord; il constata que les collaborations devenaient de plus en plus fréquentes ; il fit remarquer que, pour les études historiques comme pour d'autres, les savants se rapprochaient et se communiquaient les résultats de leurs études, et il signala, en terminant, qu'une compagnie comme la *Société Dunkerquoise* paraissait toute désignée pour se tenir en rapport avec les Universités, pour instituer des conférences, publier des documents originaux et grouper ses travaux d'une façon méthodique.

L'un de nos collaborateurs les plus dévoués et les plus précieux, M. de Saint-Léger, professeur d'histoire à l'Université de Lille, prit la parole après M. Sagnac :

ayant rappelé qu'une tentative de fédération des Sociétés régionales s'était produite il y a quelques années, il fut amené à proposer à la *Société Dunkerquoise* de prendre la tête du mouvement et d'organiser un Congrès des Sciences Historiques pour la Flandre en général; cette proposition fut accueillie avec une faveur marquée, je devrais dire avec une véritable joie.

Il ne faut pas s'en étonner, Mesdames et Messieurs, la *Société Dunkerquoise*, bien qu'elle ait atteint l'âge de 56 ans, est restée très jeune et très enthousiaste ; elle cherche à être aimable et hospitalière ; malgré son horreur de la réclame, il lui est agréable de conquérir des amitiés nouvelles, et malgré sa modestie parfois excessive, elle considère avec une certaine fierté l'œuvre de décentralisation intellectuelle qu'il lui a été donné d'accomplir. Par ses travaux, par ses conférences, par ses concours et ses expositions, la *Société Dunkerquoise* a essayé de démontrer qu'on peut suivre le mouvement littéraire et scientifique sans fréquenter assidûment les Académies, qu'on peut cultiver les arts sans avoir à sa disposition les multiples ressources des grandes capitales modernes ; elle voudrait prouver aujourd'hui qu'on peut préparer certaines ententes cordiales ailleurs que dans les cabinets des ministres et des diplomates.

Animée de pareils sentiments, notre Société ne pouvait manquer de faire bon accueil au vœu de M. de Saint-Léger ; aussi bien, la France du Nord et la Belgique flamingante, si attachées qu'elles soient aux destinées différentes que leur ont faites les vicissitudes de la politique contemporaine, ne sont-elles pas liées entre elles par d'intimes affinités, n'ont-elles pas constitué jadis un des peuples les plus brillants de l'Europe ?

Et quel est le pays dont l'histoire soit plus attachante que celle de la Flandre ? Quelle est la région dont la langue, les costumes, les institutions, le mouvement industriel et commercial paraissent plus dignes d'être étudiés ? Dans quelle histoire trouve-t-on une période plus splendide et plus prospère que celle qui s'ouvrit pour la Flandre au commencement du XVe siècle ? Quelle est la nation dont le développement artistique égala plus complètement le développement économique, et quelle est la contrée qui puisse s'enorgueillir d'œuvres d'art plus émouvantes, plus sincères et plus harmonieuses que les délicieux hôtels de Ville de la Belgique, que les tableaux immortels d'un Van Eyck ou d'un Rubens, que les tapisseries flamandes de la fin du Moyen-Age ?

Si l'on songe aux aptitudes multiples de la population flamande et à l'activité prodigieuse dont elle a donné tant de preuves, on ne s'étonne pas que l'histoire de notre région soit incomplète et qu'il y ait encore bien des points obscurs à éclaircir. En vue des recherches à faire pour entrer dans le menu détail des faits et pour se rapprocher le plus possible de la vérité, la *Société Dunkerquoise* a pensé que les travaux de l'érudition française et ceux des érudits belges se prêteraient un mutuel appui ; elle a choisi pour le Congrès des Sciences Historiques une date éloignée, afin de permettre aux travailleurs, prévenus longtemps à l'avance, de préparer un certain nombre de questions en vue des communications qu'ils voudraient bien nous faire, et le jour même où l'organisation du Congrès fut décidée en principe, la Société arrêta comme suit le programme sommaire de nos travaux :

1° Organisation du Travail historique.

2° Histoire générale.

3° Archéologie. Histoire de l'art français et flamand.

4° Histoire des Littératures et Philologie.

5° Histoire du Droit et Institutions.

6° Histoire Sociale et Économique.

Dès le mois de Mars 1905, on nomma une Commission d'organisation qui se mit immédiatement à l'œuvre.

Il s'agissait tout d'abord de diviser le Congrès en sections aussi nettement déterminées que possible et de préparer un questionnaire-programme. Le programme est entre vos mains, et je ne crois pas que le travail de la Commission demande à être justifié par des explications détaillées. Je me bornerai donc à vous signaler qu'avant de rédiger le programme définitif, la Commission a écrit à MM. les Membres des Sociétés Savantes du Nord et de la Belgique pour les prier de soumettre à la *Société Dunkerquoise* les questions qu'ils désireraient voir discuter au Congrès. Le questionnaire-programme que vous avez reçu est le résultat de cette enquête ; je n'ai pas besoin de dire que la collaboration de nos éminents correspondants nous a été particulièrement utile et que nous leur sommes profondément reconnaissants du concours qu'ils nous ont prêté avec tant d'empressement et de bonne grâce.

Vous savez que les publications du Congrès doivent comprendre deux volumes : le premier, qui vous a été remis par nos soins, contient les résumés d'un certain nombre de mémoires, tels qu'ils nous ont été adressés par leurs auteurs ; nous avons pensé que nos adhérents seraient heureux de connaître à l'avance quelques-uns des sujets qui vont être traités par les Congressistes et d'arriver aux séances avec la possibilité de discuter les questions en toute connaissance de cause.

Le second volume renfermera les comptes-rendus des Assemblées Générales, des réunions des sections et les mémoires et travaux dont le Comité aura décidé l'insertion. Si j'en juge par la valeur des résumés qui nous sont parvenus, je suis persuadé que le Comité n'aura que l'embarras du choix, et je me plais à espérer que nos publications constitueront un petit ouvrage varié et précieux, digne de figurer dans la bibliothèque de tous les amis de la Flandre et de son histoire.

Je ne vous dirai rien des excursions et des divertissements de différente nature que nous avons organisés à votre intention ; je vous demanderai seulement de venir à toutes nos réunions et de participer à tous nos voyages. Quittons-nous le moins possible pendant les quatre jours que nous avons à passer ensemble ; nous ne tarderons pas à nous connaître, à nous apprécier, et nous n'aurons bientôt qu'un désir, c'est que ce premier Congrès soit suivi de beaucoup d'autres. »

M. Dumont, Maire de Dunkerque, Président d'honneur de la Société Dunkerquoise, souhaite la bienvenue à tous les Congressistes. Il rappelle, en quelques mots remplis d'humour, les habitudes d'hospitalité de la Ville de Dunkerque et pour continuer à observer le culte des traditions, demande l'autorisation d'offrir les vins d'honneur suivant la vieille coutume flamande. Une charmante réception, pleine de cordialité, a réuni pendant quelques instants les Congressistes qui ont pu ainsi faire connaissance et échanger leurs premières impressions.

Dimanche après-midi : Excursion en mer.

L'excursion en mer, à bord du remorqueur le « Dunkerquois », a réuni un nombre assez considérable de Congressistes, parmi lesquels on remarquait : Mme Art. de Cannart d'Hamale ; Melle Bossaert ; MM. Duriau, Président de la Société Dunkerquoise ; S. Dreyfus, Président de la Commission d'organisation ; Bufquin, Boone, Bonnaire, Bled, E. Debacker, Art. de Cannart d'Hamale, Fages, rédacteur de l' « Echo du Nord », Gossart, Lanoire, Salignon, rédacteur du « Nord Maritime », Willemsen, Gory, Secrétaire Général du Congrès, etc., etc. Grâce au temps magnifique et à une mer très calme, les Congressistes ont pu admirer le merveilleux panorama de Dunkerque avec son beffroi, la tour de l'Hôtel de Ville, le Leughenaer et le phare, panorama continué par celui de la plage de Malo. Devant eux ont successivement défilé le Kursaal de Dunkerque, le Casino de Malo-les-Bains, la plage envahie par les baigneurs, l'hôtel-casino de Malo-Terminus, le tout bordé par la digue-promenade couverte de promeneurs ; enfin le nouveau Sanatorium de Zuydcoote, fondé par l'éminent philantrope M. G. Vancauwenberghe et, dans le lointain, Bray-Dunes et La Panne. Enfin, retour à Dunkerque, où les excursionnistes se déclarent enchantés de leur trop courte promenade pendant laquelle les commissaires, MM. Bled, Boone, E. Debacker, Gory, se sont mis obligeamment à la disposition des Congressistes pour leur donner tous les renseignements qu'ils pouvaient désirer tant sur la rade de Dunkerque que sur les différents points du panorama qui défilait sous leurs yeux.

Le soir, à 9 heures, quelques congressistes se sont rendus au bal du Parc de la Marine ; favorisé par un temps splendide, doux et calme, le bal était dans tout son éclat. Girandoles et feux de bengale, orchestre irréprochable jouant des danses entraînantes, contribuèrent à terminer une journée excellente à tous les points de vue.

LUNDI 15 JUILLET 1907.

9 heures du matin :

Réunion des Sections II et V à l'Hôtel de Ville

SECTION II

Président : M. le Chanoine Looten ; Vice-Présidents : MM. Petit-Dutaillis et L. Lefebvre ; Secrétaire : M. l'Abbé Lesne.

Etaient présents : MM. Bouchet, Art. de Cannart d'Hamale, de Saint-Léger, Dewachter, A. Dumont, de Flou, Geysen, Gory, Lavoine, B. Morel ; Poulain, commissaire.

Excusé : M. Ch. Barrois.

M. le Chanoine Looten, Président de la Section, remercie la *Société Dunkerquoise*, sœur du Comité flamand qu'il a l'honneur de présider, de l'initiative qu'elle a prise, et félicite M. Bouchet qui, à son tour, définit le but que se propose le Congrès, de coordonner les travaux des diverses sociétés savantes de la région.

M. Looten donne la parole à M. Dewachter qui lit un mémoire relatif au *Recul en Belgique de la Langue française à notre époque.*

A la fin du XIXe siècle, la langue flamande a gagné du terrain à la frontière linguistique. Elle a repris l'offensive dans diverses communes menacées par le français (Renaix, Zandvoorde) et en a même conquis d'autres sur sa rivale (Halluin, Wervicq-Sud, Reckem).

Depuis, un mouvement wallon est né, ses organismes « les ligues wallones » s'efforçent de propager dans le peuple des idées patriotiques et on peut espérer que bientôt elles élaboreront un programme basé sur la décentralisation et s'inspirant des idées de leur chef le plus éminent, M. Albert Mockel, qui se résume en ces mots :

La Flandre aux Flamands,
La Wallonie aux Wallons,
Et Bruxelles à la Belgique.

M. le Président après avoir remercié l'auteur de cette communication observe l'intérêt qu'elle présente eu égard aux débats actuellement en cours en Belgique. M. Dumont insiste sur les efforts qu'il faut faire pour que le français reste la langue « véhiculaire » en Belgique. M. Bouchet présente une observation relative aux progrès du flamand dans les régions françaises voisines de la Belgique.

M. de Flou, Directeur de l'Académie royale flamande de Belgique, rappelle les origines du mouvement flamingant et estime qu'il appartient aux Wallons de défendre le français en s'organisant de la même manière.

M. Looten demande s'il existe en Belgique un mouvement wallon ; M. Dewachter donne quelques détails sur cette organisation naissante dont le siège est à Liège et dont le promoteur est M. Mockel.

M. L. Lefebvre donne lecture d'un mémoire relatif à une *Académie Lilloise en 1759*. Il indique la composition de cette Société de beaux esprits, qui produisaient peu ou point et se réunissaient surtout pour lire les gazettes et converser sur les sujets politiques et philosophiques débattus alors par l'opinion. Il donne des détails sur les personnages les plus intéressants qui en firent partie. Il observe que cette Société bientôt dissoute et dont le rôle fut effacé, occulte, est un avant coureur des Sociétés qui apparaissent à la fin du siècle et dont l'action sera beaucoup moins réservée.

M. le Président observe que les Sociétés de ce genre ont largement contribué au XVIIIe siècle à créer l'opinion, à répandre les doctrines encyclopédistes, et que là s'est élaboré l'esprit révolutionnaire.

M. le Chanoine Looten analyse le contenu de plusieurs registres, propriété du Comité flamand, qui intéressent l'*Histoire de la Chambre de rhétorique de Bergues dite « Les Royaerts,»* l'une des Sociétés littéraires existant à partir du XIVe siècle et auxquelles on doit des chansons, des couplets satiriques contre les Espagnols et aussi quelques œuvres dramatiques. « Les Royaerts » occupent une bonne place au milieu des Chambres de rhétorique de Gand, de Diest, d'Ypres, d'Amsterdam, d'Anvers, de Bruxelles, de Louvain, de Malines, de Tournai et autres lieux.

L'un des registres en question contient les comptes-rendus des réunions de la Société entre 1690 et 1714. A cette première date, la Société de Rhétorique se reconstitue et prend une activité nouvelle ; on peut y puiser toutes sortes de renseignements sur la gestion administrative et financière de la Société.

Le second registre est du dernier tiers du XVIIIe siècle. C'est une partie du répertoire dramatique des Royaerts. Il se compose de trois comédies flamandes et six pièces tragiques toutes traduites du français. On voit là une des traces de l'influence croissante de la langue française dont l'infiltration graduelle est constatée dans certains ouvrages, notamment dans les « Réflexions importantes » du curé de Wormhoudt, Alexandre Van de Walle.

Une discussion s'engage au sujet des progrès réalisés par l'influence française dans la région flamande au cours du XVIIIe siècle. M. de Saint-Léger observe que la propagande n'atteint nulle part les couches populaires. M. Bouchet signale plusieurs faits intéressant l'histoire de cette propagande, notamment l'envoi fait en 1666 par Colbert du P. Bouhours à Dunkerque à titre de professeur et d'aumônier des troupes et qui avait sans doute mission de renseigner l'administration. M. Dewachter demande si les colonies picardes établies dans la région de Bourbourg n'ont pas contribué à propager le français dans la région flamande. M. Bouchet estime que ces Picards sont restés isolés et ont eu une faible action. M. le Président résume l'histoire de la propagande française et estime qu'il est surprenant que le flamand ait résisté à tant d'attaques.

La séance est levée à midi.

SECTION V

Président : M. Sagnac ; Vice-Présidents : MM. Douxami et Willemsen ; Secrétaire : M. Lennel.

Assistaient à la séance : MM. Dumont, Maire de Dunkerque ; J. Beck, Bonnaire, Art. de Cannart d'Hamale, Desplanque, Pierre Dubois, Doutriaux, Douxami, André Fage, Vicomte de Ghellinck, Maurice Gossart, Dr Lancry, M. l'Intendant Lévy, Lavoine, Lebleu, J. Lefebvre, Moux, H. Terquem, Rohmer, G. Sens, J. de Pas, Vanrycke, Vayson, J. Willemsen, etc. ; Bled, commissaire.

M. Art. de Cannart d'Hamale donne lecture de son travail sur *Jean Cannart, « Chancelier de Mgr de Bourgogne »*, qui fut comme le premier ministre de Philippe-le-Hardi, duc de Bourgogne et Comte de Flandre. Le chancelier négocia, en 1385, la célèbre paix de Tournay, par laquelle les Flamands, satisfaits de voir leurs privilèges reconnus et confirmés, renoncèrent à l'alliance anglaise et jurèrent fidélité au nouveau comte. Le chancelier de Philippe-le-Hardi était, très probablement, (et M. de Cannart en donne des preuves nombreuses), d'origine flamande. C'est en flamand que les négociations eurent lieu. Il usa de son influence auprès du Comte pour l'amener à un accommodement avec les communiers des Flandres et se révéla un homme d'Etat de premier ordre.

M. Sagnac indique le point intéressant de cette communication qui lui semble être l'usage de la langue flamande dans les pourparlers engagés entre le comte et ses sujets. M. de Saint-Léger fait remarquer que la langue officielle à la Cour de Bourgogne ne cessa jamais d'être le français, mais que les Ducs usaient de la langue flamande quand ils désiraient flatter leurs sujets pour en obtenir des subsides, quitte à revenir au français quand ils voulaient leur manifester leur mécontentement et imposer nettement leur autorité. M. de Cannart d'Hamale reconnaît qu'il en était ainsi et M. Sagnac clôt la discussion par un rapprochement curieux entre ce fait et les procédés de M. de Bismarck usant tour à tour du français ou de l'allemand avec nos négociateurs de 1871 pour les séduire ou les intimider.

M. J. de Pas lit une communication bien documentée sur les *Coches d'eau de Saint-Omer vers Dunkerque* et les autres villes de la Flandre maritime aux XVIIe et XVIIIe siècles.

L'absence de routes terrestres praticables entre Saint-Omer, Dunkerque et les autres villes de la Flandre maritime a eu pour conséquence l'utilisation des canaux pour former entre ces différents centres les voies de communication nécessaires au commerce et y organiser des services affectés au transport des voyageurs et des marchandises.

Il y eut d'abord les *bateaux de marché* qui assuraient le trafic hebdomadaire aux habitants de Dunkerque, Bourbourg et Saint-Omer qui se rendaient au marché de Bergues avec leurs marchandises. Ce n'est que dans la seconde partie du XVIIe siècle que fut organisé un service quotidien de Saint-Omer à Dunkerque sur le nouveau canal passant par Bourbourg et le Guindal. Mais bientôt les conditions défectueuses de ces coches d'eau donnèrent lieu à des plaintes. Les projets d'amélioration n'aboutirent qu'au milieu du XVIIIe siècle par l'installation de *carrosses d'eau* plus élégants, plus légers et plus rapides que les anciennes barques. Malheureusement le nouveau service coïncida avec la construction de la chaussée de Dunkerque à Lille, qui enleva à ce trafic une grande partie des voyageurs et même des marchandises. Il continua néanmoins à fonctionner sans modifications sensibles jusqu'au milieu du XIXe siècle.

L'historique des coches d'eau a amené l'auteur de la communication à donner des détails sur les travaux d'amélioratiou des cours d'eau dans le delta de l'Aa, ainsi que sur l'intervention des villes dans les frais qu'ils occasionnent. Cette étude constitue donc un chapitre important à l'étude des relations commerciales de l'intérieur du pays avec le port de Dunkerque.

L'auteur fait passer sous les yeux des Congressistes de très curieuses reproductions de dessins et plans de carrosses d'eau et de coches d'eau dressés vers 1761 à Dunkerque et conservés aux Archives de Saint-Omer.

M. le Président, en félicitant M. de Pas de son étude si remarquable, en tire cette conclusion que, une fois de plus, on voit dans cette affaire les intérêts particuliers les plus mesquins s'opposer à des progrès utiles à tous.

A la prière de M. Dumont, M. de Saint-Léger esquisse un récit rapide de la rivalité commerciale, au XVIIIe siècle, entre Dunkerque et Bergues qui cherchait à attirer le trafic en obtenant la liberté complète de navigation sur le canal de Mardyck. Cette communication improvisée obtient un vif succès dont M. le Maire se félicite d'avoir été « l'agent provocateur ».

MM. Doutriaux, Pierre Dubois, H. Terquem et Willemsen citent des exemples de transports de voyageurs et de marchandises par coches ou carrosses d'eau assurant encore aujourd'hui des services réguliers.

M. G. Lefebvre a étudié particulièrement *les Subsistances dans le district de Bergues pendant la Révolution*. Il apporte au Congrès une solide contribution à cette question si importante, puisque la disette a eu sa répercussion au point de vue politique sur la marche de la Révolution et que certaines mesures révolutionnaires ne s'expliquent que par elle.

Dans les campagnes, la liberté économique fut détruite, en l'an II, en l'an III et en l'an IV par la nécessité où l'on se trouva d'assurer les subsistances des villes et des armées. Il y eut, à côté de la terreur politique, une sorte de « terreur économique ». M. Lefebvre a tracé des graphiques mettant en évidence les variations extrêmes des prix du blé de 1789 à l'époque du Directoire. Il s'efforce d'en dégager les causes, en même temps qu'il étudie les effets des lois du Maximum dans ce district. Il recherche la production moyenne du district qui est très élevée. Il attribue à la guerre et aux exportations vers les autres parties de la France la diminution des terrains cultivés et l'augmentation considérable du prix du blé. Il serait bon, dit-il pour conclure, de généraliser les études de ce genre dans les villes elles-mêmes dont quelques-unes se livrèrent alors à de véritables essais de municipalisation de la boulangerie.

M. Sagnac profite de cette occasion pour préconiser

l'importance de l'histoire sociale et économique. Sans méconnaître l'importance du rôle des idées dans la Révolution, il faut tenir compte des faits économiques, de « l'histoire alimentaire ». Seule une vaste enquête à travers tout le pays peut éclairer les points restés obscurs dans les origines de la crise révolutionnaire.

Les recherches de M. Lefebvre pourront servir de modèle aux travaux du même genre qu'il faut souhaiter nombreux. M. Lefebvre se propose du reste d'étendre cette enquête pour tout le département du Nord.

Une autre constatation résultant de cette étude est le développement agricole de la Flandre maritime à la fin du XVIIIe siècle. Le rendement du blé à l'hectare (20 à 22 hectolitres) était bien supérieur au rendement moyen des autres régions françaises. Il dépassait même notre moyenne d'aujourd'hui qui pour la France est de 17 hectolitres et la prospérité agricole de la Flandre maritime provoquait l'admiration de tous les voyageurs.

Dans la discussion qui suit la communication de M. Lefebvre, M. l'Intendant militaire Lévy prie l'auteur de préciser le sens qu'il attache au mot exportation. Suivant M. Lévy, cette exportation ne consiste pas en vente à l'étranger, puisque des mesures sévères étaient prises contre ce trafic, mais seulement dans un envoi à d'autres départements de l'Ouest et du Midi. Il convient aussi de tenir compte, pour l'explication de la crise, des énormes besoins des armées qui consomment journellement un million de kilogrammes de blé. MM. Lefebvre et Sagnac pensent que, malgré les défenses et les précautions prises, une partie des grains exportés allaient à l'étranger par terre. M. Sagnac en cite des exemples pour la région des Ardennes.

M. Willemsen apporte au Congrès une *Contribution à l'Histoire de la lutte économique entre les villes et le plat-pays de Flandre, aux XVIe, XVIIe et XVIIIe siècles.*

L'Industrie urbaine ne parvint pas, malgré des efforts continus à annihiler, ni même à diminuer l'essor de l'Industrie rurale. Celle-ci ne fit que gagner en importance et en prospérité à mesure que sa concurrente des villes voyait sa déchéance s'accentuer de plus en plus. La chûte de l'une est due à l'esprit de routine et au manque d'initiative de ceux qui l'exerçaient et qui prétendaient ne tenir aucun compte des désirs du consommateur dès que ceux-ci rompaient avec la pratique séculaire du consommateur, tandis que l'ascension de l'autre était la conséquence de la liberté du travail dont elle jouissait et des efforts qu'elle faisait pour approprier sa production aux goûts du preneur.

Quant aux corporations de métier même, elles ne répondaient plus, déjà au XVe siècle, à aucune nécessité sociale et elles avaient perdu tout caractère propre à la fin du XVIIIe. Elles se désagrégèrent lentement, et dans la seconde moitié du XVIIIe siècle, les abus qui y régnaient et les exigences de leurs suppôts avaient obligé le Gouvernement à entrer dans la voie de la liberté du travail, d'abord en ce qui concernait les travaux qu'il faisait exécuter, ensuite en ce qui regardait la masse.

Aussi peut-on se demander si les corporations de métiers furent en réalité supprimées en Flandre à la suite des événements de 1789 et si elles n'avaient pas déjà disparu de fait, et déjà bien antérieurement.

Quant au commerce rural il prospéra alors que celui des villes dépérissait constamment.

En un mot l'issue de cette lutte fut le triomphe de la liberté pure et simple sur la liberté du monopole et du privilège.

M. Sagnac se rallie entièrement aux conclusions de M. Willemsen, ainsi que M. de Saint-Léger qui, dans ses *Études sur l'industrie des draps dans la Flandre Wallonne*, est arrivé à des résultats identiques. Il rappelle, à propos de l'acquisition des denrées à meilleur compte dans les campagnes que dans les villes, la bizarre mesure prise à Lille contre les habitants qui, grands amateurs de genièvre, allaient le déguster dans les Pays-Bas Autrichiens. Les fermiers des droits sur les boissons exigeaient que les voyageurs subissent l'épreuve du flair ! M. Willemsen confirme ce fait. Les habitants du Tournaisis adressèrent à leur gouvernement une supplique pour qu'il obtienne la suppression de cette épreuve.

M. Pierre Dubois appelle l'attention du Congrès sur des questions de ce genre qui méritent d'être traitées comparativement dans toutes les régions. Il donne des exemples de luttes analogues en Picardie, notamment entre les bonnetiers des gros bourgs et des petits villages. Le Congrès pense, comme M. Dubois, que cette question doit être maintenue à l'ordre du jour des futurs Congrès régionaux.

M. J. Beck lit son travail sur *Un Intérieur Flamand* dont le texte a paru dans le volume préparatoire du Congrès. Il communique une photographie d'intérieur flamand qui existe à Rosendaël. Des réflexions échangées à ce sujet, l'idée se dégage qu'il serait excellent de faire pour la Flandre ce que l'on a tenté avec succès pour d'autres provinces françaises et de conserver les traditions d'un art local très original. Sur la proposition de

M. Pierre Dubois, le Congrès émet le vœu que, *au Musée de Dunkerque, une place soit ménagée pour la reconstitution d'un intérieur flamand et que l'on y adjoigne une collection de Costumes flamands.*

M. Willemsen offre au Congrès un exemplaire de son étude sur la Démographie d'une Commune du Plat-Pays de Flandre aux XVIIe et XVIIIe siècles (1631-1795).

Il propose d'adresser des félicitations à M. Sagnac pour la façon remarquable dont il a dirigé les discussions de la séance. Cette proposition est adoptée à l'unanimité.

La séance est levée à midi.

Après-midi : Excursion à Bergues.

Les congressistes, en grand nombre, parmi lesquels on remarquait : Mme de Cannart d'Hamale ; MM. Baras, de Cannart d'Hamale, Denquin, Deprez, Docteur G. Duriau, Ch. Duriau, Douxami, P. Dubois, de Flou, de Ghellinck, Gossart, G. Lefebvre, Ch. Legrand, Lennel, A. de Saint-Léger, Sens, Simon, H. Terquem, Vanrycke, Vayson, Willemsen, etc. ; Boone et Gory, commissaires.

Partis de Dunkerque à 3 heures 05, les congressistes arrivent à Bergues à 3 heures 15 ; ils se rendent immédiatement à l'Hôtel de Ville où ils sont reçus par MM. Claeys, maire, et Carpentier, adjoint.

M. le Docteur Duriau, Président de la Société Dunkerquoise, présente les congressistes. M. Claeys leur souhaite la bienvenue non sans leur rappeler avec émotion l'ancienne prospérité de Bergues, dont il est maire depuis 27 ans et conseiller municipal depuis 47 ans. Le champagne est offert aux congressistes qui boivent à la gloire ancienne de Bergues, à son avenir et à la Société Dunkerquoise.

M. de Saint-Léger vante ensuite aux congressistes les richesses de la bibliothèque de Bergues qui contient quelques magnifiques manuscrits des XIe et XIIe siècles, notamment « La Vie de Saint-Winoc » écrite et illustrée par le moine Drocok, un Boccace et un livre d'heures.

Après avoir examiné les manuscrits rares, aux vieilles dorures fanées dans le cuir usé, aux encres brunies, aux miniatures minutieuses, l'excursion a continué par une visite aux vestiges de l'abbaye Saint-Winoc, au beffroi, puis aux remparts ; M. le Maire de Bergues guide les congressistes ; M. A. de Saint-Léger commente et fait à grands traits l'histoire complète des monuments visités.

C'est d'abord la porte de Bierne, la caserne Thémines datant de 1782 ; l'Hôtel de Ville ; en face le Beffroi, tour carrée flanquée de quatre tourelles surmontées d'une chambre de cloches, datant probablement de 1383. En 1807, douze cloches furent fondues pour le carillon ; en 1807 également un lion de Flandre doré remplace le bonnet phrygien placé par la Révolution.

Une vieille coutume, remontant à la domination espagnole, veut que chaque nuit, à partir de 10 heures, le veilleur annonce en flamand l'heure qui va sonner ; le

31 Décembre, à minuit, il souhaite, toujours en flamand, une heureuse année à ses concitoyens.

On monte ensuite à la plaine « Sinte Peters'bove » sur laquelle s'élevait jadis l'abbaye de Saint-Winoc dont il ne reste qu'une porte et deux tours : la tour Blanche et la tour Bleue qui, par leur situation sur une éminence, sont aperçues de la haute mer et servent de point de repère aux marins ; plusieurs congressistes font l'ascension de la tour carrée, d'où l'on jouit d'un panorama superbe sur la verte campagne flamande.

Les excursionnistes suivant alors la ligne des fortifications dues à Vauban et disposées en vue d'une inondation soudaine en temps de guerre, se rendent à la porte de Cassel et sur la demande de M. le Maire retournent à la Mairie où le champagne les attend ; enfin la promenade s'est terminée par une visite à l'ancien Mont de Piété, bel édifice de la Renaissance, en briques et pierres blanches, devenu gendarmerie, à l'église et au port.

Les congressistes sont rentrés à Dunkerque à 7 heures 17, très heureux de cette excellente après-midi.

LE BANQUET

Un banquet de 110 couverts réunissait à 8 heures 1/2 du soir, les congressistes dans les salons du restaurant Belle-Vue, à Malo-les-Bains.

A la table d'honneur, ornée très artistiquement de fleurs et de plantes rares, avaient pris place autour de

M. le Dr Duriau : MM. Brisac, sous-préfet, S. Dreyfus, président de la Commission d'organisation, Général Boell, gouverneur de Dunkerque, Dumont, maire de Dunkerque, Willemsen, président du Cercle archéologique du Pays de Waes, Herbart, président de la Chambre de Commerce, Bouchet, vice-président de la Société, Vicomte de Ghellinck, H. Terquem, secrétaire général, de Cannart d'Hamale, B. Morel, Lennel, Bufquin, directeur de la Banque de France, Lefebvre, principal du Collège Jean-Bart, Vanrycke, bibliothécaire en chef de l'Université de Lille, de Saint-Léger, Sagnac, Douxami, Lefebvre, professeurs à l'Université de Lille, Isoré, trésorier de la Société, Bled, Minet, Denquin, Sens, Geysen, secrétaire général de la Société Photographique de Dunkerque, Hutter, vice-président de la Chambre de Commerce, Boone, Gory, secrétaire-général du Congrès, etc.

S'étaient excusés : MM. E. Boignard, Couhé, Darcq, Guillemain, G. Kremp, Ch. Lhermitte, Chanoine Looten, H. Loridan, Lyon, recteur de l'Académie de Lille, H. Merlen, Ed. Seligmann, J. Trystram, sénateur, J. Trystram fils, L. Trystram, G. Vancauwenberghe, conseiller général du Nord, maire de Saint-Pol-sur-Mer, etc.

Aux autres tables s'étaient placés sous la direction des aimables et empressés commissaires MM. Ackein, Bonnaire, Bufquin, Bled, G. Bollaert, P. Collet et Geysen :

Mme de Cannart d'Hamale ; Mlles Crunel, M. Dubois et M. Dubois ; MM. Ackein, Baras, Berginal, Bion, G. Bollaert, Bonnaire, Brossard, Cazenave, P. Collet, Coquelle, maire de Rosendaël, Cleenewerck, Coiscaud, Dubois, d'Aubenton, Desfarges, Desgardin, de Lesdain, Desplanque, Ed. Dalinval, E. Debaecke, Delon, L. Dreyfus, Ch. Duriau, J. Duriau, V. Dutoict, E. Fesquet, R. Fichaux, Falciny, Goetghebeur, Gheraert, Husson, Isoré fils, Jubault, Lecerclé, Lanoire, H. Lemaire, L'Hôte, Morael, Marec, Ad. Néerman, G. Pauwels, Poulain, Rolland, Seys, Simon, H. Tresca, M. Vanel, Verlomme, Vaillant, Vermeulen, Wade, etc., etc.

Au dessert, M. le Docteur Duriau, Président, a pris la parole.

TOAST

de Monsieur le Docteur Duriau

« Je lève tout d'abord mon verre en l'honneur de M. le Ministre de l'Instruction publique, qui, en acceptant la présidence d'honneur de ce Congrès, a encouragé l'élite des travailleurs de la Belgique et de nos provinces du Nord, et nous a prouvé d'une façon tangible l'intérêt que le Gouvernement de la République Française témoigne toujours à toutes les manifestations intellectuelles.

« J'unis dans mon toast tous ceux qui, en cette circonstance mémorable, nous ont donné des preuves réelles d'attachement et d'encouragement : M. J. Trystram, Sénateur du Nord, qu'un deuil inoubliable éloigne ce soir de ce banquet, et qui a été un des plus puissants facteurs de ce Congrès ; M. Brisac, notre sympathique Sous-Préfet, qui ne cesse de nous témoigner tout l'intérêt qu'il porte à notre vieille Société ; M. G. Vancauwenberghe, Conseiller Général du Nord ; M. A. Dumont, Maire de Dunkerque, notre dévoué Président d'honneur ; M. Herbart, Président de la Chambre de Commerce de Dunkerque.

« C'est grâce à tous ces auxiliaires précieux qu'il nous a été donné de vous réunir dans ce Congrès.

« Que M. le Général Gouverneur de Dunkerque, ainsi que toutes les notabilités étrangères et françaises qui ont bien voulu accepter notre hospitalité, reçoivent ici l'expression de la gratitude de la Société Dunkerquoise.

« Je n'aurai garde d'oublier mes collaborateurs de la Société et du Comité d'organisation, à qui je dis merci du fond du cœur pour leur précieuse et inestimable collaboration.

« Enfin, Mesdames et Messieurs, je suis sûr d'être l'interprète de tous en levant mon verre à la Belgique, cette nation sœur par ses origines comme par son travail. C'est pour tout Français un acte de reconnaissance et un bien doux devoir que de l'acclamer. Car nous n'oublierons jamais ce que nous devons à ce peuple voisin si hospitalier, qui parmi tant d'autres exilés Français, recueillit avec une profonde sympathie notre grand poète national Victor Hugo, ainsi que notre concitoyen le Docteur Testelin, qui, de concert avec le général Faidherbe, organisa dans le Nord la défense nationale pendant l'Année Terrible.

« Mesdames, Messieurs, à la Science qui fait les peuples unis, à la Belgique, à la France ».

M. Brisac, sous-préfet de Dunkerque, dans une magnifique improvisation dans laquelle les idées les plus hautes sont exprimées d'une façon impeccable, montre toute l'intelligente initiative de la Société Dunkerquoise qui a su concentrer les forces intellectuelles dispersées dans toute la région du Nord, susciter des initiatives locales et régionales et servir puissamment la décentralisation qui apparaît de plus en plus nécessaire à la vie de la démocratie agissante. Il salue les congressistes étrangers et propose la santé de M. le Président de la République Française.

L'orchestre exécute la *Marseillaise* écoutée debout par tous les congressistes, puis M. Willemsen, Président du Cercle Archéologique du Pays de Waes et délégué de cette Société, au nom des Belges présents, remercie vivement, en termes émus, la Société Dunkerquoise de sa cordiale hospitalité et de sa magnifique réception ; il boit à la France et à la prospérité du port de Dunkerque.

L'orchestre exécute la *Brabançonne* qui est écoutée debout.

M. Sagnac, Professeur à l'Université de Lille, exalte les bienfaits de l'histoire locale qui permet de faire plus approfondie et plus précise l'histoire générale qui est, ainsi que le dit Fénélon « de tous les temps et de tous les pays, et la plus belle qui ait été jamais vécue par les héros et écrite par les hommes de science »; il dégage en paroles éloquentes l'idée du Congrès des Sciences Historiques ; il montre que si tout ce qui touche aux Flandres présente un caractère tout particulier d'attachante curiosité, l'histoire de la France présente aussi des beautés merveilleuses scintillant du plus pur éclat. Enfin, M. Sagnac boit à la prospérité de la Société

Dunkerquoise en employant la formule consacrée ailleurs : *Vivat, crescat, floreat !*

M. Minet clot la série des toasts en portant, en termes fort gracieux et très humouristiques, la santé des Dames qui avaient bien voulu honorer le banquet de leur présence.

Le banquet, pendant lequel s'est fait entendre un excellent orchestre symphonique, s'est terminé à minuit.

MARDI 16 JUILLET 1907

9 heures du matin :

Réunion de la Section III à l'Hôtel de Ville

Président : M. Willemsen ; Vice-Président : M. P. Dubois ; Secrétaire : M. G. Lefebvre.

Etaient présents : MM. J. Beck, Bled, Bonnaire, Bouchet, Bufquin, de Saint-Léger, Douxami, S. Dreyfus, A. Dumont, Dr G. Duriau, Fesquet, de Flou, J. Geysen, de Ghellinck, Gory, Gossart, Dr Lancry, Legrand, Lennel, Levé, Chanoine Looten, Minet, B. Morel, J. Moux, Petit-Dutaillis, Rolland, Rohmer, Sens, Sagnac, Vayson, etc. ; Commissaires : MM. Bled et Geysen.

M. le Président donne lecture d'une lettre de M. G. Durand qui s'excuse de ne pouvoir faire sa communication sur « La Confrérie du Puy Notre-Dame à Amiens ».

M. le Docteur Lancry demande la permission de présenter une étude, qui bien que non inscrite à l'ordre du jour est de nature à intéresser les congressistes et il donne lecture d'une communication sur « *Les institutions communales de la Dot agraire à Fort-Mardyck et à Beuvraignes en Picardie* ».

L'agglomération des pêcheurs de Mardyck forme, dès 1665, une colonie très curieuse jouissant de la dot agraire constituée en 1667 pour quatre familles. Aujourd'hui on assigne à chaque nouveau ménage qui s'établit dans la commune 22 ares de terre labourable en usufruit. Une organisation assez semblable existe à Beuvraignes en Picardie, depuis le commencement de l'Empire. Cette institution est réglementée par un texte rédigé le 1er Mars 1809. Environ 226 hectares sont divisés en 129 lots inaliénables, délivrés en usufruit. Leur propriété s'acquiert par l'ancienneté à la cotisation des contributions ou par succession, en ligne directe, de père ou mère à fils aîné, selon le principe germanique et contrairement au dogme du droit romain. M. Lancry donne lecture de ce règlement édicté sous le premier Empire par le Sous-Préfet de Montdidier.

M. Lefebvre fait remarquer que beaucoup de communes de la Flandre Wallonne et du Hainaut, qui possédaient des marais desséchés, les utilisaient d'une façon analogue en les distribuant en portions ménagères.

M. Sagnac observe que c'est là un aspect du mouvement qui portait beaucoup de paysans à réclamer le partage des biens communaux ; il donne des indications générales sur cette question.

Sur la proposition de MM. Willemsen, Lancry et Sagnac, la Section émet le vœu :

« *Que les communes rurales utilisent une partie de* « *leurs biens communaux pour la création de dots agrai-* « *res en s'inspirant notamment de l'exemple et du* « *règlement préfectoral de Beuvraignes (Somme) en* « *1809.* »

Sur la proposition de M. le Président, la Section émet également le vœu :

« *Que la question des dots agraires soit mise à l'ordre* « *du jour du prochain Congrès.* »

M. Bouchet donne lecture de sa communication sur « *Le Parler Dunkerquois* ».

Après avoir montré que, dès le Moyen-Age, la langue française fut introduite et cultivée à Dunkerque par des fonctionnaires au service des comtes de Flandre et des ducs de Bourgogne ou des scribes employés par le Magistrat, l'auteur explique que ces immigrés venant pour la plupart des pays où se parlaient le Wallon, le Rouchi, le Picard, cette circonstance permet de comprendre comment le parler de Dunkerque a conservé un certain nombre de termes tirés des dialectes provinciaux usités par des populations voisines de la Flandre flamingante.

La France s'annexa Dunkerque en 1662 ; dès 1664 elle imposait l'emploi de sa langue dans tous les actes administratifs et judiciaires. Depuis lors le français n'a cessé de gagner du terrain, mais si les classes élevées ont abandonné le flamand, le peuple lui est resté fidèle et la lutte entre les deux idiomes se continue toujours.

Il résulte de là que l'on constate dans le vocabulaire dunkerquois plusieurs catégories de mots :

1° Emprunts aux dialectes romans ;

2° Mots flamands francisés ;

3° Mots flamands introduits et conservés sans modifications orthographiques dans le langage local.

Le grand nombre de ces derniers prouve la persistance de l'influence flamande qui paraît toute aussi évidente dans les façons de s'exprimer. Il est donc permis, et M. Bouchet le prouve par de multiples exemples, de poser ce principe : « *Le Dunkerquois parle Français en Flamand* ».

Plusieurs membres de la Section remarquent que des constatations analogues pourraient être faites dans le pays wallon.

M. DE GHELLINCK observe, d'autre part, que le phénomène inverse s'est produit et que le français a exercé une influence sur le flamand.

M. PETIT-DUTAILLIS étudie avec précision des « *Lettres de rémission de Philippe-le-Bon.* » Ces lettres sont très intéressantes au point de vue moral et social ; elles constituent même un important document pour l'histoire du droit ; elles mettent en lumière la singulière brutalité des mœurs populaires de ce temps. Il cite plusieurs exemples : avortements, rixes dans les tavernes, faux en assurance maritime ; on y constate la persistance de la vengeance privée considérée comme un droit. Ces lettres, très rares, sont d'autant plus précieuses que les chroniques d'alors manquent assez de discrétion ; elles sont conservées aux archives départementales du Nord. M. Petit-Dutaillis émet le vœu :

« *Que la Société Dunkerquoise édite un jour ces pré-* « *cieux documents.* »

La Section s'associe à ce vœu.

M. DOUXAMI présente une communication sur « *L'époque de l'ouverture du Pas-de-Calais.* » La dernière mer pliocène devait aller jusqu'à la crête de l'Artois. Il y avait alors un isthme entre la France et l'Angleterre ; il apparaît d'ailleurs sur les cartes bathymétriques ; l'identité des falaises des deux côtés du détroit actuel confirme ce fait. D'un autre côté, l'étude de la faune permet de fixer l'époque de la disparition de l'isthme. Le mammouth se trouve des deux côtés du Pas-de-Calais ; le renne n'a pas passé en Angleterre, on n'en trouve des vestiges que près de Boulogne et dans la vallée de l'Aa. Il est facile d'en déduire que la disparition de l'isthme se place entre l'époque du mammouth et celle du renne : c'était l'époque des hommes de la pierre polie. En terminant, M. Douxami voudrait que la Société Dunkerquoise surveillât avec un soin jaloux tous les travaux entrepris car on ne saurait manquer de faire des découvertes importantes pour la science géologique.

M. Ph. Sagnac présente sa communication sur « *Le* « *Serment à la Constitution civile du clergé dans le Nord* « *et le Pas-de-Calais* ». La région du Nord fut essentiellement réfractaire à la constitution civile du clergé ; le Nord eut 79 °/₀ de réfractaires ; le Pas-de-Calais 81 °/₀ ; il est à remarquer que l'Est et l'Ouest en comptèrent également de nombreux ; d'où il résulte que les pays réfractaires sont aux frontières et que leur position géographique, amenant de fréquentes relations avec les émigrés et les ennemis, augmente le danger de la guerre civile. Si le Nord fut réfractaire, cela tient surtout à la domination espagnole et à ce fait que l'esprit ultramontain avait sa forteresse dans l'Université de Douai, opposée à l'esprit gallican qui ne triompha que plus tard.

M. de Saint-Léger donne lecture d'une étude très remarquable et très documentée de M. Richard, étudiant de l'université de Lille, sur « *Le clergé et l'application de*

« *la Constitution civile dans le département du Nord* « *(1789-1792).* »

L'auteur montre comment la suppression des monastères et la réforme du clergé séculier furent accueillies dans le département du Nord. Les religieux refusèrent, pour la plupart, de se rendre dans les maisons de retraite qui leur étaient assignées. Beaucoup s'unirent aux prêtres pour entretenir l'agitation réfractaire. Le clergé séculier se prononça en grande majorité contre la Constitution civile et, partout où il le put, souleva les fidèles contre les curés constitutionnels. Le Directoire du département, après avoir fait appel à la tolérance, fut amené à prendre des mesures de rigueur, surtout après la déclaration de guerre à l'Autriche (20 Avril 1792).

EXCURSION A FURNES

L'après-midi a été consacrée à l'excursion à Furnes : 70 billets de chemin de fer avaient été délivrés par les soins de la permanence.

Parmi les nombreux congressistes et membres de la Société Dunkerquoise qui y assistaient, on remarquait :

Mme de Cannart d'Hamale ; MM. Bled, Boone, Bossaut, Delon, Deprez, de Cannart d'Hamale, de Saint-Léger, A. Detraux, Douxami, Ch. Duriau, G. Duriau, de Flou, A. Dumont, Geysen, de Ghellinck, Gory, Gosselet, G. Lefebvre, Ch. Legrand, Lennel, Levé, Minet, Oury, Petit-

Dutaillis, Sagnac, Sens, Simon, Vanrycke, Vayson, Wade, Willemsen, etc., etc. ; P. Collet et Poulain, commissaires.

Les congressistes sont reçus à la gare de Furnes par M. de Haene, bourgmestre et M. de Spott, sénateur, qui guident les excursionnistes dans cette jolie ville, si élégante et pittoresque, en même temps que d'un luxe si discret et si harmonieux. Ses petites maisons grises aux pignons crénelés, ornées d'architectures minutieuses et de colonnades témoignent de quel souci de l'art se préoccupèrent les architectes de la Renaissance espagnole.

Les congressistes sont reçus dans la grande salle des échevins de l'Hôtel de Ville. M. de Haene, ayant à ses côtés M. de Spott, leur souhaite la bienvenue et évoque le passé glorieux de la ville qu'ils vont visiter. Il les félicite de leurs travaux et les remercie de l'honneur qu'ils lui ont fait en venant visiter Furnes.

« La vue de ces monuments, dit-il, vous rappellera « nos vicissitudes politiques, car vous savez que notre « ville a toujours excité la convoitise des peuples voi- « sins. Elle vous dira aussi que nos populations ont « toujours conservé indéfectiblement le culte de nos « libertés. »

M. A. Dumont, Maire de Dunkerque et Président d'honneur de la Société Dunkerquoise, répond à M. le bourgmestre : « Dunkerque et Furnes ont la même ori- « gine, les mêmes traditions ». Elles professent l'une pour l'autre les mêmes sympathies ; puis il loue Furnes qui a su, « avec un soin jaloux, garder son cachet artistique « d'autrefois, grâce à un architecte, M. Vynck, qui, en « des restaurations récentes a voulu, faisant abstraction

« de sa personnalité, se pénétrer de l'esprit des ancien-
« nes populations. »

M. le Docteur Duriau porte un toast à la Belgique et à la ville de Furnes et remercie M. le bourgmestre de son sympathique accueil.

Les congressistes vident quelques coupes de champagne, puis, toujours guidés par MM. de Haene et de Spott, commencent la visite détaillée de l'Hôtel de Ville et des monuments de Furnes.

M. de Haene a bien voulu nous donner une description de ces monuments ; nous sommes très heureux d'en reproduire ci-dessous une traduction due à M. E. Debacker, Vice-Président de la Société Dunkerquoise.

MONUMENTS HISTORIQUES DE FURNES

I

Le vaste Hôtel de Ville, avec ses belles salles tapissées en cuir doré de Cordoue, fut achevé en 1596 et l'Administration communale l'ayant surmonté de l'artistique pierre ciselée et fleuronnée aux armes de la Châtellenie de Furnes (ou Métier de Furnes — *Veurne Ambagt)* semblait vouloir s'endormir sur ses lauriers après avoir écrit : *Finis coronat Opus.*

Cependant, seize années plus tard, une seconde et aussi riche construction y fut ajoutée avec ses somptueux appartements, son beau et riche portail et son perron extérieur en pierre de taille sculptée, décoré de deux lions qui figurent dans les armoiries de la Ville et de la Châtellenie de Furnes. Au sommet apparaît une nouvelle inscription taillée dans la pierre : *Coronabor Augendo.*

La belle galerie couverte que l'on nomme Bretèche, depuis longtemps décoiffée et en ruine, fut rétablie en son état primitif avec son caractère architectural, par notre municipalité en l'année 1887.

II

Le Corps de Garde, construit au côté Sud-Est du Grand marché, au XVIIe siècle pour la partie inférieure et, pour la partie supérieure, au commencement du XVIIIe, servait à cette époque de marché au lin et de magasin. Nótre administration l'a, en 1886, convenablement restauré et affecté au bureau de police et il continue cette destination.

III

La précédente « Châtellenie » (*Landshuis*, ou maison du Conseil régional) actuellement occupée en grande partie par le Tribunal, était depuis 1578, entièrement déchue et abandonnée. Elle fut démolie en l'année même de l'achèvement de l'Hôtel de Ville, en 1612. Déjà l'année suivante, en 1613, s'élevait la nouvelle « Landshuis » avec sa vaste Salle des Gardes, sa riche et grandiose cheminée, son *Inzagwekkende*, salle d'audience, avec son artistique porte d'entrée en pierre, ses riches murs intérieurs à panneaux et ses banquettes. Cette maison de la « Châtellenie » fut entièrement achevée en 1616.

Notre municipalité a une seconde porte d'entrée, en pierre ciselée, érigée, sol et murs, bancs et balustrade, sur l'entier emplacement du Tribunal modifié et décoré. La magnifique cheminée, la salle d'audience, furent en 1894, enrichies de peintures par notre célèbre Albert De Vriendt; elles représentent la prestation de serment de Philippe-le-Beau, en 1500, comme Prince du pays.

IV

L'année suivante, 1617, fut bâti le « *Papel* » de la Châtellenie avec sa double porte d'entrée à balustres de bronze, sa savante voûte en bois, son riche poutrage sculpté de la haute salle. Aujourd'hui, en même temps que les installations des dernières années, la chapelle est enrichie de beaux vitraux, d'une frise représentant les armoiries de la Ville et celle des Bourgmestres, commençant avec les Abbés de la Chapelle jusque environ la Révolution française, à la fin du XVIIIe siècle, et principalement des portraits retrouvés de nos archiducs Albert et Isabelle (1).

---

(1) Dans la chapelle les congressistes ont été fort intéressés par une belle série de masques judiciaires. On trouvera sur ces masques des renseignements dans : Raymond de BERTRAND, *Notes sur les coutumes et anciennes effigies judiciaires en Flandre* (Bulletin du Comité Flamand de France, t. 1, p. 115-138), et dans

V

L'ancienne « Boucherie », ou halle à la viande, actuellement le « Théâtre », fut, en 1615, construite en recul vis-à-vis l'ancienne Maison du Magistrat ou « Pavillon » dans la rue de l'Est (Ooststraat).

L'ancienne Halle à la viande (Boucherie) et la Balance publique, furent transformées en « Théâtre » par l'Administration municipale en 1862.

A cette fin, le recul en arrière du bâtiment fut compris dans la façade, en alignement avec le côté Est du Grand marché.

Mais la nouvelle façade était traitée dans un style indéfini, n'ayant rien de commun ni avec l'ancienne construction, ni aucune des autres encore existantes.

Cette façade aussi est actuellement en harmonie avec toute la série de nos constructions médiévales et reconstruite en son style ancien et personnel.

---

l'*Art public* (Revue de Bruxelles), 2e année, 1897, no 2, p. 5-7. Extrait d'un opuscule du Baron de Vinck, de Winnezeele. — Exposition d'art ancien de 1902 à Bruges (Gruuthuse), supplément : Collection de deux masques, de deux poings et de 7 plaques de bronze provenant de l'ancienne cour de justice du Furnambacht.

Nous devons ces renseignements bibliographiques à M. Pierre Dubois, Président de la Société des Antiquaires de la Picardie.

VI

L'ancienne Maison du Magistrat, ou « Wethuis » (Maison de la Loi), prénommée le « Pavillon », est le plus ancien des édifices communaux restaurés. La « Wethuis » précédente, située au côté Nord de la rue de l'Est (Ooststraat), était ruinée et presque démolie ; l'Administration communale commença en 1448 l'érection d'une nouvelle « Wethuis » (Maison de la Loi) au côté Nord-Est du Grand marché. La construction fut achevée en 1456. Plus tard elle fut, par l'achat de maisons adjacentes, dans l'Ooststraat, notablement élargie, par l'adjonction d'une magnifique aile latérale avec porte en fer décoré, et surmontée d'une couronne de gouttières très appréciées.

Nous vivions alors en des temps troublés et inquiets... Depuis lors, par la fusion des administrations communale et régionale, le « Magistrat » municipal délaissa son ancienne demeure pour siéger dans la nouvelle vaste demeure. L'ancienne fut fort endommagée par les événements de guerre et les agitations de la bourgeoisie. En 1659, nous tombons en plein cabaret (?). En 1665, ce fut la demeure du sergent-major de la garnison espagnole — et ainsi continua sa dégradation et sa destruction, perdant jusqu'à la ressemblance de son ancienne forme artistique.

La construction difformée fut ensuite affectée aux emplois les plus vulgaires, jusqu'à ce que notre Municipalité la rétablît en ces dernières années en son état primitif en lui rendant son ancien lustre.

8 heures du soir : Soirée de gala au Kursaal.

La soirée de gala avait attiré au Kursaal de nombreuses dames en toilettes élégantes et de nombreux congressistes parmi lesquels on remarquait : MM. Baras, Bion, Bled, Bonnaire, Boone, Bossaut, Bouchet, Bufquin, Art. de Cannart d'Hamale, Cazenave, Cleenewerck, P. Collet, Coquelle, de Ghellinck Vaernewyck, Denquin, Dewachter, Daubenton, S. Dreyfus, C. Dubois, P. Dubois, Dutoict, Dr Duval, Ch. Duriau, G. Duriau, de Flou, Geysen, Goetghebeur, Gossart, Isoré, G. Lefebvre, P. Lefebvre, Ch. Legrand, Lennel, Lévy, Marec, B. Morel, Mouraux, Petit-Dutaillis, Poulain, Rohmer, Rolland, Sagnac, Sens, Simon, Smaghe, H. Terquem, Vanrycke, Vayson, Verlomme, Wade, Willemsen, etc., etc. ; G. Bollaert, P. Collet et Gory, commissaires.

La soirée comprenait *Faust*, l'opéra de Gounod, qui a été un grand succès pour toute la troupe d'opéra du Kursaal ; Mme Dangerville fut une délicieuse Marguerite ; Mlle C. Karl un charmant Siebel et Mme Berlau une excellente dame Marthe. M. Jolbert rendit très bien le personnage de Faust, M. Thirel fut un bon Valentin et M. Combes un Méphistophélès parfait.

L'orchestre conduit par notre collègue Théry fut remarquable à tous points de vue. Pendant la représentation, de magnifiques gerbes de fleurs ont été offertes aux artistes, au nom de la Société Dunkerquoise, pour les remercier de leur précieux concours.

A la fin du premier acte, les congressistes ont été reçus dans la salle mauresque. Avant le vin d'honneur,

M. Duriau, Président de la Société Dunkerquoise, a constaté, en une aimable allocution, les beaux résultats déjà obtenus par le Congrès qui a commencé dans le Nord « l'organisation du travail historique ». Il espère que son exemple sera suivi par les Sociétés voisines,de la Picardie et de l'Artois.

En terminant il adresse ses plus vifs remerciements à tous ses collaborateurs dunkerquois ou étrangers qui, par leurs communications, ont fait de ce Congrès une œuvre empreinte d'un cachet tout particulier.

M. B. Morel, comme membre de la Commission du Congrès, remercie l'administration du Kursaal de la générosité dont elle a fait preuve en accordant des cartes d'entrée aux congressistes; il félicite M. F. Gory, le Secrétaire général du Congrès, dont le dévouement a été mis à l'épreuve et qui a rendu tant de services pour l'organisation du Congrès, ainsi que M. le Dr Duriau du beau résultat obtenu par la Société Dunkerquoise ; en terminant, M. B. Morel a un mot aimable pour la presse.

Enfin, les congressistes sablent le champagne, tout en causant et se complimentant ; ce fut une réunion charmante, malheureusement écourtée par l'annonce du commencement du 3e acte.

MERCREDI 17 JUILLET 1907.

---

9 heures du matin :

Réunion des Sections II, III, IV et V

à l'Hôtel de Ville.

La séance est ouverte à 9 heures, sous la présidence de MM. de Saint-Léger et Willemsen ; M. Vayson, Vice-Président ; G. Lefebvre, secrétaire.

Etaient présents notamment : MM. Bombart, Bonnaire, E. Bouchet, Bricout, de Cannart d'Hamale, E. Collet, A. Crapet, Douxami, S. Dreyfus, C. Dubois, P. Dubois, Gossart, Kremp, Lennel, Lévy, Marec, Rohmer, Simon, etc., etc. ; Bled et Poulain, commissaires.

M. le Président lit les lettres d'excuses de MM. A. Ledieu et de Macre d'Aertrycke.

M. Bonnaire lit l'introduction que M. A. Ledieu a écrite pour « *l'Essai de Grammaire de Patois Picard* » qu'il a présenté au Congrès. Il prévoit que bientôt le picard sera une langue morte et il estime qu'il n'y a pas à s'en attrister. Il expose les principes qu'il a adoptés pour la transcription des mots patois et pour la rédaction de sa grammaire.

M. Bombart présente un certain nombre d'observations sur le travail de M. Ledieu, — observations qui trouveront leur justification et leur développement dans la communication qu'il se propose de présenter au Congrès.

M. P. Dubois complète les indications bibliographiques relatives au picard et à la littérature picarde moderne. Il insiste sur l'originalité des patois : quand un patois s'éteint, ce ne sont pas seulement des mots qui disparaissent, mais aussi des modes de penser. Aussi ne partage-t-il pas l'indifférence de M. Ledieu touchant la décadence du picard qui, du reste, lui paraît moins profonde qu'on ne le dit.

M. Bombart présente sa communication sur la *Concordance du patois et du roman.* Reprenant les principales règles qui ont présidé à la transformation du latin vulgaire en roman puis en français, il montre par de nombreux exemples « qu'elles sont rigoureusement applicables au patois » et il en conclut que le patois est identique à la langue du XIIe et de la première moitié du XIIIe siècles. Cette langue — le roman — a continué à évoluer pour donner le français tandis que les patois ont subi un arrêt de développement.

M. Lennel étudie l'*Assistance publique à Calais du XVIIe siècle à nos jours.* Au moyen de documents d'archives, il montre de quelles ressources on disposait et comment on les utilisait. Ces documents prouvent que les secours étaient répartis avec un soin scrupuleux et qu'ils prenaient des formes déjà très modernes. L'assistance constituait au XVIIe siècle une organisation complètement autonome ; mais les besoins croissant, on fut obligé de faire appel au pouvoir central ; celui-ci accorda son appui pécuniaire, mais il en profita pour s'immiscer dans cette administration qui peu à peu devint un service public.

M. de Saint-Léger souhaite que cette monographie détermine l'apparition d'autres travaux du même genre. Il indique l'influence qu'ont pu exercer sur le développement de l'assistance : 1° Les corporations (exemple des corporations du Brabant) ; 2° Certains humanistes et surtout Vivès.

M. Bouchet pense que les règlements d'origine flamande, notamment celui d'Ypres qui date de Charles Quint, ont exercé une grande influence et qu'il conviendrait de la mettre en lumière par des études détaillées.

M. P. Dubois expose qu'en effet, le Règlement de la Pauvreté d'Amiens édicté au XVIe siècle a été calqué sur le règlement d'Ypres de 1564.

M. de Saint-Léger énumère les travaux d'histoire régionale des professeurs de l'Université de Lille et ceux qui ont été publiés dans les Annales de l'Est et du Nord. Il montre l'importance de l'œuvre déjà accomplie.

M. A. Crapet, délégué de la Société de Géographie de Douai, résume son mémoire sur *la Protection accordée aux manufactures dans la Flandre wallonne à la fin de l'ancien régime par les administrations locales et l'administration centrale.*

Les privilèges et les subsides accordés à la grande industrie n'ont pas disparu avec Colbert et, jusqu'à la Révolution, la protection et les encouragements de ces administrations ont soutenu les manufactures.

Par de nombreux exemples, M. Crapet montre que les Etats de la Flandre Wallonne, les Baillis des quatre seigneurs haut justiciers, les Magistrats des villes ont fait aux industriels ou aux inventeurs des avances de fonds et leur ont donné des secours pécuniaires, des locaux, des exemptions de droit sur les boissons, des pensions. Jusqu'à la veille de la Révolution, des manufactures royales furent créées.

La suppression des exemptions diverses, des faveurs, des privilèges et des monopoles de fabrication et de vente fut vivement réclamée dans les cahiers de 1789. En fait, l'exécution de l'arrêt de 1762 relatif au droit de fabriquer dans les campagnes et le traité de commerce de 1786 avec l'Angleterre leur avaient déjà porté un préjudice considérable.

M. Simon donne lecture du mémoire de M. le commandant Lévi : « *La bataille d'Hondschoote.* »

L'heure avancée ne permettant pas de donner lecture des communications de M. le Baron de Maere d'Aertrycke sur « *Les Découvertes récentes (monnaies, poteries, etc.), qui permettent de préciser la date des invasions de la mer dans la plaine maritime française et belge* » et « *Considérations sur la bataille de Dunkerque et des Dunes* », la séance est levée à midi 1/2.

Séance de Clôture

La séance de clôture a eu lieu à 3 heures de l'après-midi, dans la grande salle de l'Hôtel de Ville.

Le recteur de l'Académie de Lille, M. G. Lyon, délégué par le Ministre de l'Instruction publique la présidait ; il était entouré de MM. G. Duriau, président de la Société Dunkerquoise, B. Morel, adjoint au Maire de Dunkerque, Boell, général gouverneur de Dunkerque, Brisac, sous-préfet, Trystram, sénateur, Bouchet et E. Debacker, vice-présidents de la Société Dunkerquoise, Willemsen, président du Cercle archéologique du Pays de Waes, Lefebvre, principal du Collège Jean-Bart, H. Terquem, secrétaire général de la Société Dunkerquoise, Isoré, trésorier de la Société Dunkerquoise, S. Dreyfus, président de la Commission d'organisation, Minet, bibliothécaire-archiviste, Gory, secrétaire général du Congrès.

Parmi la très nombreuse assistance qui avait tenu à assister à cette séance on remarquait : Mme de Cannart d'Hamale ; Mlles Dubois, Deltour; MM. Baras, Bion, Bled, Bonnaire, Boone, Brunet, Bufquin, de Cannart d'Hamale, Denquin, de Saint-Léger, Desplanque, Dewachter, C. Dubois, P. Dubois, Ch. Duriau, Dr Duval, Falciny, Fesquet, Geysen, Gossart, Jubault, Dr Lancry, G. Lefebvre, P. Lefebvre, H. Lemaire, Lennel, Lévy, Marec, Mouraux, Petit-Dutaillis, Poulain, Rolland, A. Ruyssen, Sagnac, Sens, Simon, Vanrycke, Vayson, Wade, etc., etc. ; Ackein, Bled, Bollaert et P. Collet, commissaires.

M. le Docteur Duriau prononce l'allocution suivante :

ALLOCUTION

de Monsieur le Docteur G. Duriau

Président de la Société Dunkerquoise.

Monsieur le Délégué,

Mesdames, Messieurs,

L'intérêt qui s'est dégagé de toutes les séances du Congrès a été sans cesse croissant, et vous avez pu vous rendre compte par vous-mêmes que toutes les questions de notre programme, quelque nombreuses et diverses qu'elles aient été, ont été traitées avec méthode et avec une profonde connaissance du sujet. C'est qu'en effet l'Histoire des Pays-Bas est pleine d'enseignements précieux. Belgique ou Provinces du Nord de la France, nous avons vécu trop longtemps sous les mêmes dominations, nos aspirations ont été trop longtemps semblables pour que notre histoire commune ne soit pas imprégnée des causes premières analogues produisant des effets identiques. Et c'est pour cela qu'il nous a semblé indispensable d'étudier ensemble tout ce qui s'est produit dans nos deux nations au point de vue politique, économique ou social.

Dans le travail si remarquable de Messire Loys Guicciardin G.-H. Florentin publié en 1641, et ayant pour titre : « Description de tous les Pays-Bas », se trouve une description de « Dunckerke » au milieu de celles de toutes les villes des Pays-Bas, de Hollande, de Brabant, de Zélande, des Flandres, du Hainaut, du Luxembourg, des Artois. En parcourant ce travail très documenté pour l'époque où il a paru, on se rend tellement compte de la similitude de nos mœurs, de nos origines, de notre vie, qu'il peut être considéré comme la préface de notre Congrès et qu'il en démontre victorieusement la grande utilité.

Les études que nous avons entreprises étaient donc indispensables, et nous nous félicitons d'avoir vu répondre à notre appel un aussi grand nombre de nos collègues de la Belgique et des Provinces du Nord de la France, dont les travaux si fouillés et dont le point de départ analogue à nos deux pays, jetteront des aperçus nouveaux sur notre histoire. Nous pouvons donc estimer avoir fait œuvre utile dans cette tentative de décentralisation. Car nous nous sommes efforcés de rechercher dans les origines premières de nos deux Pays, des points spéciaux non étudiés nous permettant de les mieux connaître. Et nous sommes persuadés que grâce à cet ensemble de Mémoires étudiant à fond les coutumes civiles, religieuses ou militaires, scrutant toutes les évolutions, qu'elles soient artistiques ou d'ordre social, nous avons fait acte de patriotisme éclairé. Nous aurons ainsi ajouté une page nouvelle à notre Histoire nationale.

Aussi suis-je heureux d'être l'interprète de tous, en adressant les plus sincères remerciements aux érudits Belges et Français qui ont bien voulu concourir par leurs travaux si documentés au bon renom d'une des plus vieilles Sociétés de la Flandre française, la *Société Dunkerquoise* qui, en organisant ce Congrès, a voulu être digne de la reconnaissance d'utilité publique que lui a conférée le Gouvernement de la République Française.

Je tiens en terminant, Monsieur le Délégué, à vous remercier très sincèrement d'avoir bien voulu venir présider notre séance de clôture ; votre présence parmi nous est un précieux encouragement pour l'œuvre que nous avons entreprise de concert avec nos collègues de St-Léger et Sagnac, les érudits professeurs de l'Université de Lille. Grâce à l'appui que nous avons rencontré chez ces jeunes et vaillants maîtres, nous nous sommes mis à l'avant-garde de l'organisation du travail historique ; nous souhaitons que notre exemple porte ses fruits et que chaque année une Société provinciale continue cette œuvre de décentralisation indispensable et nécessaire à tous les travailleurs de Belgique et de France ».

M. F. Gory, secrétaire-général du Congrès, donne lecture d'un résumé très succinct des travaux du Congrès. Après avoir rappelé les nombreuses communications dont il a été donné lecture, les excursions et fêtes organisées à l'occasion du Congrès, M. Gory demande qu'on veuille bien excuser la brièveté et la sécheresse de son compte-rendu, mais il aurait été matériellement impossible de le donner dans tous les détails qu'il comportait ; il constate que les séances ont été suivies par la grande majorité, sinon par la totalité des congressistes, ce qui est une preuve évidente de l'intérêt qui s'attachait aux études présentées et du vif désir de travail qui avait poussé les congressistes à y assister.

Il donne ensuite lecture de deux vœux :

Le premier de M. le Dr Lancry demandant que : *Les communes rurales utilisent une partie de leurs biens communaux pour la création de dots agraires en s'inspirant notamment de l'exemple et du règlement préfectoral de Beuvraignes (Somme) en 1809.*

Le second de MM. J. Beck et P. Dubois, demandant qu'*une place soit ménagée au Musée de Dunkerque pour la reconstitution d'un intérieur flamand et qu'une collection de costumes flamands y soit adjointe.*

Ces deux vœux, mis aux voix, sont adoptés à l'unanimité.

M. G. Lyon, recteur de l'Académie de Lille, s'excuse de remplacer M. le Ministre de l'Instruction publique. Il félicite la Société Dunkerquoise de s'être constituée comme le foyer des études historiques de la Flandre. Après l'éloge de la ville de Dunkerque qui, tout en demeurant attachée à l'autonomie politique et commerciale et passionnée pour une liberté communale largement étendue, est restée une cité vaillante aux larges horizons intellectuels, M. le Délégué du ministre parle en termes élevés de l'Histoire, de son importance, des problèmes soulevés par elle et de son action profonde sur la mentalité humaine. Connaître le développement de l'humanité, essayer d'arriver à formuler les lois des faits, avoir la mémoire du passé, comprendre le présent en se reportant aux situations presque identiques des époques antérieures, préparer l'avenir en affirmant la nécessité de maintenir dans la démocratie le respect de l'autorité, tel est le rôle de l'histoire qui peint, évoque, ressuscite, charme, captive.

Après ce discours, en une langue admirablement ornée et d'une éloquence pleine de sentiments élevés et de profondes observations, dans lequel il a fait l'apologie de la science historique d'aujourd'hui, M. le Délégué du ministre distribue, au nom du Ministre de l'Instruction publique, les récompenses suivantes :

Officiers de l'Instruction publique :

MM. E. Debacker, conducteur principal des Ponts et Chaussées en retraite, chevalier de la Légion d'honneur, vice-président de la Société Dunkerquoise.

Manouvriez, secrétaire-général de la Sous-Préfecture, membre de la Société Dunkerquoise.

Officiers d'Académie :

MM. F. Gory, secrétaire-général du Congrès.

Bled, membre de la Commission d'organisation du Congrès.

A. Boone, conducteur des Ponts et Chaussées, membre de la Commission d'organisation du Congrès.

Bufquin, directeur de la Banque de France, membre de la Commission d'organisation du Congrès.

Isoré, greffier de la Justice de Paix, trésorier de la Société Dunkerquoise.

A. Ruyssen, licencié en droit, secrétaire général de la Commission des Hospices, membre de la Société Dunkerquoise.

M. le Dr Duriau prie M. G. Lyon de bien vouloir remercier, au nom de la Société Dunkerquoise, M. le Ministre de l'Instruction publique de la générosité avec laquelle il a tenu à la récompenser ; il remercie également la Municipalité qui a bien voulu pendant toute la durée du Congrès mettre plusieurs salles de l'Hôtel de Ville à la disposition de la Société Dunkerquoise.

M. B. Morel, au nom de M. le Maire de Dunkerque, empêché, répondant aux remerciements de M. le Dr Duriau, affirme que la Municipalité a été heureuse de mettre l'Hôtel de Ville à la disposition des membres du Congrès ; il a l'espoir que bientôt le vœu exprimé par M. J. Beck sera réalisé et que l'Hôtel de Ville de Dunkerque contiendra un intérieur flamand entièrement reconstitué. En terminant M. B. Morel dit aux congressistes non pas adieu, mais au revoir.

M. le Recteur, président de la séance, après avoir assuré M. le Dr Duriau qu'il serait son interprète auprès de M. le Ministre de l'Instruction publique et remercié M. B. Morel, déclare le Congrès terminé.

Enfin, et pour qu'il reste un souvenir matériel de cette importante manifestation scientifique, M. Falciny a bien voulu photographier les membres du Congrès réunis en groupe dans la cour de l'Hôtel de Ville.

G. LEFEBVRE, Abbé LESNE, LENNEL,
secrétaires des séances ; F. GORY,
secrétaire-général du Congrès.

TRAVAUX DU CONGRÈS

LE BRUNIN

Société littéraire lilloise

(1758-1760)

PAR M. LÉON LEFEBVRE.

Charles-Joseph PANCKOUCKE

1736 - 1798

(Portrait de Thouron, dessiné par N.-H. Jacob, lithographié par Langlumé).

LE BRUNIN

Société littéraire lilloise

(1758-1760)

PAR M. LÉON LEFEBVRE

« Le problème qui domine l'histoire littéraire du XVIIIe siècle, c'est celui de la pénétration et de la diffusion de la littérature philosophique. Quelles provinces, quelles villes s'ouvrent, résistent à l'esprit encyclopédique, à Voltaire, à Rousseau ? A quelle date ? Dans quelle mesure ?... A quel point les classes supérieures, noblesse, parlement, haut clergé, sont-elles entamées dans les diverses régions ? Comment sont touchées les classes plus humbles, petite magistrature locale, marchands, fabricants, artisans, moines, curés de campagne ? »

Le travail que j'ai l'honneur de présenter au Congrès des Sciences Historiques de Dunkerque n'est qu'une faible contribution à cette question du programme d'études sur l'histoire provinciale de la vie littéraire en France, magistralement tracé par M. Gustave Lanson dans la *Revue d'histoire moderne et contemporaine* (1).

---

(1) Années 1902-1903, p. 445-464.

Dès l'apparition des doctrines encyclopédiques, une sorte de fièvre, qu'on pourrait appeler académique, semble s'être emparée des esprits cultivés dans les grandes villes du royaume. Sur vingt-cinq académies provinciales, officiellement reconnues, qui existaient en 1759 d'après la *France Littéraire* (1), près de la moitié avait vu le jour dans les dernières années (2). Vers la même époque, Lille était, elle aussi, pourvue d'une manière d'académie comprenant une douzaine de membres appartenant au clergé, à la magistrature, au commerce, partisans, pour la plupart, des idées nouvelles.

Le 30 Novembre 1758, le Magistrat de Lille accueillait favorablement une requête qui lui était présentée dans les termes suivants :

« A Messieurs du Magistrat de la ville de Lille,

« Supplient très humblement les sieurs Loyse, de La Motte, Boucher, Wartel, Hatton, Mathon, Panckoucke, libraire, Gamonet, Panckoucke, négociant, Macquart de Terline, Boulenger de Mauprimorte, disans que, consacrés comme vous êtes au bien public, ils ont crû,

(1) Paris, Duchesne, 1769-1784, 4 vol. in-8°.

(2) Voici la liste de ces académies de province, avec la date de leur fondation : Amiens, 1750 ; Angers, 1685 ; Arras, 1737 ; Auxerre, 1749 ; Besançon, 1752 ; Béziers, 1723 ; Bordeaux, 1712 ; Clermont-Ferrand, 1747 ; Dijon, 1740 ; Lyon, 1700 ; Marseille, 1726 ; Metz, 1757 ; Milhau-en-Rouergne, 1752 ; Montauban, 1730 ; Montpellier, 1706 ; Nancy, 1750 ; Nîmes, 1682 ; Pau, 1720 ; La Rochelle, 1732 ; Rouen (lettres patentes données à Lille) 1744 ; Soissons, 1674 ; Toulouse, 1729 ; Villefranche-en-Beaujolais, 1695.

Messieurs, entrer pour quelque chose dans vos vues en projettant une Société Littéraire ou plutôt, une Société de gens qui veuillent s'en instruire *(sic)*. Leurs succès ne répondront point sans doute à l'idée qu'on pourroit se former d'une Société de belles-lettres d'après celles que nous voyons briller dans les principales villes du Royaume. Recueillir des matières sur l'histoire du pays, s'appliquer à tout ce qui peut faire fleurir le commerce et l'agriculture dans la province, ce sera les objets principaux de leurs occupations. S'ils étoient assez heureux pour remplir quelque petite partie de leur plan, ils croiroient avoir secondé les désirs et les vœux des pères du peuple.

« A ces causes, ils ont très humblement recours à votre autorité, Messieurs.

« Ce considéré, il vous plaira agréer leurs projets et les honorer de vos protections.

« Ce faisant, etc...

« Etoient signé : P. De La Motte, Boucher, médecin, Wartel, P.-A. Loyse, A. Mathon, Panckoucke, libraire, Hatton, Gamonet, Henry Panckoucke et Boulenger de Mauprimorte.

Apostille : « Vu la présente requête,nous avons agréé et agréons le projet des supplians.

« Fait en Conclave, la Loy assemblée, le 30 Novembre 1758.

« (Signé) : Duchasteau de Villermont ».

(Reg. aux Résolutions nº 38, f°s 105-106).

Quelques jours après, les signataires de cette supplique recevaient avis de la délibération qui leur accordait un local à l'Hôtel de Ville :

« Le quatre Décembre 1758, la Loy assemblée, sur le rapport qui nous a été fait que les personnes qui ont formé le projet d'une Société littéraire, lequel a par nous été agréé par apostille sur requête du 30 Novembre dernier, demandent qu'il nous plût leur permettre de s'assembler une fois par semaine depuis cinq heures de relevée jusqu'à huit heures au plus tard, dans une des places de l'hôtel de cette ville, telle qu'il nous plaira désigner, parmi leur déclaration de se placer ailleurs si, au jour indiqué pour leur assemblée, on avoit besoin de l'endroit désigné, ou même de s'assembler chez l'un ou l'autre d'eux,si toutes les places dudit hôtel nous étoient nécessaires.

« La matière mise en délibération, nous leur avons accordé et désigné la place dite le Brunin en cet hôtel, à l'effet et aux conditions cy dessus ».

(Reg. aux Résolutions, nº 37, fº 160).

Le programme que s'imposaient les membres de la compagnie était digne d'encouragement, aussi le Magistrat, fidèle à ses traditions, leur marqua-t-il tout l'intérêt qu'il y prenait.

Le local accordé consistait en une salle basse, située au rez-de-chaussée de l'aile droite de l'Hôtel de Ville, du côté de la Gouvernance, en face l'ancien Jeu de paume ou Tripot. Là siégeaient autrefois les juges apaiseurs. L'obscurité y était telle, même en plein jour, qu'on l'avait appelée *le Brunin*. Sur les murs étaient tracées, en lettres d'or, de doctes maximes inspirées tant par la destination du local que par son aspect sombre et mystérieux : *Post tenebras sperate lucem — Ex tenebris emanabit et orietur lux*, — etc. ; maximes que les nouveaux occupants pouvaient également appliquer à leurs travaux.

L'association prit, dès sa constitution, le titre de *Société littéraire du Brunin* et adopta une devise assez vague : *Peu mais de son mieux. — Agréable mais utile.* Puis, pour se conformer à l'usage, on se mit en quête d'un protecteur, car l'appui d'un personnage haut placé était nécessaire pour faire bonne figure. A défaut du souverain,qui ne prodiguait guère son patronage, on briguait, en province, celui du gouverneur ou de l'intendant.

D'infructueuses démarches furent tentées près du prince de Soubise :

Lille, à genoux devant son protecteur,
Demandait une académie :
« J'y consens, dit le prince, et tiens à grand honneur
D'être utile à votre génie,
Mais sur ce point que la Cour soit d'accord ;
Qu'aux frais, ainsi que moi, subvienne la province.
Quel choix de bons sujets m'offrirez vous, d'abord ?
— Bon, bon, faites toujours, mon Prince,
Nous ne risquons que de tirer au sort » (1).

(1) *Au sujet d'une académie dont on parlait au prince de Soubise.* MATHON, *Prose et Vers*. Amstersdam, 1759, p. 73-74.

On s'adressa ensuite, sans plus de succès, à Lefèvre de Caumartin, puis au prévôt, Lecomte du Bus ; il fallut, finalement, se contenter de la bienveillance spontanée que le Magistrat avait montrée.

Les jours de réunion furent fixés au mardi de chaque semaine. Une séance publique et solennelle devait avoir lieu le jour de la Saint-Louis (25 Août).

Les vacances annuelles dureraient quinze jours, du mardi de la Semaine Sainte à celui après le dimanche de Quasimodo.

A peine le Brunin eut-il tenu ses premières séances qu'il fut en butte à des écrits et à des épigrammes anonymes qu'on se passait de main en main.

D'abord, la *Première lettre d'Euphémon à Adraste* qui parut le 14 Avril (veille de Pâques) 1759 : « Tu me demandes des nouvelles de notre Société littéraire. Eh ! quel moyen de t'en apprendre ? Rien ne transpire de ce lieu de ténèbres... Les productions, jusqu'ici, sont bornées à un almanach dont l'un des membres est le seul et digne auteur (1). Sans vous arrêter à la partie grammaticale du titre et de l'historique du livre, attachez-vous à la partie du calendrier qui est le chef-d'œuvre de l'esprit humain ; les mois et les jours de l'année surtout sont d'une exactitude et de toute l'érudition dont son auteur est capable ; un morceau d'antiquité qui ajoutera

(1) Allusion au *Calendrier général du gouvernement de la Flandre, du Hainaut, de Cambrai et du Cambrésis*, édité par Charles Panckoucke.

beaucoup à sa splendeur en 1760, ce sera l'histoire du Brunin !... On espère que de nombreux volumes sortiront de son sein, que ses rayons lumineux éclaireront la province et que la Comète n'échappera pas à ses regards (1). On vient de placer avec cérémonie, à un coin des deux bouts de chaque rue seulement, le nom de la rue même (2). Si l'ordre grammatical émane du Brunin, c'est une belle chose... Tu serais curieux de connaître les talens particuliers de chaque membre de cette docte académie... Seroit-il honnête que j'allasse leur demander, l'un après l'autre : *Quid scis ? Quid agis ?* Il y en aurait encore d'assez hardis pour me répondre : « Je scais lire ». D'autres, avec confiance, me diroient peut-être : « Je scais faire des vers ». Quant à la forme extérieure, qui en imposerait à tout autre qu'à moi, elle a déjà un fiacre et un copiste titrés, elle n'a pas encore d'imprimeur. En a-t-elle besoin de sitôt ? »

Cette épitre eut vite fait le tour de la ville. Une chanson, sur un air connu, ne tarda pas à la suivre :

---

(1) Cette comète était celle observée en 1682 par l'anglais Halley, dont elle porte le nom ; il en avait annoncé le retour pour la fin de 1758 ou le commencement de 1759. Depuis, les astronomes ont pu, non seulement prédire sa réapparition en 1835 et en 1910, mais encore établir sa périodicité d'une façon certaine, depuis l'an 12 avant J.-C. (GUILLEMIN : *le Ciel*, Paris, Hachette, 1877, p. 548-550).

(2) Le Magistrat, en effet, avait pris le 31 Janvier 1759, une résolution à ce sujet. Les propriétaires étaient tenus d'appliquer, à leurs frais, sur les maisons formant angle, une plaque de tôle peinte portant le nom de la rue. (Reg. aux Résolutions, n° 37, f° 17).

Du haut en bas,
La Sociéfé littéraire,
Du haut en bas,
Va renverser nos almanachs.
Pour faire gagner au libraire,
Elle en va faire un commentaire,
Du haut en bas.

Dès qu'un auteur
Est reçu de l'Académie,
Pour son honneur
Il doit être achevé gloseur.
S'il veut traiter d'astronomie,
Qu'il y mêle un peu de chimie
Pour être auteur.

Tous nos bons mots,
Qui jadis étoient en usage,
Tous ces bons mots
Sont prêts à nous tourner le dos ;
On va, par un nouveau langage,
Réduire en mauvais barbouillage
Tous nos bons mots.

Pour être admis,
Il faut postuler la quinzaine ;
Pour être admis,
Il faut être sans ennemis.
Car si quelqu'un de la vingtaine
Vous remet à la quarantaine....
A remotis....

Des Pays-Bas
Ils veulent composer l'histoire,
Des Pays-Bas
Ils feront comme un almanach.
Par l'épître dédicatoire
Ils voudront nous en faire accroire,
C'est l'embarras.

Je ne crois pas
Qu'ils osent faire telle chose,
Je ne crois pas
Que ce soit là leur embarras ;
Ils en feront imprimer la glose,
Ou plutôt la métamorphose,
Voilà le cas !

Quand verrons-nous
Ces Messieurs monter au Parnasse ?
Quand verrons-nous
Le fruit de tous leurs rendez-vous ?
Il faut que la grâce efficace
Anime leur maigre carcasse,
Ou, voyez-vous...

Je vous promets
Qu'ils feront de l'eau toute claire,
Je vous promets
Qu'ils ne feront aucun progrès.
J'assure même qu'un libraire
Feroit un très maigre ordinaire
De leurs succès.

N'en parlons plus.
Je veux qu'à l'avenir ma Muse
Avec Bacchus,
Ne parle que le haut phœbus.
Si de ces lieux elle est excluse,
Je tiens la chose pour concluse.
N'en parlons plus.

La bataille est engagée, des deux côtés on s'excite et on se rend secrètement les coups :

Aux armes, cher Euphémon,
Faisons briller notre génie !
Terrassons, s'il se peut, Mathon,
C'est l'hydre de l'Académie.
Ce hérotin hors de combat,
Le reste n'est que badinage
Et nous ferons plier bagage
Aux protégés du Magistrat.

Après les vacances de Pâques, le Brunin prit une importante décision, celle de ne répondre à aucun ouvrage anonyme et de laisser libre cours à tout ce que la critique publierait contre lui, de cette façon le public jugerait lui-même. « On s'étoit flatté que des gens consacrés aux beaux arts, protégés des magistrats, dévoués au public, et faits peut-être pour contribuer au bonheur de la société par cette liaison intime des lettres avec les mœurs, n'auroient pu mériter que des éloges. Avant d'attaquer et de critiquer un ouvrage, il faut lui laisser le temps de paroître. La Société n'a encore rien fait pour le dehors, pas même un almanach. Tout son mérite est le goût du travail. Depuis six mois qu'elle existe, que peut-on exiger d'elle, sinon de se former et de promettre ? La Société pourroit se vanter cependant d'avoir produit quelques mémoires qui, dignes de l'impression, l'auroient peut-être été du public, si leurs auteurs n'avoient craint le grand jour. Mais les brocards et la satyre ne seront pour elle que de vains obstacles, de l'encouragement même, si le public en les recherchant, ne se plaisoit à les accréditer ». Ainsi s'exprimait Alexis Mathon, dans son *Discours sur la résolution prise par la Société Littéraire de Lille*, qu'il fit d'abord imprimer et distribuer en ville avant de l'insérer dans son recueil (1).

Blâmé par ses collègues, pour avoir violé le règlement en divulguant la décision tenue secrète par l'Académie et publié ses réflexions sur cette mesure, Mathon donna sa démission et se retira avec éclat.

Dans sa seconde lettre datée du 19 Mai et imprimée après l'apparition du « discours », Euphémon s'en prend directement à Mathon, dont il raille le style pompeux, décousu et énigmatique.

Mathon avait des défenseurs, il se mit à leur tête après sa démission ; ainsi grossit le nombre des ennemis du Brunin. Euphémon fut à son tour leur victime. Il y fait allusion dans une de ses lettres : « Je laisse, dit-il, aux gros génies de Lille, à raffiner sur mes observations et à relever des fautes d'impression qu'ils ne manqueront pas d'attribuer à l'auteur. J'appelle gros génies, une

---

(1) *Prose et Vers*, p. 93-99.

Société de jeunes gens qui se sont intitulés eux-mêmes *Ignorantins*, titre modeste à tous égards et le plus dignement rempli du monde. Qu'on en juge par la tête ; on ne prendra jamais le change sur leur scavoir... Que m'échappe-t-il ? J'attaque assez inconsidérément un corps nombreux qui ne se lasse point de me préconiser parce qu'il ne me connoit pas. Mais qu'y faire ? *Justice et justesse*, voilà ma devise. Souffrirais-je qu'on m'assigne un rang parmi les Ignorantins ? Apprendrais-je, sans frémir, que leur célèbre et croustilleux président se donne pour mon correcteur ? »

Et bientôt une nouvelle épigramme de circuler :

Satyriques Ignorantins,
Quelle est en ce jour votre audace ?
Vous disputez aux scavantins
Le droit de dormir au Parnasse !

Laissez en repos le Brunin,
Respectez son Académie.
Si la votre est son ennemie
Noyez votre aigreur dans le vin.

Renoncez tous à la satire.
Si vous n'en sçavez pas de bien,
Pour cela, faut-il en médire ?
Taisez-vous et n'en dites rien.

Adraste répond à Euphémon le 12 Juin ; lui aussi « drape » ces Messieurs du Brunin : « Avant qu'il soit dix ans, on scaura à Lille résoudre une énigme, anagrammer un mot, faire un chronographe, tourner un logogriphe et signer son nom sans faute d'orthographe.

On ne dira plus : il y a cinq lieues d'ici à Tournay, mais douze minutes à la toise et au pas géométrique ; le vin s'y vendra au pied cube ; on sçaura irrévocablement que Lille est à 10 degrés 44 minutes 16 secondes de longitude au nord de Paris ; ... les médecins y électriseront leurs apoplectiques ; ... on n'ignorera plus que le ciel d'un lit en est le zénith et que la couche en est le nadir... Tels seront les changements qu'introduiront dans Lille le goût des arts et l'amour des lettres... Pour être sçavants, les Lillois n'en seroient pas moins sensuels, envieux et médisans ; ils le seroient au contraire avec plus d'art et n'en rougiroient plus ».

Un conseil est donné au correspondant d'Adraste par un « ignorantin » :

Il est temps, Euphémon, de rentrer en toi-même.
Satyrique impudent, tu drapes le Brunin.
Change de sentiment, change aussi de système,
Et dis du bien de ton prochain.
— Comment ferais-je donc pour en dire du bien ?
— Mens hardiment, ou ne dis rien.

Prose et Vers parut au mois de Juin 1759 ; la lettre d'Euphémon du 30 et celle du 10 Août, lui sont entièrement consacrées. C'est une critique en détail, acerbe et mordante, de l'œuvre toute entière.

Le 1er Septembre, Euphémon revient au Brunin. Il raconte les démarches faites près du gouverneur et de l'intendant de la province, qui ne répondirent pas aux lettres à eux adressées, « parce qu'elles n'étoient point académiques ». On avait pourtant consacré deux séances à leur rédaction, et « il n'y entra point de mot qui ne fut humecté, noyé de vin ». Il soulève aussi le rideau qui cachait aux yeux profanes les mystères de l'Académie et nous révèle la nature de ses travaux. Laissons lui la parole :

« Le chanoine M... (1), à sa réception, lut une bibliographie raisonnée où il y a beaucoup d'ordre ; on ne scauroit se plaindre, dans cet ouvrage, ni de son érudition, ni de sa mémoire. Il voulut être créateur et donna une lettre badine sur l'établissement du Brunin qu'on trouva digne de l'abbé Coyer (2). Il est des gens à qui je permettrai toujours de se tromper en fait de style. Un connoisseur m'a dit seulement que l'auteur a introduit dans sa lettre un petit maître à qui il fait dire des choses fort osées et fort plates, assez légèrement et pour achever de peindre son héros, il l'envoie galamment aux marionnettes pour y entendre les couplets de dame Françoise. Malpeste, quel petit maître ! Un homme de cette espèce peut aller de pair avec un académicien....

« La Finance (3) parut et donna un mémoire sur je ne scais quoi d'opposé au système de l'ami des hommes ; l'auteur, y débute par de longs et entortillés complimens qu'il fait à un ami, l'abbé L. M... (4), à charge de revanche. Il est cependant sans exemple qu'un traité de finance ou

---

(1) Le Clerc de Montlinot.

(2) Gabriel-François Coyer (1707-1782) fit son noviciat chez les Jésuites et jeta le froc aux orties en 1736. C'était un écrivain agréable et léger, lié avec les principaux hommes de lettres de son temps, entre autres Voltaire.

(3) M. Gamonet.

(4) La Moot.

qu'un livre à système ait commencé de cette sorte. Quoi qu'il en soit, il y a des choses bien conçues dans ce mémoire pour qui a le bonheur de les entendre. L'auteur y court tellement après l'esprit que le fonds y est enseveli sous la forme. Il ignoroit sans doute que l'ordre et la clarté font le mérite de ces sortes d'ouvrages.

« Au sujet du latin d'Horace, qu'un commissaire du Brunin récita dans l'*Examen de l'ode à la timidité* (1), il m'est échappé une circonstance admirable, c'est que ledit commissaire ayant lu une douzaine de vers de l'*Art poétique* et en étant à tourner le feuillet, dit d'un grand sang froid à la compagnie : « Messieurs, c'est du latin que je lis ». Un de ses confrères lui répondit : « Monsieur, nous entendons bien que ce n'est point du grec ». Tel partisan de la langue latine que l'on croie cet homme, il ne l'est pas moins de la françoise. Il n'y a pas longtemps qu'il lui en a couté une collation d'un louis d'or pour apprendre que *sentinelle* étoit féminin. Pour du françois, c'est un peu cher et si c'est un prix fait à Lille qu'un louis par mot, je ne m'étonne pas qu'on en sache si peu.

« Le sieur F..... lut à son tour un mémoire sur la conservation des grains. Après de longs raisonnemens, il en revient comme ci-devant au criblage. Ce n'étoit pas la peine de se mettre en frais pour nous apprendre ce que nous scavions déjà. On dit cependant que le mémoire est écrit purement et avec aménité ; le seul avantage qu'on puisse en retirer, c'est une façon de cribler nouvelle

---

(1) Il y a dans *Prose et Vers* une pièce intitulée *La timidité proscrite*.

moins coûteuse et plus aisée. Je souhaite que l'exécution en soit aussi facile que la théorie, car je crains extraordinairement la famine.

« Comme l'histoire de Lille est un des principaux objets de l'établissement du Brunin, chaque membre y travaille en particulier et thésaurise en recherches ; de là les Prospectus.

« L'abbé L. M... (1) en lut un ou si mieux une introduction à cette histoire, où toutes les figures de rhétorique marchent à leur rang avec une roideur sans égale. Après avoir travaillé constamment un an à cet ouvrage, l'auteur a assuré son illustre compagnie qu'il n'a pas eu le temps de le limer.

« Le sieur F..... (2) s'est contenté de fournir des moyens propres à faire une histoire ; il a communiqué pour cela un plan d'opérations à ses confrères et leur a donné une liste à perte de vue des auteurs qu'il faudroit consulter et qu'on ne lira jamais.

« M. G.... que la noble antiquité réclame s'est donné la peine de remonter quatre cens ans avant le déluge pour prouver que la Flandre étoit comprise dans la création du monde. La loi salique surtout y fait une digression admirable ; ses recherches en général sont fort curieuses et ne peuvent être que le fruit d'un travail immense. On les dit écrites d'un assez bon gros style, mais l'auteur s'en moque et moi de même.

---

(1) La Moot.

(2) C'est probablement une faute typographique, F au lieu de P[anckoucke].

« Voilà, cher Adraste, à quelques cantatilles près, tout ce qui a été lu dans la Société, dont on ait connoissance. Le nombre des travaux n'en est pas grand, comme tu vois, mais il le deviendra par les arrangemens qu'on a pris depuis peu. On s'est donc obligé de fournir à son tour un tribut littéraire (par an, sans doute) assez inconsidérément, puisqu'il y eut déjà de grands débats pour les tours. Juge de leur émulation, ami, chacun veut être e dernier à lire : « Moi, j'ai des affaires. — Moi, je dois faire un voyage. — Moi, je ne scais quel sujet prendre.— Veut-on que je lise un factum ? dit l'un. J'en ai de tout prêts. — Voudroit-on d'un verbal ? dit l'autre. Monsieur lit bien un traité de finance! Monsieur lit bien un traité des farines ! » Ainsi va ou ne va point la Société ».

Et pour compléter le tableau, Euphémon y ajoute ce dernier trait : « Je suis bien aise que tu saches à quoi l'on passe le temps dans ce Brunin : c'est à se souhaiter le bonjour, s'asseoir, se lever et se donner le bonsoir ; il n'est cependant point sans exemple qu'on ait lu, de certains jours, quelque passage du *Mercure*, entre autres le *Testament d'un Curé anglois*, du *Journal encyclopédique* (1). Un testament est bien à la vérité une histoire de notaire (2), mais il est constant que l'académicien qui l'a lu comme chose jolie le dispute en démence au curé qui l'a fait.

« Je finis, cher Adraste, en renonçant d'écrire contre des automates ; pas un mot, pas une syllabe, rien ne sort du Brunin ».

---

(1) N° du 1er Mai 1759, p. 147-149.

(2) Il y en avait un parmi les membres du Brunin, M. Hatton.

Enfin, dans une dernière lettre, celle du 19 Avril 1760, Euphémon rend compte d'une séance publique « incognito » qui vient d'avoir lieu : « On avoit prié, dit-on, tout notre ſcavant Magistrat d'assister à cette assemblée ; mais on s'est contenté d'y envoyer deux députés et on leur a donné les deux plus spirituels. Le chanoine Montlinot a ſait un beau discours auquel le brave Grimbri (1) a répondu par trois ou quatre révérences ; mais, cher Adraste, ces révérences étoient mille fois plus expressives que le plus beau remerciement académique. On lut après cela un ancien mémoire sur la farine dont je t'ai autrefois parlé. Il y a vraiment un chef-d'œuvre de politique à entretenir nos Magistrats avec de la farine et du son ; il ne manquoit plus qu'à les abreuver en sortant de là.....

« J'ai appris une anecdote curieuse sur le compte de Dubus (2). Le Brunin lui envoya, il y a six mois, ou environ, des députés pour lui demander sa protection (apparemment parce qu'il a le droit d'approuver des enseignes et des chansons). Ce grave *alguazil* les reçut d'un air triomphant et leur dit : « Messieurs, si vous travaillez à l'histoire de Lille, ayez soin de vous munir du *Dictionnaire encyclopédique*, vous y trouverez toute l'histoire de Flandre. N'est-il pas vrai, Madame ? » dit-il en se tournant vers sa chaste moitié. On lui fit une profonde révérence et le Brunin admire encore aujourd'hui

---

(1) Lespagnol, s[r] de Grimbri, conseiller des Etats de Lille et premier conseiller pensionnaire de la ville.

(2) Philippe-Auguste-Joseph Le Comte, s[r] du Bus, prévôt de Lille, chevalier de St-Louis.

ce beau trait d'érudition, digne assurément, du chef de la police et de la librairie de notre ville ».

Malgré la promesse donnée en terminant, de raconter au premier jour « des choses curieuses et amusantes », la correspondance d'Euphémon et d'Adraste s'arrête là.

Ces lettres, comme on a pu en juger par les extraits ci-dessus sont pleines d'humour et d'un esprit de bon aloi. Quels pouvaient bien en être les auteurs ? Le premier parle toujours en bons termes et avec ménagement d'hommes tels que Montlinot et Panckoucke, partisans de l'Encyclopédie ; tout en châtiant Mathon, il prend cependant son parti lors de ses démêlés avec la justice et le dit son ami. Quels motifs le poussaient donc à attaquer le Brunin ? Etait-ce le dépit de n'en pas faire partie. Il s'en défend bien cependant, par sa première lettre : « Ne vas pas croire, dit-il, à l'aigreur de mon style que je sois piqué de n'en pas être ; c'est un avantage que je ne puis recevoir d'eux, ni leur faire ; je n'en serois pas plus honoré. Mais à quel titre m'y présenterois-je ? Je n'ai point l'orgueil d'un scavant, on me soupçonne encore moins de l'être. En un mot, sans aucun talent qui puisse..... Bon ! bon ! tu en acquerras, me diras-tu. En acquiert-on en s'associant à des gens qui n'ont que la vanité de s'en croire et dont le jugement n'en impose qu'à des sots ».

Néanmoins, ceux qu'il attaquait le représentent bien comme briguant la succession de Mathon :

Quand Euphémon prend l'essor pour écrire
Sur la docte société,
Ne crois pas qu'il veuille en médire,
C'est un homme de probité.
Qu'attend-il donc de sa satire ?
A quoi sert son raisonnement ?
Il veut, il demande, il désire
D'un membre le bannissement.
Une seule brebis rogneuse
A gâté le plus beau troupeau,
Mettez-le donc à la chartreuse
Et qu'il y trouve son tombeau.
Euphémon n'est plus anonyme,
Il est le plus aisé de tous ses défenseurs
Pour elle, il est rempli d'estime
Il est le plus petit de tous ses serviteurs.

Tu demandes, cher Euphémon,
Quel talent pourroit t'introduire
Pour remplacer le célèbre Mathon ?
Un seul suffit : tu sçais médire.

Quoi qu'il en soit, Euphémon, dont la personnalité reste inconnue, n'aimait, c'est lui qui le dit, « ni les imbéciles, ni les sots, ni les Jésuites, ni M. le prévôt, ni les bourreaux », tout en reconnaissant que « pour le bien de l'humanité ils étoient nécessaires dans une ville bien policée ». Son correspondant, Adraste, partageait les mêmes opinions et il ne serait pas impossible que tous deux n'aient été une seule et même personne.

Cette correspondance qui comprend sept lettres imprimées constitue à peu près le seul document sur le Brunin. Elles ont été publiées sans nom d'imprimeur, sous le titre de *Lettres d'Euphémon à Adraste sur la*

Société Littéraire de Lille dite le Brunin. Je n'en connais qu'un exemplaire ; il fait partie de la collection de M. Eug. Debièvre qui a bien voulu me le communiquer avec un cahier manuscrit intitulé : *Les Sottises du tems, 1759,* dont Arthur Dinaux s'est servi pour ses articles sur Mathon et sur le Brunin (1). Ce sottisier, qui selon une note écrite en marge serait de la main de Mathon, est un recueil d'épigrammes de tous genres, transcrites d'après les copies qui en circulaient à Lille, au moment de la bataille. On y trouve la première lettre d'Euphémon et la réponse d'Adraste, avec des variantes et un certain nombre d'autres pièces satyriques dont voici le détail :

Lettre de M. C. A. L. G. à son ami. — Lille, 9 Mai 1759.

Trois lettres de Florine à Emilie. — Tourcoing, 10-20-24 Mai.

Lettre de M. De L.... à M. P... sur la résolution de l'Académie.

Lettre unique d'un postulant à l'Académie sous le nom d'Adraste cadet, adressée à Euphémon, copiée sur l'original manuscrit ou Lettre de M. W... à M. G...

Requête (en vers) de M. B... à l'Académie, sollicitant son approbation pour un dictionnaire de bons mots.

Pièces des procès intentés par M. Dubus, prévôt de

(1) *Archives littéraires du Nord de la France*, 1838, p. 385-389. — *Les Sociétés badines, bachiques, littéraires et chantantes*, Paris, 1867, tome I, p. 130-132.

la ville, contre Mme veuve Panckoucke, le sieur Panckoucke et le sieur Mathon.

Il existe en outre à la Bibliothèque de Lille, deux cahiers manuscrits, cotés 896, de la même écriture que *Les Sottises du tems*. C'est aussi un recueil de petites pièces, dont quelques-unes en patois ; j'y ai relevé un certain nombre de méchants vers contre Mathon et l'Académie.

Euphémon nous apprend qu'on se réunissait au Brunin pour lire les gazettes, entre autres le *Mercure* et le *Journal encyclopédique*, qu'on y occupait le temps à résoudre une énigme, à tourner un logogriphe et que rien ne transpirait au dehors de ce qui s'y faisait. En cela l'académie lilloise avait beaucoup d'analogie avec plusieurs sociétés littéraires de province. Nous savons, par exemple, qu'à celle de Milhau, surnommée « le Tripot », fondée en 1751, les gazettes formaient la matière de ses séances quotidiennes de l'après-midi ; on les lisait puis on ratiocinait sur leur contenu. Après avoir épuisé les journaux, on avait recours aux meilleurs ouvrages du temps. « Chaque académicien prend, en entrant dans la salle, le livre qu'il trouve à propos. Si, dans le cours de sa lecture, il trouve quelque sujet qui soit digne d'être observé, il en fait part à ses confrères. Les lectures particulières se tournent aussitôt en conversation générale. Les réflexions de l'académicien discutées à fond, on se remet à lire, jusqu'à ce que d'autres observations attirent de nouveau l'attention de l'assemblée. C'est ainsi que se passent des conférences que la nuit termine ordinairement. » Cette Société, qui comptait dix ecclésiastiques sur dix-neuf membres, a fait imprimer en 1759 une lettre adressée à MM. les journalistes (1). A l'Académie de Troyes qui s'était d'abord appelée Société littéraire (2), les réunions devaient être employées « à quelque chose d'utile », mais la majorité décida qu'on s'assemblerait deux fois par semaine, les mardi et samedi, « jours de gazettes », qu'on lirait le *Mercure* et les feuilles périodiques de l'abbé Desfontaines, qu'on devinerait des énigmes et des logogriphes. Un silence religieux était imposé aux membres sur les mystères de la compagnie.

Si elle était muette, notre Société littéraire ne ressemblait guère à certaines de ces académies de province, ses sœurs, que Voltaire comparaît aux honnêtes filles qui ne font pas parler d'elles. Nous avons vu qu'on s'en

---

(1) La *France littéraire*, 1769, t. I, p. 105.

(2) L'Académie de Troyes tint sa séance d'ouverture le 13 Juillet 1742 et sa dernière le 6 Janvier 1745. Elle se composait de sept membres. Aucune publication n'en sortit, ce qui incita un homme d'esprit, Grosley, à publier en 1744, avec le concours de deux de ses amis, Lefèvre et David, les prétendus *Mémoires de l'Académie des sciences, inscriptions, belles-lettres, beaux-arts, etc., nouvellement établie à Troyes en Champagne*, recueil de dissertations burlesques et d'observations plaisantes, qui furent insérées dans les *Œuvres badines* du comte de Caylus, tome XI. (Voir : le *Journal de l'Amateur de livres*, 1848, p. 5-9-17-24 et le tirage à part qu'en fit l'auteur, le Docteur Payen, sous le titre de : *Histoire sérieuse d'une Académie qui ne l'était pas*, Paris, 1848 ; Arthur Dinaux. *Les Sociétés badines...*, t. II, p. 255-257 ; Alb. Babeau. *L'Académie de Troyes et les Mémoires publiés sous son nom*, Troyes, 1887 ; *L'Intermédiaire des Chercheurs*, 1907, t. LV, 287-288).

occupa beaucoup ; mais le bruit et l'agitation qu'elle fit naître ne franchirent pas l'enceinte de la vieille cité.

La création d'une académie à Lille était à l'état de projet bien avant 1758 ; quelques lettrés se réunissaient de temps à autre au domicile de l'un d'eux, pour s'y entretenir des sujets qui les intéressaient et Mathon peut être considéré comme l'un des promoteurs de cette fondation, car il en parlait déjà dans son *Ode à S. A. Mgr le prince de Soubise sur son entrée à Lille en qualité de gouverneur en 1751* (1).

Qu'en cette province fertile
Le commerce soit respecté ;
Qu'au sein de la superbe Lille
On chérisse l'urbanité ;
Qu'on y soit vertueux, sincère,
C'est le progrès que peuvent faire
Le temps, les mœurs et l'intérêt ;
Mais que Rohan montrant l'exemple
Aux Muses y consacre un temple,
C'est plus qu'Apollon n'auroit fait.

Et il ajoutait en note :

« L'auteur avoit en vue, dès lors, une Académie qu'il croyoit nécessaire à Lille et qui, grâce au Ciel, vient de se former. Puisse-t-elle n'avoir point le même sort que celle de Troyes ».

On pourrait trouver encore une allusion au Brunin,

(1) *Prose et Vers*, p. 34.

dans une phrase du « Discours » (1) de l'abbé La Moot, où il est dit : « Bruxelles, Gand, Anvers, Bruges, etc., méritent autant des académies que plusieurs villes moins considérables de l'Italie et de France. Des sociétés destinées à polir la langue et à étendre l'empire de la raison honorent à la fois les princes qui les protègent et les sçavans qui les composent ». Egalement, dans l'avant-propos du catalogue de la vente Favier (2), dû à la plume du même auteur : « L'amour des lettres n'a fait jusqu'ici que de vains efforts pour s'accréditer dans cette province ».

Les attaques incessantes dont le Brunin fut l'objet durent refroidir considérablement le zèle de ses membres, à qui l'on conseillait de « rendre les armes ».

Profonds académiciens
Pour éviter votre défaite
Vous imitez les Prussiens,
A petit bruit vous battez en retraite.
Les Ignorantins sont vainqueurs,
Accourez, rendez-leur les armes.
Les cœurs bien nés goûtent des charmes
Quand au mérite ils rendent les honneurs.

L'implacable ironie le poursuivait jusque dans le prétoire. « Le Brunin, disait le procureur du prévôt

---

(1) *Discours sur l'utilité d'une histoire générale des Flandres et sur la manière de l'écrire.* Liège, Bassompierre, 1761, p. 81-82, note.

(2) *Catalogue des livres de la Bibliothèque de feu M. l'abbé Favier, prêtre.* Lille, Jacquez, 1765, p. V.

dans sa plaidoirie lors du procès de la veuve Panckoucke dont il sera parlé plus loin, le Brunin s'il écrit un jour l'histoire de Lille et si le défendeur perd sa cause, ne manqueroit-il pas essentiellement à la fidélité historique s'il n'y inséroit l'article suivant : « Alexis Mathon de « Lille en Flandre y fut condamné à l'amende en 1759 « pour avoir fait un livre badin tandis que *les Mœurs*, la « *Philosophie du bons sens*, l'*Esprit* et *Candide* n'ont été « que brûlés par la main du bourreau. Un phœnomène « de cette espèce ne laisseroit point que d'embellir pro- « digieusement une si belle histoire ! » (1)

L'existence de l'Académie lilloise ne fut guère plus longue que celle de sa sœur aînée de Troyes. La dernière lettre d'Euphémon est du 19 Avril 1760 ; un mémoire imprimé (2) porte qu'il fut lu à la Société littéraire de Lille le 7 Octobre.— Le Brunin agonisait.

Une occasion se présenta pour s'en tirer honorablement. Des travaux de réfection, des dispositions nouvelles

---

(1) Pièces du procès intenté par M. Dubus, prévôt de Lille, contre la veuve Panckoucke, son fils et le sieur Mathon, le 3 Juillet 1759. (Manuscrit de la collection Eug. Debièvre).

(2) *Le Docteur de la Flandre maritime*, mémoire en forme de lettre sur l'état de la Flandre maritime adressé à la Société littéraire de Lille par M. Gamonet, Directeur général des Domaines de Flandre et Artois, et lu par lui-même à l'assemblée de ladite Société, le 7 Octobre 1760, et ensuite envoyé à M. le marquis de Mirabeau, auteur de l'ouvrage intitulé : *L'Ami des hommes*, lequel y a mis ses réponses en marge et renvoyé à ladite Société littéraire. Bruxelles, Van den Berghe, 1766. (Bibliothèque de Lille, Lettre A, 109-87).

dans les locaux de l'Hôtel de Ville s'exécutaient à cette époque ; par suite, la jouissance de la salle du rez-de-chaussée fut très probablement retirée au Brunin. Comme la résolution du 4 Décembre 1758 avait prévu le cas « où l'on auroit besoin de l'endroit désigné, et où toutes les places dudit hôtel seroient nécessaires », dans cette occurrence, les membres de la Société se trouvèrent dans la nécessité de s'assembler chez l'un ou l'autre d'eux. Par suite, la compagnie perdait tout caractère académique et officiel, les séances devenaient de simples « parlottes » entre gens lettrés. — Le Brunin était mort.

Vingt ans après, avec d'autres hommes, et sous les auspices du prince de Soubise, cette fois, une nouvelle académie philosophique, littéraire et scientifique se forma à Lille. Au sein du Collège des Philalèthes allait revivre l'esprit encyclopédique de « la recherche de la vérité par la science » qui entraîna vers un même but et confondit dans un même essor, les représentants des différentes classes de la société lilloise (1).

---

(1) L'auteur prépare une monographie du Collège des Philalèthes, créé à Lille en 1783 et qui, après avoir fourni une brillante carrière, s'éteignit dans les premiers jours de la Révolution.

Voyons maintenant quels étaient ces « scavantins » de province, auxquels on n'épargna ni les sarcasmes ni les injures (1).

Au premier rang des signataires de la requête du 8 Décembre 1758, figure Pierre-Joseph BOUCHER, qui jouissait alors dans le monde médical d'une réputation considérable. A l'époque du Brunin, il était « médecin du roi à la gouvernance du souverain bailliage de Lille, pensionnaire de la ville pour la leçon et la démonstration publique d'anatomie et de chirurgie, correspondant de l'Académie royale des sciences, associé de l'Académie royale de chirurgie, médecin de l'hôpital Saint-Sauveur, etc. » Il habitait rue d'Angleterre (2).

Boucher naquit à Lille, paroisse Saint-Sauveur, où il fut baptisé le 25 Mai 1715 ; il se maria en 1740 et mourut le 22 Juin 1793. Son père était licencié en médecine ; le fils suivit la même carrière et, après avoir été reçu docteur à Douai en 1735, vint s'établir dans sa ville natale, y ouvrit, en 1739, un cours d'opérations chirurgicales, fut chargé, en Mars 1762, d'un cours public d'anatomie et en Juillet suivant d'un cours d'ostéologie. Praticien consommé, il publia d'importants travaux, résultats de ses nombreuses observations, dont beaucoup

---

(1) « Quelques uns d'entre eux parlent comme des portiers de collège..... J'en connois un qui a été reconnu capable de faire une lettre de voiture en règle.... Un autre pour avoir fait un kalendrier et pour s'être donné pour professeur de mathématiques. Un troisième scait, dit-on, à merveille, remplir un extrait mortuaire. » (Lettre d'Euphémon).

(2) *Calendrier général de la Flandre pour 1759.*

parurent dans les mémoires des académies auxquelles il appartenait, dans le *Recueil périodique d'observations de médecine, de chirurgie et de pharmacie*, dans le *Journal de médecine*, etc.

Il fit partie du Magistrat à différentes reprises, de 1765 à 1784.

Gamonet (Jean-François), né en 1715, mort le 15 Août 1774, Directeur et receveur général des Domaines et droits réunis des Flandres et de l'Artois, domicilié rue Saint-André. Il est l'auteur d'un mémoire sur la Flandre maritime qu'il lut au Brunin avant de l'envoyer au marquis de Mirabeau, « l'Ami des hommes », qui lui retourna avec ses observations (1).

Hatton (Ignace-François), né en 1712. Notaire et procureur, il demeurait rue des Jésuites et figure en 1759 sur la liste des hommes de fief de Saint-Pierre. Il mourut à Lille le 27 Juillet 1781 et fut inhumé à Wattignies.

Le Boulenger de Mauprimorte (Nicolas-Xavier-Joseph-Urbain), né en 1707, épousa Marie-Jeanne Wouts, le 19 Novembre 1747, mort à Lille le 26 Octobre 1789 (2). Bailli et receveur de la ville, puis successivement greffier de la subdélégation de Flandre, secrétaire de l'Hôpital-général et greffier du Bureau de la Charité. Il habitait, en 1759, terrasse Sainte-Catherine.

La Moot (Pierre De) était prêtre, chapelain et bibliothécaire de Saint-Pierre de Lille. Il travailla longtemps

---

(1) Voir plus haut, p. 78.

(2) Note communiquée par M. Paul Denis du Péage.

à une histoire générale des Flandres, qui resta manuscrite, mais dont il publia, sous forme de discours, une sorte d'introduction qu'il lut en séance au Brunin (1).

L'abbé La Moot, qui habitait la rue Française, fut l'ami et l'un des exécuteurs testamentaires de l'abbé Favier, bibliophile lillois, mort en 1764 (2). Il suivit le chanoine Montlinot quand il démissionna en 1766 (3).

Loyse (Pierre-Joseph), né en 1716, était prêtre et aumônier de l'hôpital royal. Il mourut chapelain de Saint-Pierre, où son frère Alexandre était chanoine, le 27 Août 1787.

Macquart de Terline (Philippe-Louis), né le 28 Septembre 1722, épousa le 7 Janvier 1745, Marie-Catherine Bonnier de Layens, et mourut le 25 Décembre 1779. Conseiller du roi, contrôleur des guerres, subdélégué des intendants de Flandre, tabellion garde-notes royal héréditaire des ville et châtellenie de Lille ; il demeurait rue de la Barre. C'était l'aïeul du célèbre entomologiste lillois (4).

Mathon (Alexis-François), dont le nom est souvent orthographié *Maton*, fut baptisé à Lille, paroisse Saint-Etienne, le 27 Mars 1724 ; il était fils de Gille et d'Anne-Thérèse Danel et épousa, même paroisse, le 21 Septembre 1750, Marie-Catherine Delesalle, fille de Jean-Baptiste

---

(1) Voir page 78.

(2) Voir page 89.

(3) Voir page 110.

(4) *Généalogie de la famille Macquart*, Lille, 1893.

et de Geneviève Boutry, mort à Paris le 21 pluviose an IV (10 Février 1796) (1). Il succéda à son père dans son commerce de « marchand grossier » et tenait boutique rue de la Grande-Chaussée.

Mathon commença à rimer sur les bancs du collège, il raconte ainsi ses débuts dans la carrière des lettres : « La poésie est un art où je me suis initié sans le secours de personne ; je me mis à rimer sans jugement, sans érudition, sans principes..... Je vivois et je vis encore dans un pays où les beaux-arts sont sans recommandation ; la poésie, surtout y porte l'empreinte de la réprobation et de l'extravagance. On me montroit partout au doigt comme le plus ridicule et le plus insensé de la province..... Mettois-je un ouvrage au jour, les brocards m'inondoient de toutes parts ; chaque roquet devenoit un dogue pour aboyer et me mordre. En un mot, l'envie, la cabale, tout s'en mêla jusqu'à la calomnie. Je tins ferme longtemps contre la multitude de mes ennemis..... Je devins invulnérable à force de blessures et je me mis au-dessus de tout » (2).

Il fit paraître son premier recueil, *Prose et Vers*, en Juin 1759, et aussitôt le malheureux écrivain fut en butte aux plus cruelles attaques ; on releva dans son livre des vers licencieux, des propos contraires à la religion et aux bonnes mœurs, les exemplaires en furent confisqués. Poursuivi conjointement avec son éditeur, la veuve

---

(1) Ce dernier renseignement m'a été obligeamment fourni par MM. Pavy, Andriveau et Cie, généalogistes à Paris.

(2) *Prose et Vers*, p. 4-7.

Panckoucke, tous deux furent condamnés le 9 Août, à 50 florins d'amende chacun et aux dépens.

Mathon comptait pour prix de ses sottises
Entendre à Raparlier chanter l'*Exaudiat* (1)
Le Magistrat bourdonna les reprises
En lui donnant un *Veniat*.

Notre rimeur fut tenté par le théâtre, ses deux premières tragédies, jouées à la Comédie de Lille, *Artaxercès* et *Frédégonde* succombèrent sous les sifflets. L'unique représentation de *Frédégonde*, donnée en présence du prince de Soubise, fut aussi lamentable que comique (2). Il avait encore sur le métier trois autres tragédies : *Andriscus*, *Juventius* et *Pausanias*, dont il a publié des extraits ; les deux dernières ne virent jamais les feux de la rampe, nous parlerons dans la suite de la première.

Mathon avoue ingénuement que la tragédie est celui des genres auquel il se livre avec le plus de goût et il déclare qu'il aurait depuis longtemps devancé sur la scène Delatouche, Colardeau et Lemierre, et suivi de près Marmontel, s'il jouissait comme eux du calme poétique, si, vivant comme eux au sein de Paris, il recevait le bon goût de première main et trouvait des aristarques à chaque pas : « Mais mon état actuel, à qui je donne la moitié du jour et dont les soins viennent

---

(1) Raparlier était, en 1759, directeur du Concert de Lille, où l'on exécutait avec succès l'*Exaudiat*, motet de Lalande.

(2) Voir mon *Histoire du Théâtre de Lille*, t. I, p. 253.

(3) *Prose et Vers*, p. 10 à 28.

encore troubler la moitié qui me reste, m'a privé pendant quelque temps de ce calme, de cette tranquillité d'âme si nécessaire à la poésie et de bien d'autres avantages que ces Messieurs ont sur moi. A peine puis-je m'absenter un mois, dans le courant de l'année, ne fut-ce que pour consulter les oracles de l'art, ne fut-ce que pour lire, relire, corriger, refondre, élaguer, mettre une pièce au théâtre et suivre les représentations et l'impression et faire ma cour aux comédiens ».

On connaissait dans le public les hautes aspirations de notre homme :

L'auteur qui fit ce bel ouvrage
Dans peu doit à Paris faire un petit voyage
Pour avoir le bon goût de la première main.
De cette capitale il voudroit vivre au sein
Pour sucer le lait dramatique
Et pour jouir en repos du calme poétique.
Si tu veux finir notre ennui,
Mathon, crois nous, pars aujourd'hui.

Euphémon, dans la lettre IV, dit, à propos de ses « Réflexions » que Mathon y tient d'un bout à l'autre l'encensoir en son honneur, et il n'exagère pas : « Pourquoi faire de Paris une terre promise et instruire le public qu'on tarde de l'habiter. L'amour de la patrie n'est pas ce qui l'affecte le plus. Quant à son commerce, auquel il donne la moitié du jour et les soins qui viennent en troubler l'autre, je crois les avoir devinés ; on ne scauroit employer moins de temps pour observer malicieusement les différents personnages d'un caffé ou y jouer au gamon ». Mathon lui était cependant attaché ; lors de son départ du Brunin il écrivait (16 Mai) : « Je lui fais grâce, du reste, parce qu'il est mon ami, parce qu'un jour il sera contraint de se joindre à moi contre la Société ; j'en ai d'autant plus l'espoir qu'il vient de s'en retirer ».

La condamnation qui frappa l'auteur de *Prose et Vers*, les ennuis qu'on lui suscitait d'autre part et aussi son impérieux désir de résider dans la capitale, le décidèrent à quitter Lille. Il s'y prépara sans plus tarder.

Les *Annonces-Affiches* et *Avis divers pour les Pays-bas françois*, inséraient dans leur numéro du 4 Mars 1761, l'avis suivant : « Le sieur Mathon-Delesalle, négociant, rue de la Grande-Chaussée, cherche à se défaire d'un magasin qui consiste en pluches d'Amiens de toutes couleurs. On donnera du terme à ceux qui en prendront un certain assortiment et l'on feroit des conditions raisonnables à qui voudroit s'accommoder du tout ». A la fin de cette même année, et pour en terminer avec sa liquidation, il fit annoncer que « le lundi 9 Novembre à 10 heures du matin et à 2 heures de relevée, on vendra, rue de la Grande-Chaussée, un magasin consistant en pluches d'Amiens unies et ciselées, de toutes sortes de couleurs et qualités, provenant du fond de la boutique de M. Mathon-Delesalle ».

Avant d'abandonner son ingrate patrie, Mathon y écrivit encore *le Despotisme*, dédié à M. de Voltaire, et une *Epitre aux passions*, insérée dans le *Journal encyclopédique*.

A peine installé à Paris, où l'attendaient de nouveaux déboires, il publie une épitre qu'il tenait sans doute en réserve : *A un bel esprit de province sur les avantages de Paris*, avec plusieurs pièces fugitives. Son ami Panckoucke lui consacra quelques lignes ambiguës dans son journal d'annonces (1) : « Nous ne lui prodiguerons pas des éloges dans la crainte qu'on ne nous soupçonne d'autre intérêt que celui de la vérité et nous n'entreprendrons pas de l'analyser et d'en dire ce que nous en pensons, pour éviter les reproches dont on ne manquera pas de nous accabler ».

Grimm ne prit pas autant de détours; nous lisons, en effet, dans sa *Correspondance* à la date de Juillet 1762 : « M. Maton a publié un recueil de mauvais vers dont le premier morceau est une *Epitre à un bel esprit de province sur les avantages de Paris* ».

Vint ensuite un poème héroïque en quatre chants (2) en même temps que paraissait encore à Lille une épitre : *Sur l'utilité de la satyre.*

L'année suivante Mathon fait imprimer sa tragédie d'*Andriscus* (3) à laquelle il travaillait depuis longtemps et que venait de refuser la Comédie française. Grimm apprécie d'une façon piquante (Janvier 1764) le refus des comédiens : « Un poète qui s'appelle, je crois, Maton, a fait imprimer une tragédie intitulée *Andriscus* que la Comédie française n'a pas voulu jouer. L'auteur dédie sa

---

(1) N° du 17 Mars 1762.

(2) *Les Innocents*, poème héroï-comique en quatre chants. Lisbonne, 1762, in-8°.— Réimprimé avec des changements sous le titre *Les Victimes* (Amsterdam et Paris 1768) et inséré dans le tome VI de la collection des *Héroïdes*. Liège, 1771.

(3) *Andriscus de Macédoine*, tragédie en cinq actes, dédiée à MM. les Comédiens ordinaires du roi par M.... Amsterdam et Paris (Duchesne) 1764, in-12.

pièce aux comédiens et il dit des choses assez plaisantes sur la manière dont ils traitent les pauvres poètes quand ils vont leur présenter le fruit de leurs veilles. On entend souvent les plaintes des auteurs contre les comédiens ; on reproche à ces derniers de n'avoir ni goût ni jugement ; mais je demanderais toujours quelle est la bonne pièce qu'ils aient refusé de jouer ? Je n'en connais aucune, pas même ce pauvre *Andriscus* dont l'auteur appelle du jugement de la Comédie à celui du public, dont il ne se trouvera pas mieux. En revanche, je leur ai vu jouer une grande quantité de pièces médiocres et même mauvaises ; ils ne sont donc pas trop difficiles ».

L'auteur méconnu continua d'exhaler sa bile dans un autre factum : *Mémoire adressé à Messieurs les XL de l'Académie française pour César-Chrysogone-Alexandre-Balthazar Métrolin, poète, au nom et comme adjoint de Melchior-Aaron-Bartholomée L'Eclair, Emmanuel-Annibal-Melchissédec de Cerveau-Creux, Christophe-Auguste-Israël de Saint-Martin-Sec et Consors, demandeurs et défendeurs, contre la Compagnie des Histrions et Joueurs de marionnettes françaises des ville, fauxbourgs et banlieue de Paris* (1).

Le *Journal encyclopédique* (2) tout en reprochant à ce mémoire « de la vivacité, de l'exagération et des railleries trop amères » sait gré à l'auteur d'élever la voix contre un abus criant et injuste et applaudit à son projet de créer un conseil composé de poètes dramatiques qui

---

(1) S. l. n. d., in-12 de 70 p. — Ce mémoire est signé Me Brillantin, avocat et Mes Pipée et Traquenard, procureurs.

(2) No du 15 Août 1764, p. 137-138.

rejetterait ou recevrait sans appel les pièces qu'on lui présenterait. « Qui ne seroit charmé d'avoir pour arbitres un Voltaire ou un Crebillon ? Leurs suffrages seroient des triomphes et leurs refus des leçons ».

Guéri désormais du théâtre, Mathon écrit un conte moral, *Mikou et Mézi*, qu'il ne signe pas (1) ; Grimm le trouve médiocre : « Le commencement même n'est pas trop mal fait, mais cela faiblit vers la fin..... Les pièces de vers que l'auteur anonyme a ajustées à son conte moral sont encore plus mauvaises ». Décidément la critique ne lui était pas plus bienveillante à Paris qu'à Lille.

Dans le courant de l'année 1765 parurent *Mon embarras*, conte moral en prose (2), et une ode, *la Modestie.*

Entre-temps, Mathon préparait un poème héroï-comique en huit chants : *Van Brock ou le petit Roland* qu'il ne publia qu'en 1776 (3). Grimm annonce ce « petit chef-d'œuvre » en Mars : « Nous en sommes redevables aux rares talens de M. Alexis Mathon, qui nous a déjà prouvé tout ce qu'on peut attendre de l'heureuse fécondité de son génie. Nous ne dirons rien du plan de *Van Brock* et pour plusieurs raisons, la première c'est que nous n'y avons rien compris. On nous fera grâce des autres. Quant au style, nous pensons ce que l'auteur en dit lui-même dans sa préface : on s'est bien proposé le *Lutrin* pour modèle, mais il serait téméraire de vouloir y atteindre,

---

(1) La Haye, Paris et Lille, in-8°, 100 p.

(2) Birmingham et Bruxelles, in-8°.

(3) Birmingham et Bruxelles, in-8°, 93 p.

on a pris le parti de se livrer à son propre génie... Pas toujours cependant, car le seul joli vers que nous ayons remarqué dans ces huit chants est de Benserade :

Si tout n'est pas à moi, tout est à mes regards. »

La *Correspondance secrète* de Métra (18 Janvier 1777) n'est pas plus indulgente pour *Van Brock:* « Un certain M. Mathon faisoit depuis trente années, sans qu'on s'en doutat, un poëme qui a vu le jour il y a quelques mois. Rien de plus lourd, de plus plat et de moins comique, quoique l'auteur ait voulu lutter avec Scarron et Voltaire dans le genre burlesque ».

Un malicieux sixain, sur cette nouvelle production de notre concitoyen, circula dans le monde des lettres :

Mais à propos, Monsieur Purgon
Connaissez-vous *les Céramiques ?*
— Les Céramiques (1) ? Ma foi, non.
Attendez..... Je m'en souviens. Bon !
C'est le plus grand narcotique
Après le *Van Brock* de Mathon.

Enfin parut en 1778, la dernière œuvre de Mathon signalée par les bibliographes : *Tableau moral ou Lettre à Lampito pour servir d'Annales aux mœurs et aux usages, à l'esprit, aux lumières et aux sottises du temps.*

---

(1) *Les Céramiques ou les Aventures de Nicius et Antiope,* par Galtier de Saint-Symphorin. Londres (Paris) 1760, 2 vol. in-8°. — « Ce roman n'a été lu par personne ». Corr. Grimm, t. IV, p. 304.

(2) Canterbury et Paris, 1778, in-12, 124 p.

Panckoucke (Charles-Joseph) était le plus jeune des membres du Brunin.

La branche lilloise des Panckoucke a pour auteur Pierre, fils de Pierre et de Jeanne Dedekers, né à Oudenbourg. Il était valet de chambre de M. Jacobs de Lannoy et acheta la bourgeoisie le 7 Novembre 1698 (1).

Il épousa, le 8 Janvier de l'année suivante, Marie-Angélique Hennion, fille de Sébastien et de Jeanne-Thérèse Messéan, née à Lille.

Son maitre fut témoin à son mariage. Ils eurent onze enfants dont sept garçons. Pierre mourut le 15 Octobre 1723.

L'aîné des fils, André, baptisé paroisse St-Maurice le 31 Janvier 1703, marié à Marguerite Gandouin, s'établit libraire vers 1730. C'était un homme intelligent et instruit ; il a écrit plusieurs manuels de vulgarisation, entre autres sur les mathématiques qu'il enseigna, l'astronomie, le négoce, la philosophie, l'histoire et la géographie. Il produisit aussi des œuvres badines, entre autres *l'Art de désopiler la rate*, un poème en vers burlesques sur la bataille de Fontenoy, donna une édition de la *Danse aux aveugles*, d'après un manuscrit de la Bibliothèque des ducs de Bourgogne et laissa inachevé un *Abrégé chronologique de l'histoire de Flandre* que son fils compléta par une introduction due à Montlinot. André Panckoucke est le créateur du premier journal lillois,

(1) Reg. aux Bourgeois, n° 9, f° 190, v°.

l'Abeille flamande, et d'un *Calendrier général de la Flandre*. Il mourut le 19 Juillet 1753 (1).

Son fils Charles, né à Lille le 26 Novembre 1736, lui succéda dans son commerce de librairie qu'il continua avec sa mère. A 20 ans, il fut agréé par le Magistrat pour remplacer son père dans le cours public de mathématiques et l'enseignement de la physique et de la géographie (2).

Les idées avancées des Panckoucke étaient bien connues, Charles avait adopté les doctrines nouvelles ; aussi leur boutique était-elle particulièrement surveillée par les Syndics de la Chambre qui y avaient opéré, à plusieurs reprises, des saisies de livres défendus ou licencieux. C'est ainsi que le 2 Décembre 1751, du vivant du père, furent confisqués divers ouvrages à l'index,tels que *les Nonnes galantes ou l'Amour embéguiné* du marquis d'Argens, *le Jésuite sécularisé* de Dupré, *l'Art d'aimer* d'Ovide, *les Pensées philosophiques* de Diderot, *Thémidore* de Godart d'Ancourt, *les Amours de Seokinizul* (Louis XV) *roi des Kofirans* de La Beaumelle, etc.

Dans les premiers jours de Juin 1759, Charles Panckoucke mit en vente l'ouvrage de son ami Mathon, le recueil *Prose et Vers*, supposé imprimé à Amsterdam, qui n'était pas muni du privilège d'usage et que les Syndics de la Librairie n'avaient pas examiné. Ledit livre

(1) Le mémoire des frais médicaux de sa dernière maladie se trouve aux archives communales de Lille dans les cartons Gentil, nº 108.

(2) Archives communales, Affaires générales, carton 35.1.

renfermait « des pièces diamétralement opposées à la pureté des mœurs et au respect de la religion ».

Assignée à comparaître en l'audience prévotale du Conclave, le 8 Juin, à la requête du prévôt de la ville, la veuve Panckoucke se fit représenter par son fils, lequel déposa un mémoire dont le fond et la forme ne pouvaient qu'aggraver son cas. Il eut vite reconnu son imprudence et se rendit le lendemain au greffe civil demandant à relire « l'écrit par luy servi et lu à l'audience, paraphé par ordre du juge et joint au dossier ». Après avoir feint de le parcourir et malgré les représentations du greffier, il s'en empara, prit la fuite et, arrivé sur la place de Rihour, le déchira en morceaux. Dans son interrogatoire, Charles Panckoucke donna pour excuse que cet écrit ayant été désavoué par sa mère, il avait résolu de le faire disparaître. De ce fait, il fut condamné, le 20 Juillet, à six semaines de prison et aux dépens (1). Mathon, comme nous l'avons dit, avait été impliqué dans l'affaire de la veuve Panckoucke ; tous deux furent frappés d'une amende.

Dans l'intervalle s'était produit un autre incident qui contribua à augmenter la sévérité des juges : une perquisition opérée le 6 Juillet avait amené la découverte, dans la même boutique, de 47 exemplaires d'une pièce en vers de M. de Voltaire : *Précis de l'Ecclésiaste ;* 3 autres avaient été vendus à des personnes désignées.

Malgré ces divers délits et sa condamnation, Charles

---

(1) Archives communales : Procès criminels. Devoirs des officiers, n° 5996.

Panckoucke fut admis comme maître libraire, par la Chambre syndicale et prêta serment en cette qualité le 13 Octobre.

Le 21 Avril suivant, nouvelle saisie de 50 exemplaires d'une brochure du chanoine Montlinot, intitulée : *Justification de plusieurs articles du Dictionnaire encyclopédique et Préjugés contre Abraham-Joseph de Chaumeix.* Mais cette fois, l'auteur protesta lui-même près de l'intendant de Flandre et obtint, le 10 Septembre, main levée et remise des brochures.

Le 1er Janvier 1761, Panckoucke fit paraître le premier numéro d'une gazette hebdomadaire : *Annonces, Affiches et Avis divers pour les Pays-bas françois* (1) qui avait comme collaborateurs plusieurs membres du Brunin : La Moot, Charles et Henry Panckoucke, Mathon et Montlinot. Accueillie avec faveur, cette gazette réunit en moins d'un mois plus de 600 souscripteurs. L'année suivante, il projeta de publier une autre feuille hebdomadaire, le *Courrier du Commerce,* qui fut interdite par ordre du ministre, M. de Choiseul.

Panckoucke était en relations avec J.-J. Rousseau à qui il avait adressé le 2 Février une lettre non signée. Cette lettre toucha tellement le sensible philosophe

(1) Cette publication, continuée par Henry après le départ de Panckoucke, cessa le 31 Décembre 1763.

qu'elle lui fit répandre des larmes et lui inspira le plus grand désir d'en connaître l'auteur (1).

Désormais en correspondance avec les encyclopédistes, Panckoucke résolut de résider à Paris, qui lui offrait un champ plus vaste et plus digne de son activité ; il s'y rendit avec sa mère et sa sœur Marie-Thérèse, qui devait épouser plus tard, l'académicien Suard.

Reçu le 25 Septembre 1762, libraire juré de l'Université, il reprit la librairie de Lambert, près de la Comédie française, sous l'enseigne du Parnasse et annonça par la voie de son journal la mise en vente de son fonds de livres et de musique ; par la même feuille, il s'enquiert aussi d'une personne de 30 à 35 ans pour tenir la correspondance et les comptes : « On lui donnera la table et d'honnêtes appointements ».

L'opposition manifestée par ses anciens confrères de Lille, empêcha que J.-L. de Boubers, son beau-frère, lui succédât. On donnait pour raison que cet imprimeur,

---

(1) Voici cette lettre de Jean-Jacques, insérée dans les *Annonces, Affiches et Avis divers* : « J'ai reçu le 12 de ce mois, par la poste, une lettre anonyme, sans date, timbrée de Lille et franche de port. Faute d'y pouvoir répondre par une autre voie, je déclare publiquement à l'Auteur de cette lettre que je l'ai lue et relue avec émotion, avec attendrissement, qu'elle m'inspire pour lui la plus grande estime, le plus grand désir de le connaître et de l'aimer, qu'en me parlant de ses larmes il m'en a fait répandre, qu'enfin jusqu'aux éloges outrés dont il me comble, tout me plaît dans cette lettre excepté la modeste raison qui le porte à se cacher ». — A Montmorenci, le 15 Février 1761.

établi à Dunkerque, possédait une officine à Liège d'où il faisait passer en France des livres défendus. J.-B. Henry continua le commerce de Panckoucke et ce ne fut qu'en 1782 que le fils de De Boubers put s'établir à Lille.

Une fois installé à Paris, Charles Panckoucke ne tarda pas à mettre en exécution ses projets. Plus entreprenant, plus instruit que ses confrères parisiens, il se livra à d'importantes opérations et sa librairie devint bientôt la plus célèbre d'Europe. Le 18 Janvier 1764, il obtint l'autorisation de mettre en vente l'*Histoire de la Ville de Lille depuis sa fondation jusqu'à l'année 1434*, par Montlinot, parue en partie dans les *Annonces, Affiches et Avis divers* et qui fut réfutée l'année suivante par les *Observations* de l'érudit chanoine Wartel de Cysoing. La permission n'était pas encore parvenue à Lille que les syndics avaient déjà procédé à une saisie qui resta sans effet.

Charles Panckoucke mourut à Paris, le 19 Décembre 1798, laissant son établissement en pleine prospérité. Toutes ses entreprises avaient réussi : il avait conçu le plan de l'*Encyclopédie méthodique* en 60 volumes, terminée en 1788; repris la même année le *Mercure de France*, créé le *Moniteur universel*, gazette nationale, en 1789 (1),

(1) « Panckoucke, écrivait Camille Desmoulins dans les *Révolutions de France et de Brabant*, patriote endiablé quand il sort des ateliers où s'imprime son *Moniteur universel*, brave à trois poils qui veut voler au secours des Brabançons et fléau redoutable pour l'aristocratie, qui, lorsqu'il met le pied dans l'officine de son *Mercure de France* dédié au roi, subit une métamorphose complète et devint un aristocrate enragé. »

publié les œuvres de Buffon en deux formats, une édition des œuvres de Voltaire, le *Grand Vocabulaire français* en 30 volumes in-4°, le *Répertoire de jurisprudence* 27 vol. in-4°, le *Voyageur français* 30 vol., les Mémoires de l'Académie des Sciences, de celle des Inscriptions et Belles-Lettres, etc.

Panckoucke (Henry) oncle du précédent, né à Lille le 12 Novembre 1706, marié en Novembre 1730 à Marie-Antoinette Brovellio, mort le 21 Juin 1767. Négociant, domicilié rue de la Grande-Chaussée, il exerçait depuis dix ans les fonctions de lieutenant aux offices de l'Hôtel des Monnaies et était Syndic de la Chambre de commerce.

Henry Panckoucke a laissé un intéressant mémoire économique intitulé : *Réflexions générales sur les causes de la décadence de la ville de Lille et des moyens qu'on pourroit employer pour la soutenir.*

Le manuscrit de ce mémoire resté inédit, faisait partie de la collection de feu M. Quarré-Reybourbon.

Henry Panckoucke avait un fils, Charles-Henry, né le 10 Septembre 1738, qui est cité par Quérard comme étant l'auteur d'une tragédie en trois actes, *la Mort de Caton d'Utique*, parue en 1768 et qui fut vendue comme étant de Voltaire.

Un sieur Wartel clot la liste des signataires de la lettre de fondation du Brunin. Il s'agit, sans doute, de Jean-Baptiste Wartel, né à Lille le 30 Octobre 1724, y décédé le 30 Décembre 1805. L'absence d'initiales du prénom, nous empêche d'être plus affirmatif sur son identité. En 1759, le susnommé était avocat ; il fut élu député du tiers au bailliage de Lille aux Etats généraux de 1789. Mais il démissionna au mois de Novembre de la même année, effrayé par la tournure que prenaient les événements.

Il nous reste encore à donner les noms de ceux qui, craignant le grand jour, ne signèrent pas la requête et de ceux qui furent admis, par la suite, au sein de la docte compagnie.

Dans la première catégorie, nous citerons Le Clerc de Montlinot (Charles-Antoine) né à Crépy-en-Valois en 1732, sous-diacre, chanoine de Saint-Pierre ; installé dans sa charge en 1753, il fut nommé peu de temps après grand bibliothécaire. Ardent adepte de l'Encyclopédie, il en publia la *Défense* dans une « Justification » anonyme qu'on attribua à Diderot. Nous avons vu que cet ouvrage fut saisi chez Panckoucke et que l'auteur se dévoila pour obtenir main levée et restitution. Il collabora ouvertement aux *Annonces, Affiches et Avis divers* et y inséra sous le titre d'*Essai*, les premiers chapitres de son *Histoire de Lille*. Mais devant le scandale causé par cette publication, l'éditeur jugea prudent de l'interrompre. Montlinot fut forcé, en 1766, de résigner son titre de chanoine et de donner sa démission de bibliothécaire, son collaborateur et ami La Moot suivit son exemple ; il se retira à Paris et s'y établit libraire avec J.-B. Henry. Trois ans après, Montlinot était envoyé à Soissons, par lettre de cachet et nommé directeur du dépôt de mendicité. A la Révolution, il répudia son titre d'abbé et se maria. Après avoir été employé à l'armée d'Italie et au ministère de l'intérieur, il mourut en 1801, laissant une veuve et plusieurs enfants en bas âge (1).

---

(1) Voir sur Montlinot : *Archives littéraires*, 1832, p. 133-140 ; 1838, p. 394-400. — Mgr Hautcoeur, *Histoire de St-Pierre*, t. III p. 201-209.

Un autre personnage semble avoir postulé et obtenu son admission au Brunin : VANGRAEFSCHEPE DE CYSSAU (Joseph-Gervais), né en 1723, docteur en médecine et en chirurgie de la Faculté de Montpellier, établi à Lille depuis 1744. Il réunissait chez lui, place Saint-Martin, cinq ans après, une société de praticiens dans le but de se perfectionner mutuellement dans l'exercice de la profession. Il publia en 1757, dans le *Journal de Médecine*, une étude sur la fièvre putride qui avait régné à Seclin l'année précédente. Membre du Collège des médecins lillois, il fut chargé du cours de botanique en 1761. Vangraefschepe de Cyssau mourut célibataire, à l'âge de soixante-huit ans et fut inhumé le 17 Juin 1786 dans le cimetière de Saint-Pierre.

Quelque jours après sa mort, les *Feuilles des Flandres* (1) publièrent un éloge du défunt qui vengea sa mémoire des indignes accusations dont il avait été poursuivi : « M. Cyssau, médecin très connu par ses talens supérieurs vient de mourir. Il n'était pas seulement recommandable par son mérite personnel, mais encore par les aumônes qu'il répandoit secrètement dans le sein des pauvres. Ces belles qualités sont bien propres à exciter les regrets des gens de bien..... »

V. Derode cite aussi par erreur le nom de FEUTRY, le poète lillois bien connu, qui ne résidait pas à Lille à cette époque.

---

(1) Numéro du 27 Juin 1786.

Pendant longtemps le Brunin est resté enveloppé des mêmes ténèbres qui régnaient dans sa salle de séances, puisse le présent travail avoir aidé à les dissiper et sauver de l'oubli notre modeste Académie lilloise ; car, malgré son existence courte et agitée elle mérite, à notre avis, d'occuper une place dans l'histoire de la vie littéraire en France au XVIIIe siècle.

Trois Manuscrits du Comité Flamand

CONCERNANT

LA RHÉTORIQUE BERGUOISE

dite « de Roeyaerts »

Par M. C. LOOTEN

TROIS MANUSCRITS DU COMITÉ FLAMAND

CONCERNANT

LA RHÉTORIQUE BERGUOISE

dite « DE ROEYAERTS »

PAR M. C. LOOTEN

La Société de Rhétorique de Bergues St-Winoc, nommée *les Roeyaerts*, fut fondée au commencement du XVIe siècle, et affiliée officiellement à la Société mère d'Ypres le 11 Janvier 1517.

Les lignes essentielles de son histoire, que nous n'avons pas à retracer ici, ont été à plusieurs reprises esquissées dans les Annales du Comité Flamand, notamment par MM. Diegerick et Carnel. Nous renvoyons le lecteur aux études de ces deux savants (1).

---

(1) Cr notamment *Annales du Comité Flamand de France, tome V:* Carnel — les Sociétés de rhétorique et les représentations dramatiques chez les Flamands de France, p. 29 et s., et : Diegerick — Notes sur les Chambres de Rhétorique de la Flandre Maritime, ib., p. 134 et s.

Les Archives du Comité possèdent trois manuscrits qui sont d'un précieux secours pour reconstituer la physionomie de cette célèbre compagnie.

I. — L'un n'est pas autre que le registre d'administration de la Rhétorique entre les années 1690 et 1714. Outre le texte du règlement qui comprend vingt articles rédigés en quatrains à rimes plates, ce manuscrit fournit indirectement toute sorte d'indications sur les fonctionnaires de la Société, sur le vestiaire, sur ses rapports avec les autorités civiles et religieuses, sur les concours et la partie matérielle des représentations dramatiques. Il est par malheur à peu près muet sur les pièces représentées. Nous n'y avons trouvé la mention que d'un seul sujet : *Boèce* (le 20 Octobre 1697).

II. — Le deuxième manuscrit est un répertoire de pièces jouées sur le théâtre des rhétoriciens dans le dernier tiers du XVIIIe siècle.

On y trouve :

a) Des pièces Flamandes originales.

L'une intitulée : *Lievde Verbond tusschen gulden van St-Joris, Barbara en Rhetorica*, fut composée à l'occasion d'une fête mutuelle que se donnèrent l'une à l'autre la gilde des arbalétriers, celle des arquebusiers, et celle des Rhétoriciens, le 23 Avril 1774. Elle n'a aucune valeur littéraire, et les vers en sont plus que médiocres, à part quelques passages.

L'autre a pour titre *de Schoeden Lappers Proev* : l'Épreuve du Savetier. Elle ne porte aucune date. Elle suppose un certain talent de versification et de mise en scène. Elle est intéressante : 1° Par le rôle de l'apprenti

Fiakker ; candidat à la maîtrise de sa corporation, il est Français (waal) de naissance et écorche la langue Flamande d'une façon qui devait divertir les auditeurs ; 2° Par les détails de mœurs qu'elle révèle sur les us et coutumes des corps de métier ; 3° Par la donnée générale de la pièce, car Fiakker est amoureux de Jacqueline, la fille de son maître, et le trouble de son cœur nuit au succès de sa candidature.

Quelques scènes comiques sont traitées avec verve et humour.

La 3e pièce *De Kroning van Apollo* est une froide allégorie mythologique jouée à l'occasion de l'installation en qualité de président d'honneur des Roeyaerts de maîtreWinoc-Hyacinthe Servois (le 17 Février 1784).

Comme les autres cette composition en vers alexandrins est entrecoupée de chants. Elle suppose une décoration et une mise en scène assez compliquées qui devaient parler aux yeux.

b) Des pièces Françaises traduites en vers Flamands.

En voici la liste :

Démocrite, de Regnard.

Nicaise, pièce lyrique, de Vadé.

Olinde et Sophronie, de Mercier.

Roméo et Juliette, de Ducis.

Tancrède, de Voltaire.

Pygmalion, de J.-J. Rousseau.

La date et le nom des traducteurs sont passés sous silence.

Nous savons toutefois que le traducteur de *Roméo et Juliette* fut l'avocat De Breyne, et celui de *Tancrède*, l'avocat W.-H. Servois dont il vient d'être fait mention.

De plus, Tancrède flandricisé fut mis au concours et joué à Bergues, au cours de l'année 1786, par douze sociétés rivales. C'est la Société Courtraisienne « Minnelyk van Herte » qui remporta le premier prix, un étendard historié, valant 300 florins d'or, offert par le Magistrat de Bergues.

La présence au répertoire des Roeyaerts de ces drames atteste d'une façon très significative le progrès qu'avait accompli dans la Flandre maritime l'usage de la langue Française.

Dans la première moitié du XVIIIe siècle, l'habitude s'était peu à peu contractée, parmi les familles bourgeoises, où se recrutaient les vocations aux carrières libérales, « de mettre les enfants dehors sa maison en pension dans les collèges ou chez les maîtres d'école française » (1).

La connaissance du Français s'infiltra ainsi peu à peu parmi les classes dirigeantes. Elle se développa au point de rendre possibles des traductions comme celles de *Tancrède*, à laquelle on ne peut rien reprocher, ni pour l'exactitude du sens, ni pour l'élégance de la versification.

---

(1) A. Van de Walle, *Instructions importantes* (1752), tome I, p. 341.

III. — Le troisième manuscrit va de 1788 à 1803 ; mais il est muet sur la période 1792-1800. Durant cet intervalle, les Roeyaerts avaient versé dans la politique militante. La plupart d'entre eux devinrent membres de la Société des Amis de la Constitution, et plus tard du Club révolutionnaire.

Ce registre, d'ailleurs moins important que les précédents, renferme les sujets des exercices poétiques de moindre haleine, *raadsels* (énigmes), *digten* (poèmes de toute nature),auxquels se livraient les confrères au cours de leurs séances intimes.

LA BIBLIOTHÈQUE DE BOUCHETTE

PAR

M. C. LOOTEN

LA BIBLIOTHÈQUE DE BOUCHETTE

PAR

M. C. LOOTEN

François-Joseph Bouchette (1736-1810) jurisconsulte, député du Tiers État de la Flandre maritime à l'Assemblée nationale, laissa après sa mort une importante bibliothèque qui fut vendue à Bergues le 22 Septembre 1812.

Le catalogue, imprimé chez Barbez, comporte 343 numéros, la plupart comprenant plusieurs œuvres différentes classées par format in-folio, in-4°, in-8° et in-12°.

a) D'abord un grand nombre de ces ouvrages concernent — comme il est naturel chez un homme de loi — *le droit*, envisagé sous toutes ses variétés : romain, canonique, coutumier, naturel, des gens, avec quantité de commentaires. La collection de droit coutumier est importante : elle embrasse les coutumes non seulement des villes de Flandre, mais des provinces circonvoisines. A côté des ordonnances royales, qui depuis l'annexion de 1678, font suite aux placards Flamands et Espagnols, il faut signaler quelques ouvrages sur le droit public et administratif de la France, comme Bouquet (1756), Del'hommeau (1657), etc.

b) L'histoire générale, civile et ecclésiastique. A noter deux ouvrages, alors tout récents, sur l'histoire de France : Hénault (1756) et Velly (1761, 30 volumes).

c) L'histoire régionale et locale : Meyer, Miræus, Sanderus, Faulconnier, Oudegheerst, de l'Epinoy, Grotius, Guichardin, Bentivoglio, etc., etc.

d) La géographie: Mercator. — Le géographe Parisien (1769). — Routes de la France (1770), etc.

e) La religion, avec un rayon concernant les Jésuites et les Jansénistes.

f) La philosophie : tous les Encyclopédistes y ont leur place : Montesquieu, Voltaire, Diderot, d'Alembert, Raynal, etc., etc., sans compter les grands sceptiques Erasme, Montaigne, Charron, et les déistes anglais tels que Shaftesbury et Bolingbroke.

g) Les classiques grecs, latins, français avec lexiques, dictionnaires et grammaires.

h) La politique. — A côté des publications qui vers la fin du règne de Louis XVI commencent à passionner l'opinion, notamment les écrits financiers de Necker, il faut mentionner des ouvrages sur la Constitution de l'Angleterre et celle des Etats-Unis d'Amérique.

Une partie de cette intéressante collection provenait évidemment du fonds de son père, homme de loi à Steenvoorde. Mais par la date des ouvrages, l'on peut se rendre compte que Bouchette l'enrichissait constamment des nouveautés qui l'intéressaient. Elle est faite à l'image de son esprit, cultivé, orné de vastes lectures, pénétrant et ouvert jusqu'à la hardiesse.

RECUL DU FRANÇAIS EN BELGIQUE

A NOTRE ÉPOQUE

PAR M. J. DEWACHTER

RECUL DU FRANÇAIS EN BELGIQUE

A NOTRE ÉPOQUE

PAR M. J. DEWACHTER

Si, dans la majeure partie du XIXe siècle, la langue française a gagné du terrain hors de France, par contre, dans ces dernières années, elle est en régression dans la plupart des pays où elle est en usage. On le constate en Piémont, en Alsace-Lorraine, dans les iles anglo-normandes, voire même en Suisse (Jura bernois et district de Morat) (1) et en Belgique.

La chose peut paraître paradoxale pour cette dernière puissance. Pourtant le « Recensement général de 1900 » (Introduction page XLV) nous apprend que la proportion des gens qui connaissent le français s'élevait en 1866 à 40 °/₀ ; en 1880 à 52 °/₀ ; en 1890 à 55 °/₀ ; en 1900 à 55 °/₀ ; tandis que la proportion de ceux qui possèdent le néerlandais était en 1866 de 56 °/₀ ; en 1880 de 56 °/₀ ; en 1890 de 57 °/₀ ; en 1900 de 58 °/₀ et la quantité de personnes connaissant l'allemand était en 1866 de 1 °/₀ ; en 1880 de 1 1/2 °/₀ ; en 1890 de 2 °/₀ ; en 1900 de 2 °/₀.

Bien entendu les polyglottes sont compris dans ces diverses évaluations.

---

(1) Voir les articles de M. René Henry parus dans le journal « le Temps » en 1906, le 26 Octobre, le 18 Novembre et le 2 Décembre.

On voit qu'à la dernière décade le nombre des gens de la langue néerlandaise est le seul qui soit en augmentation relative, tandis que le tantième pour cent des deux autres groupes restait stationnaire.

D'ailleurs, dans beaucoup de communes de la frontière linguistique, les Wallons diminuent, alors que le nombre des bilingues et parfois des Flamands purs est en hausse et les premiers, presque tous d'origine flamande, n'usent du français qu'avec les personnes ignorant le dialecte germanique.

En Flandre occidentale, la langue française est encore la plus usitée dans une partie des arrondissements d'Ypres et de Courtrai, mais elle y perd du terrain chaque jour.

Dans l'arrondissement d'Ypres, elle est la plus généralement parlée : à Ploegsteert, Warneton, Bas-Warneton, Comines, Houthem et dans la partie méridionale de Neuve-Église (Romarin et Oosthove) ; elle est ordinairement comprise à Messines et à Zandvoorde.

Ploegsteert est le seul endroit où le nombre des Wallons ait augmenté de 1880 à 1900, puisqu'il est passé de 1.917 à 2.800, tandis que les bilingues montaient de 480 à 1.389.

Les Flamands purs y ont toujours été très peu nombreux (une cinquantaine en tout).

A *Warneton :* les Wallons étaient, en 1900, 2.493 ; en 1890, 2.861 ; en 1800, 2.723.

Les Flamands, en 1900, 208 ; en 1890, 18 ; en 1880, 172.

Les bilingues, en 1900, 850 ; en 1890, 1.771 ; en 1880, 437.

A *Bas-Warneton*, en 1900, les Wallons étaient 540 ; en 1890, 585 ; en 1880, 629.

Les Flamands, en 1900, 21 ; en 1890, 15 ; en 1880, 112.

Les bilingues, en 1900, 179 ; en 1890, 138 ; en 1880, 3.

Mais le recul du français est bien plus accentué à Zandvoorde, Houthem et surtout à Comines (Belgique).

Il suffit pour s'en convaincre de parcourir cette dernière localité si voisine de la France ; on y rencontre des groupes d'enfants qui emploient le flamand dans leurs jeux.

En 1900, il y avait 1.313 Flamands ; en 1890, 869 ; en 1880, 1.132.

Les bilingues étaient au nombre de 2.384 en 1900 ; 1.994 en 1890 et 218 en 1880.

Les Wallons 1.910 en 1900 ; 1.951 en 1890 ; 2.651 en 1880.

A Houthem, en 1900, 429 Wallons ; en 1890, 577 et 1880, 548 contre en 1900, 237 Flamands ; en 1890, 123 ; en 1880, 164, et en 1900, 658 bilingues ; en 1890, 517 ; en 1880, 413.

A Zandvoorde, en 1900, 96 Wallons ; en 1890, 146 ; en 1880, 245 ; en 1900, 441 Flamands : en 1890, 451 ; en 1880, 458, et en 1900, 402 bilingues ; en 1890, 378 ; en 1880, 135.

A Messines (1.444 habitants) où la population en général comprend les deux langues tout en préférant le flamand, les progrès du français sont arrêtés, et les Wallons tendent à disparaître (98 en 1890 et 52 en 1900).

Au contraire les Flamands purs augmentent (410 en 1900 et 327 en 1890).

A Neuve-Église le bilinguisme progresse, mais le hameau du Romarin qui appartient à la langue française est envahi par sa rivale.

Dans le Courtraisis, le français résiste mieux, mais là aussi il en est régression, malgré l'augmentation de la population wallonne.

En effet, il y avait au recensement de 1890, 5 communes bilingues, où le français était prépondérant : Mouscron, Luingne, Dottignies, Espierres et Reckem et une commune purement wallonne : Herseaux. Depuis, Reckem a été reconquis par les Flamands et Espierres est menacé du même sort. (Voir les recensements généraux de 1890 et 1900)' et Herseaux est devenu bilingue puisque le nombre des Flamands, y compris ceux qui parlent les deux langues, forme le 1/4 de la population, tandis qu'en 1880 il n'était que le 1/6.

Par contre à Helchin, les bilingues qui formaient en 1890 la moitié de la population (606), étaient 928 en 1900, soit les 3/4.

Dans le Tournaisis, le flamand a fait une trouée et il a pénétré à St-Léger et à Evregnies, où il était naguère presque inconnu.

Dans l'arrondissement d'Ath, la situation a peu changé ; toutefois on constate une petite augmentation des bilingues à Ellezelles, village à cheval sur les deux langues. A Everbecq, qui appartient à la langue flamande, et à Flobecq, qui possède une petite section flamande, la situation a peu changé.

Dans l'arrondissement de Soignies, il y a deux localités entièrement flamandes : Biévène et St-Pierre-Cappelle ; une mixte avec prépondérance du flamand : Enghien ; trois mixtes avec prépondérance du français : Deux-Acren, Marcq et Petit-Enghien. Le bilinguisme est en progrès à Enghien et à Petit-Enghien ; ailleurs pas de changement.

Dans la Flandre orientale, où le français est localisé dans quatre communes de l'arrondissement d'Audenarde, le recul est des plus accentués.

Ainsi, dans la ville de Renaix où en 1880 les deux éléments s'équilibraient à peu près, le français étant parlé par 8.181 personnes (dont 3.184 exclusivement) et le flamand par 10.405 (dont 5.408 exclusivement), en 1900 le nombre des personnes parlant flamand était monté à 16.259 unités (dont 7.599 Flamands purs) contre 11.243 unités (2.583 Français purs) seulement pour l'élément français.

A Amougies, Russeignies et Orroir, l'élément flamand, bilingues compris, est en progrès.

En Brabant, il serait fastidieux d'énumérer toutes les communes de la frontière luinguistique, mais on sait que l'idiome tudesque a un peu progressé dans le pays wallon de Nivelles (en 1890, 6.156 unités, en 1900, 6.940 dont près de 1.000 Flamands purs), et il a gagné suffisamment de terrain à Zetrud-Lumay (arr. de Louvain) pour y menacer la langue rivale (851 unités dont 611 Flamands purs pour l'élément flamand et 968 unités dont 728 Français purs pour l'élément français).

Dans la province de Liège, le flamand est seul parlé à Fouron-Saint-Martin, Fouron-Saint-Pierre, Remersdael, Teuven, Mouland, Attenhoven, Elixem, Laer, Neerhespen, Rumsdorp, Wanghe, Wezeren. — Fouron-le-Comte, Landen, Overwinden, Houtain-l'Évêque, Wamont et Walsbetz sont bilingues avec prépondérance du flamand; Rosoux-Crenwick et Aubel avec prépondérance du français.

Depuis 1890, on peut dire que l'une et l'autre langue ont gagné du terrain dans cette région ; ainsi le flamand s'est implanté à Racour, naguère entièrement wallon, et l'on y comptait en 1900, 288 Flamands dont 203 Flamands purs (presque tous du sexe féminin) contre 698 Wallons.

Par contre, à Aubel, commune trilingue (wallonne, flamande et allemande), la langue française est aujourd'hui parlée par 2.186 personnes, 1.230 la parlent exclusivement, tandis que les deux idiomes germaniques ne sont compris que par 1.553 individus, dont 380 ne parlent que le flamand, 147 l'allemand et 70 le flamand et l'allemand. En 1890, la proportion était de 2.353 unités pour le français (dont 707 Français purs) et de 2.364 unités pour les dialectes germaniques (dont 640 Flamands purs, 64 Allemands et 14 personnes connaissant le flamand et l'allemand) (1). Le bilinguisme de même a fait des progrès à Overwinden, à Landen et à Walsbetz.

En résumé, cette région dans l'ensemble, paraît avoir fait quelques progrès au point de vue de la langue française.

Dans le Limbourg, la situation de 1890 à 1900 a peu changé.

L'arrondissement de Hasselt contient une commune wallonne, Corswarem et deux communes bilingues,

(1) Le recensement de 1890 comprenait les enfants auxquels on attribuait la langue la plus usitée par les parents, il est probable que l'élément flamand a été majoré à cette époque au préjudice de l'élément allemand, la grande ressemblance des deux idiomes à la frontière linguistique rendant cette confusion possible.

Corthys et Frésin. Dans cette dernière commune, le français a une petite prépondérance, insignifiante il est vrai, puisque la différence entre les deux groupes est de 9 unités (296 dont 39 Wallons contre 287 dont 21 Flamands purs), tandis qu'à Corthys l'élément flamand domine sans conteste.

Dans l'arrondissement de Tongres, il y a six communes wallonnes : Bassenge, Eben-Emael, Lanaye, Otrange, Roclenge-Geer, Wonck, plus une commune où le français est prépondérant, Herstappe et deux communes où le flamand domine : Sluse et Freeren. Cette dernière était autrefois purement flamande. A Herstappe, les bilingues et les Flamands sont en progrès.

Dans les grands centres : Bruxelles et ses faubourgs, Anvers, Gand, le bilinguisme fait des progrès incontestables et les cours populaires organisés par l'Association pour la vulgarisation de la langue française ne feront que les accélérer.

En résumé, la langue française recule dans les arrondissements d'Ypres et de Courtrai. Elle est légèrement menacée dans le Nord du Tournaisis, sa situation reste stationnaire dans le Brabant et le Limbourg et elle a fait un peu de progrès autour d'Aubel (province de Liège). L'observateur superficiel peut seul considérer l'extension du bilinguisme dans les grandes villes et dans la zône frontière comme un progrès pour la langue française ; nous nous sommes expliqués plus haut à ce sujet. De plus, la disparition de l'élément wallon pur dans les communes confinaires amènera la prépondérance du néerlandais, les familles flamandes pouvant faire un moindre usage du français et les autres devant s'accoutumer à parler l'idiome germanique qui, le plus souvent, a pour lui l'appui du clergé, des instituteurs et des groupes les plus agissants. Ajoutons que même le territoire français est entamé par la langue flamande. En effet, si l'on s'en rapporte à l'enquête faite en 1843, par la Commission historique du Nord, sous la direction de V. Derode, Halluin et Wervicq-Sud étaient français à cette épopue ; aujourd'hui ces deux villes sont flandricisées et de nos jours même les progrès du français subissent un temps d'arrêt dans les arrondissements de Dunkerque et d'Hazebrouck. Tandis que les Flamands ont des colonies dans toutes les villes un peu importantes de la Wallonie, les Wallons ne s'épanchent guère dans les Flandres où on ne les trouve que dans les grands centres. La régression du français en Belgique est d'autant plus inquiétante qu'elle coïncide avec un amoindrissement continu des excédents de la natalité sur la mortalité en Wallonie.

Ainsi, abstraction faite du Brabant, province mixte et aux deux tiers flamande, où le taux d'augmentation a été de 14,22 °/₀ de 1890 à 1900, pendant cette même période, l'augmentation de la population dans les quatre provinces flamandes a été de 17,03 pour Anvers, de 9,04 pour la Flandre occidentale, de 8,47 pour la Flandre orientale, de 8,07 pour le Limbourg ; tandis que dans les 4 provinces Wallonnes, elle était de 9 pour le Hainaut, de 9,17 pour Liège, de 3,53 pour le Luxembourg, et de 3,29 pour Namur.

Ces chiffres présentent une majoration considérable en ce qui concerne les provinces flamandes et font craindre que la rupture d'équilibre ne s'accentue de plus en plus à leur profit.

Pour réagir avant qu'il ne soit trop tard contre l'envahissement du parler thiois, des sociétés se sont mises à l'œuvre, notamment dans la province de Liège. Il en existe actuellement trois principales : les ligues Wallonnes du Brabant (Bruxelles), de Liège et de Mons. Deux autres sont en formation à Namur et à Charleroi.

Voici quelques vœux qu'elles ont émis :

1° Révision de la loi de 1883 dans un sens plus favorable aux Wallons.

2° Exiger des magistrats la connaissance du parler wallon des localités où ils sont appelés à siéger.

3° Exiger des traducteurs jurés la connaissance du wallon devant les tribunaux en pays flamand.

4° S'opposer à l'extension de la procédure flamande.

5° Exiger la traduction française de toute pièce administrative en pays flamand.

6° Ne pas exiger le flamand des fonctionnaires qui en pays flamand ne sont pas en rapport avec le public.

7° Exiger qu'un nombre égal d'heures soit affecté dans les écoles primaires en pays flamand à l'enseignement du français et à celui du flamand.

8° A l'Université de Gand et aux écoles spéciales d'enseignement supérieur, les cours doivent se donner en français.

9° La langue française doit rester la langue véhiculaire exclusive.

Malheureusement, quelques-uns de ces vœux dénotent une tendance de représailles à l'égard des Flamingants. Il serait préférable que les ligues wallonnes élaborassent un programme pratique basé sur la décentralisation et applicable surtout à la Wallonie et aux régions mixtes. Mais il ne faut pas se laisser impressionner par ce qu'il y a d'excessif dans les vœux des ligues wallonnes, car le mouvement ne fait que naître et il n'est pas douteux qu'elles en viendront bientôt à des idées plus sages. Rappelons-nous qu'elles se donnent pour principale mission de propager l'amour de la langue maternelle.

Le mouvement wallon n'a rallié à sa cause qu'un petit nombre d'intellectuels et ne jouit pas de l'appui des pouvoirs officiels ; il n'a pas pris racine dans les milieux populaires et paysans, ce qui serait indispensable pour réussir. De plus il faudrait qu'il répudie tout caractère politique. Mais l'insuccès du présent ne permet pas de douter de l'avenir. Le mouvement flamand a débuté dans des conditions analogues et il a réussi.

Il faut espérer que d'autres sociétés pour la défense de la langue française se fonderont dans toutes les villes importantes de la Wallonie et dans les communes mixtes où il importe que l'élément wallon se défende pied à pied. Ce qui compromettrait le succès de la cause, ce serait de lui donner le caractère peu sérieux qui consiste à dénigrer d'une manière systématique tout ce qui est flamand.

Le but doit être d'affermir la langue française dans ses limites actuelles et pour cela il faut lui conserver en Wallonie le caractère de seule langue officielle et de langue des enfants, par conséquent des écoles primaires, les Wallons ayant le droit et le devoir de s'assimiler les colonies de Flamands qui s'installent dans tous les centres industriels de leur pays. Cela ne veut pas dire qu'en Wallonie on doive négliger l'étude des langues étrangères, mais il convient de laisser à l'intéressé le choix de l'idiome le plus utile, et avant tout il doit connaître le français.

Il importe aussi que les Wallons protestent contre cette tendance des pouvoirs publics qui consiste à donner aux villes purement wallonnes deux noms, dont l'un est connu de tous et l'autre, soi-disant néerlandais, d'exhumation récente, est ignoré même des Flamands, ce qui est au moins bizarre.

Exemples : Soignies-Zinik (1) ; Mons-Bergen ; Tournai-Doornijk ; Bastogne-Bastenaaken.

Il est vrai que Charleroi pourtant si facile à traduire, n'a pas encore reçu le baptême flamand; on n'a sans doute pas encore découvert un équivalent convenable dans les vieux documents.

Grâce aux progrès des idées de décentralisation, espérons que l'avenir verra se réaliser bientôt l'idéal encore utopique formulé par Albert Mockel :

La Flandre aux Flamands,
La Wallonie aux Wallons
Et Bruxelles à la Belgique.

---

(1) Nous connaissons un Flamand des environs de Gand qui était allé plusieurs fois à Soignies et qui ignorait le nom de *Zinik*.

[illegible] l'idiome le plus usité, [illegible] avant tout [illegible] connaître le français.

Il importe aussi que les Wallons protestent contre cette tendance des pouvoirs publics qui consiste à donner aux villes [illegible] wallonnes [illegible] noms flamands [illegible] [illegible]

[illegible]

[illegible]

[illegible]

1. [illegible] flamand [illegible] et qui [illegible]

Jean Cannart,

Chancelier de Bourgogne

PAR M. ART. DE CANNART D'HAMALE

Jean CANNART,

Chancelier de Bourgogne

par M. Art. de Cannart d'Hamale

Portant le nom de l'homme d'État dont j'ai l'honneur de vous entretenir, il semble que je fais un plaidoyer *pro domo*. Est-ce une raison pour me taire? Je considère, au contraire, comme un devoir de relever la mémoire d'un premier ministre qui sut faire grand, tout en conservant la paix intérieure et extérieure.

La charge de Chancelier de Bourgogne qu'il ne faut pas confondre avec celle de Chancelier du Duché de Bourgogne fut créée par le Duc de Bourgogne le 15 Mars 1385, plus d'une année après son avènement au Comté de Flandre le 30 Janvier 1384.

Philippe-le-Hardi, devenu par la riche succession de son beau-père le souverain d'États les plus disparates par la langue, les mœurs, l'esprit et les tendances, sentit la nécessité d'organiser un pouvoir central pour le gouvernement général de ses vastes possessions qui s'étendaient de la mer du Nord aux frontières de la Suisse, et le chef de cette nouvelle administration prit le titre de Chancelier de Monseigneur de Bourgogne. L'histoire l'appelle plus simplement le Chancelier de Bourgogne.

C'était un premier Ministre dans toute la force du terme et Nicolas Rolin, Chancelier de Bourgogne sous Philippe-le-Bon, dominait son maître au point que le fondateur du Royaume des Pays-Bas n'osait accorder la moindre faveur sans le consulter.

J'ai constaté avec surprise que les archives de la Belgique ignorent l'existence du haut dignitaire qui fut le chef du gouvernement du premier Comte de Flandre de la maison de Valois. Elles ne possèdent absolument rien sur son compte. Cette absence de documents a fait dire à l'un de nos historiens les plus distingués qu'il est difficile de déterminer le rôle du Chancelier pendant les premiers temps de l'époque bourguignonne.

Le prénom de Jean est le seul renseignement que j'ai trouvé sur le père du Chancelier et un examen attentif ne m'a pas permis de le rattacher aux trois familles homonymes du moyen-âge, desquelles on est parvenu à dresser la généalogie grâce à des circonstances particulières : celle du fondateur de l'hôpital Notre-Dame à Lille, celle du fondateur de l'hôpital Notre-Dame à Mons et celle dont le chef fut le premier Stadhelder connu du Prince-Evêque de Liège au Comté de Looz.

Une généalogie, reposant aux archives communales de Lille, dit que le Chancelier fonda un hôpital hors la porte Morel à Douai et semble le faire descendre de Gilles, nommé Lotard, avant qu'il fut Chevalier, lequel fonda l'hôpital Grimarez. Mais dans l'acte de 1357 conservé aux archives des hospices de Lille qui cite tous les enfants du Seigneur de Grimarez, le prénom de Jean ne figure pas (1).

---

(1) L'archiviste communal de Lille m'a assuré que la manière dont les Cannart de Lille écrivaient parfois leur nom, dénote une origine flamande.

Une autre généalogie trouvée à la bibliothèque nationale de Paris se borne à dire que le père du Chancelier s'appelait Jean et donne au premier Ministre de Philippe-le-Hardi deux sœurs : la cadette, mariée à Edouard Colbert, fut l'aïeule de Jean-Baptiste Colbert, le célèbre ministre de Louis XIV.

L'aînée, d'après une note ajoutée de la main d'Hozier, transmit à sa fille unique Mary, mariée à Guy Lescot, le nom illustré par son frère. Sa descendance se termine par Anne Cauchon, épouse de Jean, Comte de Coligny et par Barbe Cauchon, épouse de Simphorien de Durfort. Leur petit-fils Guy de Durfort eut d'Henriette de la Tour, sœur de Turenne : le maréchal de Duras et la comtesse de Roye. Leur arrière-petit-fils Henri Chabot eut de Marguerite, duchesse de Rohan, dont il releva le nom et le titre : Louis, Duc de Rohan, Anne, Princesse de Soubise et Jeanne, Princesse d'Espinoy.

Cette obscurité sur la naissance de celui qui fut l'auteur de la fortune d'une lignée aussi remarquable et le premier ministre du Souverain le plus influent de l'Europe, ne doit pas étonner. Nicolas Rolin, le plus célèbre des Chanceliers de Bourgogne, n'était-il pas le fils d'un petit bourgeois ? Un chef d'Etat qui veut réussir doit rechercher et mettre à la tête des services publics les plus capables.

Parvenu à une haute situation, le Chancelier eut la curiosité de rechercher d'où il venait. Lui mieux que personne savait comment son nom devait s'écrire correctement, et il a donné une indication précieuse sur son origine en adoptant pour son scel l'orthographe du nom qui n'avait été usitée que dans le Comté de Looz, lorsque tous les actes étaient exclusivement rédigés en latin. Le plus ancien document, en langue romane, où j'ai rencontré cette forme lossaine ou thioise du nom est du 15 Mars 1402, nouveau style. Le fondateur de l'hôpital de Mons est mentionné dans cette pièce avec son frère et ce dernier fait écrire son nom comme le Chancelier, son contemporain, le faisait graver sur son scel.

En rectifiant son nom de cette manière, le Ministre de Philippe-le-Hardi se rattachait à la famille qui possédait au Comté de Looz une terre dont elle portait le nom. Pour que le possesseur de ce fief, qui au moyen-âge n'avait pas rang de seigneurie, se soit trouvé en situation d'occuper le poste élevé de Stadhelder, qui le mettait à la tête de la cour féodale, il faut qu'il ait été bien capable ou fortement épaulé.

Les documents relatifs au Chancelier du premier Comte de Flandre de la Maison de Valois que j'ai trouvés à la bibliothèque nationale à Paris, pièces originelles nº 584, m'ont permis de reconstituer la carrière de ce Ministre.

Au scel qu'il apposa sur ces actes, pour la plupart des quittances, se lit distinctement JEHAN CANNART. Au moyen âge, on n'attachait aucune attention à l'orthographe des noms qui s'écrivaient comme on les prononçait, parfois de différentes manières dans le même document. Dans l'acte que j'ai trouvé à Lille, le nom des fils du seigneur de Grimarez est écrit CANART et celui des filles CANARDE. Le double *n*, conservé dans les actes en flamand, se perdait dans les pays de langue romane, et *t* était remplacé par un *d*. Le nom du possesseur du fief lossain de Cannart est écrit dans les documents de l'époque KANNART, KANNAERT, KANNAERTS, CANNAERT, CANNAERTS et CANNART à son scel. (Collection sillographique du Royaume, à Bruxelles, nºs 9.820 et 15.179), et dans un acte en latin : *domina Jacoba* DE LOS *filia de* HEYNSBERG. . *relevavit a* WILHELMO CANNART, *locumtenente reverendi domini leodiensis tanquam comitis lossensis* (reliefs de la salle de Curange sous l'Évêque Jean de Heinsberg, R. 5, aux archives de l'État à Hasselt) Le scel dans ce cas doit servir à fixer l'orthographe, car il est évident que le premier soin qu'on prend, lorsqu'on fait graver son nom, est de l'écrire correctement.

Ce Guillaume était fils d'ART. CANNART, contemporain du Chancelier et le plus ancien stadhelder connu de l'Évêque de Liège au comté de Looz.

Le gouvernement du nouveau Comte de Flandre, comprenant qu'il fallait s'entourer d'alliés pour maintenir et consolider la nouvelle Puissance qui s'élevait, étendit son action non seulement sur le Lothier, mais encore sur toute l'ancienne Lotharingie. Par sa protection un fils de Hainaut - Hollande - Zélande devint Comte de Looz, comme élu de Liège. Il accorda une pension annuelle au Comte de St-Pol et de Ligny, au Comte de Namur, au Comte de la Marck, Duc de Clèves et au Duc de Lorraine, à charge pour ces Princes de se reconnaître volontaires ou hommes liges de Philippe-le-Hardi. Le Duc de Lorraine qui recevait, en outre, un traitement par jour, lorsqu'il vaquait aux affaires du Duc de Bourgogne, jura de combattre pour lui tous ses ennemis, l'Empereur excepté.

Plusieurs raisons me font encore croire que l'avocat au Parlement de Paris, choisi par le Duc de Bourgogne devenu Comte de Flandre, pour son Chancelier ou premier Ministre était d'origine flamande.

La Flandre, relevant de la Couronne, les causes flamandes se jugeaient en dernier ressort au Parlement de Paris et quelques avocats de cette cour devaient nécessairement connaître le flamand.

Les insurgés ne voulaient employer que le flamand. Van Artevelde, au moment de combattre à Rosebeke, défendit de faire des prisonniers. « *Le roi seul*, disait-il, *peut avoir la vie sauve ; il ne sait encore ce qu'il fait et nous le conduirons avec honneur à Gand. Là nous l'habituerons à la langue et aux manières flamandes* ». La correspondance entre la Cour de Paris et les révoltés gantois se faisait en flamand. Le sauf conduit, délivré aux délégués des villes rebelles pour se rendre au

Congrès de Tournay, fut même rédigé en cette langue. Les débats à la conférence de Tournay ont dû se faire en partie en flamand et il est plus que probable que le Chancelier envoyé à cette assemblée par le Duc pour y défendre ses intérêts, parlait l'idiome du Peuple qu'il réussit à pacifier d'une manière durable.

Les Flamands satisfaits d'avoir obtenu le pardon du passé et la reconnaissance de tous leurs privilèges, renoncèrent à l'alliance anglaise et jurèrent au Prince français fidélité éternelle.

Le Duc, l'année qui suivit sa réconciliation avec ses nouveaux sujets, fut si content de ses résultats qu'il récompensa son chancelier « *qui avait eu la meilleure part à la conclusion de la Paix* » (1). Depuis lors « *la Flandre fut gouvernée avec beaucoup de prudence et sans donner occasion à aucun trouble* » (1).

---

(1) Histoire de la Bourgogne par Plancher.

L'importance de l'homme d'Etat dont je cherche à faire revivre la mémoire, ressort des hautes fonctions qu'il occupa ; il fut Avocat au Parlement de Paris, Conseiller du Roi, Vidame de Reims, Chancelier de Monseigneur de Bourgogne, Evêque d'Arras, Prévôt de St-Donat à Bruges, poste dont le titulaire était de droit Grand Chancelier de Flandre.

Le règlement du Congrès qui a limité à 20 minutes la durée de toute communication, ne m'a pas laissé le temps de m'étendre sur le sujet, autrement j'aurais prouvé que le Prélat qui ouvrit magistralement la liste des hauts dignitaires que l'histoire a appelés « *Chanceliers de Bourgogne* », fut, en sa triple qualité de Conseiller du Roi, d'Evêque d'Arras, de Premier Ministre et Principal Conseiller de Philippe-le-Hardi, Duc de Bourgogne, Comte de Flandre et Régent de France, activement mêlé à toutes les affaires politiques et religieuses importantes de son temps.

LE CLERGÉ

ET

L'APPLICATION DE LA CONSTITUTION CIVILE

DANS LE DÉPARTEMENT DU NORD

(1789-1792)

PAR

M. C. RICHARD

Etudiant d'agrégation d'histoire à l'Université de Lille

LE CLERGÉ

ET

L'APPLICATION DE LA CONSTITUTION CIVILE

DANS LE DÉPARTEMENT DU NORD

(1789-1792)

PAR

M. C. RICHARD

Etudiant d'agrégation d'histoire à l'Université de Lille

Le département du Nord, en 1789, faisait partie, avec l'Artois et la Flandre autrichienne, d'une vaste région catholique, reconquise sur la Réforme, et encore imprégnée de dévotion espagnole. Les monastères y étaient nombreux, le clergé séculier riche et puissant. Or, l'Assemblée Constituante supprima les monastères, réforma le clergé séculier. Comment ces innovations furent-elles accueillies dans le département du Nord ?

Clergé régulier

D'une manière générale, les Constituants n'admettaient pas d'intermédiaires entre l'Etat tout puissant et l'individu libre. Ils considéraient de plus les ordres religieux comme des corps antisociaux, extérieurs à la nation, établis sur des principes opposés aux droits de l'homme, aux idées de liberté et d'égalité. Ils refusaient donc de reconnaître à l'avenir les vœux perpétuels, mais permirent à ceux qui les avaient prononcés de s'y conformer ; les religieux recevraient une pension et choisiraient la vie privée ou la vie commune dans des maisons de retraite désignées par décret.

Or le département du Nord comptait, en 1790, 86 maisons avec un effectif de 1.360 religieux, groupées surtout dans sa partie riche et peuplée (1) :

District	de	Lille	18	maisons	267	religieux
»	»	Valenciennes	16	»	261	»
»	»	Douai	14	»	249	»
»	»	Cambrai	11	»	182	»
»	»	Hazebrouck	10	»	128	»
»	»	Avesnes	7	»	119	»
»	»	Bergues	6	»	113	»
»	»	Le Quesnoy	4	»	41	»

Ces chiffres, pourtant considérables, ne donnent qu'une idée affaiblie de l'importance passée des monastères. En 1768, la Commission des Réguliers avait entrepris un travail de réorganisation qui prélude en un certain sens à l'œuvre du Comité ecclésiastique. Elle avait, elle aussi, dressé des statistiques (2), et il nous est possible d'établir pour 81 maisons (sur 86) une concor-

(1) Archives nationales : F. 19, 455-456 : Etat des maisons envoyé au Comité ecclésiastique par le Directoire du département.

(2) Peigné Delacourt, puis Lecestre, ont publié ces statistiques.

dance entre les chiffres de 1768 et ceux de 1790 : 10 maisons sont restées stationnaires, 11 sont en augmentation, 60 en diminution. L'ensemble donne un déficit de 413 religieux, soit presque un quart de l'effectif.

La Constituante, le jour où elle supprimait les ordres religieux, frappait donc une institution en décadence. Elle maintenait la tradition royale. De tout temps, les fonctionnaires du roi et ses parlements avaient lutté contre l'accroissement des biens de mainmorte et d'une population parasite, onéreuse et inutile à l'Etat : la Commission de 1768 marque une étape dans cette politique de précautions et de limitation. En 1768, on réforme; en 1790, on supprime.

Dans le Nord, presque tous les religieux restèrent fidèles à leurs vœux et optèrent pour la vie commune : 7 sur 9 au couvent de Nordpeene, 34 sur 34 à l'abbaye d'Anchin. Tout au plus y eut-il dans quelques abbayes, à Château-les-Mortagne, à Saint-Aubert de Cambrai, à la Chartreuse de Valenciennes, une certaine fermentation. Le Directoire du département et le Comité ecclésiastique durent intervenir pour défendre la discipline compromise.

Mais la plupart des religieux restaient sous la condition expresse de n'être pas transférés dans une maison de retraite, ni réunis à des religieux d'autres monastères, voire même d'autres ordres. Il fallut pourtant exécuter le décret, qui était formel, et les administrateurs s'y appliquèrent avec empressement. En effet, une population nombreuse, famélique, surexcitée, se pressait dans les villes ; les maisons qu'on y supprimerait, serviraient de manufactures et trouveraient aisément des acquéreurs. On espérait surtout que beaucoup de religieux refuseraient de se rendre dans les maisons de retraite désignées et fourniraient au clergé constitutionnel quelques recrues. Le Directoire écrivait à Merlin pour hâter la décision de l'Assemblée : « Il nous faut des vicaires citoyens et des manufactures ».

Le décret du 23 Mai 1791 fixe à 22 le nombre des maisons de retraite dans le département du Nord. Cette fois, les religieux, qui en 1790 avaient refusé de rompre leurs vœux, se retirèrent en masse.

Le 21 Juin 1791, le procureur syndic du district d'Avesnes écrivait au procureur général syndic : « Je puis maintenant vous assurer qu'à l'exception des Carmes de Trélon et des Récollets de Barbançon, nul religieux du district ne mènera la vie religieuse ». Or le district d'Avesnes comptait, en 1790, 7 maisons et 119 religieux.

Peu à peu, les monastères se vidèrent ; on dut même supprimer des maisons de retraite devenues inutiles : celle d'Honnecourt (arrêté du 8 Août 1791), celles de Vicogne et d'Estaires (1792).

Les moines, de retour à la vie privée, ou bien se taisent, ou bien participent à la lutte religieuse ; la plupart s'unissent aux prêtres dépossédés pour fomenter l'agitation réfractaire ; d'autres, moins nombreux, mais non moins ardents, deviennent les soutiens du clergé constitutionnel.

Clergé séculier

Avant la Constitution civile, en 1789, ce qui forme aujourd'hui le département du Nord ne constituait pas une unité politique, encore moins une unité ecclésiastique. Cinq diocèses : Arras, Cambrai, St-Omer, Tournai, Ypres se le partageaient.

Deux s'étendaient entièrement en France : celui de Saint-Omer dans les départements actuels du Nord (pour quelques communes seulement) et surtout du Pas-de-Calais ; celui d'Arras dans les départements du Nord (région de Douai) et du Pas-de-Calais.

Trois s'étendaient de part et d'autre de la frontière : le diocèse de Cambrai avait son siège en France et comprenait à peu près nos arrondissements de Cambrai, Valenciennes et Avesnes, plus une portion du Hainaut autrichien.

Par contre, les diocèses d'Ypres et de Tournai avaient leur siège en pays étranger, mais englobaient : le premier, la région de Dunkerque et d'Hazebrouck, le second la région de Lille.

Ainsi les limites ecclésiastiques ne coïncidaient ni avec les divisions administratives du royaume ni même avec ses frontières. La Révolution survint, éprise d'unité et d'uniformité : elle poursuivait l'œuvre de centralisation ébauchée par la monarchie et s'attaquait aux derniers vestiges du système féodal. La double élection des évêques d'Ypres et de Tournai fournit aux sentiments nationaux et unitaires des hommes de 1789 une occasion de s'affirmer avec éclat. Sur un rapport de Merlin de Douai, l'Assemblée, après une discussion commencée le matin du 14 Juillet, interrompue par la prise de la Bastille, et continuée le 20 Juillet, prononça par 408 voix contre 288 l'exclusion des deux évêques.

L'année suivante, la Constituante ordonnait la dissolution des chapitres comme elle avait ordonné celle des ordres religieux. Elle décidait que chaque département ne constituerait qu'un diocèse, et que l'évêque de Cambrai aurait autorité sur tout le département du Nord. De graves difficultés surgirent aussitôt.

I. — *Les chapitres*

A Cambrai, le chapitre de l'église cathédrale protesta, mais se soumit. La foule assemblée gronda ; une partie de la garde nationale, composée d'ouvriers qui travaillaient pour le chapitre, fit défection. Les commissaires chargés d'apposer les scellés, se virent menacés, maltraités et durent se retirer. L'affaire en soi n'avait pas grande importance. Mais elle témoignait d'un état d'esprit dangereux, de l'inquiétude des consciences et des intérêts. « Dans une ville de 18.000 âmes, disait le rapport de Merlin à l'Assemblée, 300 mauvais citoyens ne sont pas dangereux. Mais ce qui n'est aujourd'hui qu'une étincelle pourrait bien exciter un grand incendie. Le département du Nord est voisin d'un pays fanatique, de la Flandre autrichienne et du Brabant ». L'Assemblée, entraînée par l'éloquence de l'abbé de la Salcette et de l'abbé Gouttes, ordonna des poursuites contre les auteurs des troubles passés et à venir. Désormais les inventaires se poursuivirent sans incidents sérieux.

II. — *Les évêques*

La Constitution civile avait pour but de fonder un clergé national, fidèle aux lois et indépendant du pape. Or les prélats se refusaient à y obéir. L'évêque d'Ypres déclarait qu'il conserverait sa juridiction sur une portion du département : « Je dois l'y exercer, dût la religion catholique en être proscrite ». L'évêque de Tournai suivait cet exemple.

L'archevêque de Cambrai lui-même, malgré les instances du procureur général syndic, gardait un silence obstiné, et ses vicaires généraux refusaient d'étendre leur juridiction sur tout le département.

La Constitution civile, dans ces conditions, restait inapplicable. L'Assemblée nationale, sollicitée par les administrateurs du Nord et d'autres départements rendit le 27 Novembre 1790 le décret sur le serment, sanctionné le 26 Décembre. Les prêtres durent ainsi se prononcer nettement pour ou contre la Constitution civile.

Sauf dans le district d'Avesnes, les 4/5 des prêtres refusèrent le serment pur et simple, malgré les lettres passionnées où Merlin de Douai faisait l'apologie de la Constitution civile. L'archevêque de Cambrai, fidèle à sa politique de silence, laissa s'écouler les délais prescrits sans donner signe de vie. Il fallut donc élire un nouvel évêque et pourvoir à la plupart des cures.

III. — *Les élections*

1. — Élection d'un évêque

L'assemblée électorale convoquée d'abord à Douai pour le 20 Mars dut, à la suite de l'émeute qui ensanglanta la ville les 16 et 17 Mars, être transférée à Lille. Les opérations durèrent trois jours (27. 28, 29 Mars 1791). Nombreux furent les candidats sur lesquels s'éparpillèrent les voix : les évêques dépossédés de Cambrai et d'Arras (Ferdinand de Rohan, Louis de Conzié), des curés réfractaires (Dupont, de Tourcoing) obtinrent quelques suffrages. Mais la plupart des suffrages allèrent aux curés patriotes, à deux surtout, affiliés aux jacobins : Nolf, curé de Saint-Pierre de Lille, et Primat, curé de Saint-Jacques de Douai. Au troisième tour de scrutin, Primat l'emporta (1) par 342 suffrages contre 300 à Nolf, sur 706 votants.

Le nouvel évêque, consacré à Paris, adressa aussitôt à son diocèse une lettre pastorale empreinte de douceur chrétienne et de foi révolutionnaire (11 Avril 1791), où il définissait la tâche qui devait être la sienne : « Maintenir le patriotisme et la piété. »

II. — Élection des curés

Sauf dans les districts de Douai, Cambrai et Bergues, les élections n'eurent lieu qu'après Pâques. La difficulté était grande de trouver en nombre suffisant des sujets dignes des fonctions pastorales : 53 à Douai, 41 à Lille, plus de 50 à Hazebrouck, etc. Le registre des opérations électorales de Douai (2) permet de se faire une idée du recrutement du clergé constitutionnel et des obstacles sans cesse renaissants qui retardent son établissement. Les électeurs de Douai choisirent les curés des paroisses supprimées, des curés de campagne, des vicaires, des

(1) Le procès-verbal de l'élection existe aux Archives nationales, F. 19, 455-456.

(2) Archives départementales : Série L, 341 (District de Douai.)

aumôniers de régiment, enfin et surtout des religieux, sortis de leurs couvents conformément aux décrets de l'Assemblée constituante. On prend ces candidats non pas seulement dans le district, non pas seulement dans le département, dans les districts de Lille et surtout d'Avesnes où la proportion des assermentés était relativement considérable, mais dans les départements voisins, dans le Pas-de-Calais, à Paris, par exemple : deux vicaires de Saint-Jacques du Haut-Pas, le prieur des Feuillants de la rue Saint-Honoré, etc.

IV. — *Le Schisme*

Deux clergés se trouvaient en présence : l'un fidèle aux lois, l'autre contraire à la constitution et de plus en plus hostile à une révolution qui blessait les intérêts de quelques-uns et la conscience de la plupart. Quelle fut vis-à-vis de ces deux clergés l'attitude des pouvoirs constitués, des administrateurs du département et des districts ? Leurs sympathies et leur protection allaient naturellement aux constitutionnels ; leur défiance envers les réfractaires fit bientôt place à l'animosité : hommes d'ordre, ils supportaient difficilement les fauteurs de troubles.

Or les troubles ne discontinuaient pas ; à Bailleul, à Féchain, à Lille, à Trith-Saint-Léger, à Haspres, à Berlaimont, etc., les nouveaux curés se voyaient menacés par leurs ouailles que fanatisaient prêtres et moines réfractaires, souvent encouragés par les officiers municipaux.

Aussi le Directoire du département fut-il bientôt contraint à une politique de surveillance, puis de rigueur.

Le 9 Juin, il faisait appel à la tolérance réciproque, « ... La liberté des opinions religieuses est une des bases de notre constitution. Le libre exercice de tous les cultes est un des dons les plus précieux qu'elle nous ait offerts. Tous les citoyens doivent jouir de la liberté de conscience et ils doivent pouvoir suivre, dans la pratique, les principes de la religion qu'ils professent. Si la loi contient des dispositions contre les fonctionnaires publics non assermentés, elle ne gêne point leurs opinions ; elle leur laisse, à cet égard, la plus grande liberté ; et elle ne permet pas que, dans aucun cas, on leur en fasse un crime, dès que la manifestation de leurs principes ne trouble point l'ordre public... »

Le Directoire du Nord adoptait donc les principes du Directoire de Paris (arrêté du 11 Avril 1791) confirmés par l'Assemblée constituante (décret du 7 Mai). Mais les esprits n'avaient ni l'expérience, ni le goût de la séparation des Eglises et de l'Etat ; encore moins avaient-ils les habitudes de tolérance qui seules peuvent la faire vivre.

Dès le 17 Juin, le Directoire sous la pression des circonstances, reniait en partie ses déclarations : « *Dans la plupart des Municipalités* du département, écrivait-il au Ministre de la Justice et au Comité des rapports, les ci-devant curés et vicaires non assermentés emploient toutes espèces de manœuvres et de menées sourdes pour jeter le trouble dans les paroisses, exciter les habitants à ne pas reconnaître les nouveaux pasteurs, à ne pas assister à leurs messes, à ne pas recevoir d'eux les sacrements... » et il concluait en craignant que l'ordre ne pût se rétablir que si l'on obligeait les insermentés à s'éloigner au moins à 5 lieues de leurs paroisses.

Le 24 Juin, dans la session extraordinaire provoquée

par l' « enlèvement du roi », le Conseil général ordonna la fermeture immédiate des églises, des couvents d'hommes et de femmes, car les réfractaires s'y assemblaient, désertant les églises paroissiales et donnant ainsi une forme matérielle à l'idée de schisme.

Le 29 Juillet, le Directoire par 4 voix contre 2 délibéra de solliciter un décret enjoignant aux insermentés de s'éloigner à au moins dix lieues de leur domicile. Les commissaires que l'Assemblée constituante avaient envoyés dans le département appuyèrent cette demande : rien ne fut fait.

Le Directoire se résigna : au lieu de demander des mesures de rigueur, il agit. Il rendit le 3 Août un arrêté partiel ordonnant aux prêtres réfractaires qui troublaient le Cateau de s'éloigner à 6 lieues dans un délai de 3 jours.

Il se piquait pourtant de libéralisme ; mais, pris entre des réfractaires séditieux et des constitutionnels intolérants, il hésitait, soucieux d'assurer le respect des lois sans blesser la justice : deux arrêtés du 1er et du 2 Septembre, proclamaient une fois de plus les principes de liberté développés dans l'arrêté du 9 Juin. L'idée maîtresse du Directoire semble avoir été d'assurer la tranquillité publique : la liberté lui parut un moyen d'enrayer le mal ; il l'essaya loyalement. À deux reprises, il échoua, et dut revenir aux mesures de rigueur.

L'arrêté du 31 Octobre 1791, puis celui du 10 Décembre, réglementèrent la liberté des cultes, c'est-à-dire la restreignirent, en imposant des formalités, en fixant l'heure des offices, en surveillant étroitement les moines des maisons de retraite.

L'arrêté du 10 Décembre qui ne voulait pas persécuter, mais seulement prévenir des manœuvres réelles et des excès possibles, souleva un concert de protestations : de Bergues, de Cassel, de Lille, de Condé, on réclama au roi l'annulation de l'arrêté. Le Directoire tint bon, refusa d'obéir. La chute du ministère feuillant, l'avènement des Girondins dispensèrent le département du Nord de céder aux mises en demeure de Cahier Gerville qui voulait le contraindre à retirer l'arrêté. Précisément les circonstances s'aggravaient : les troubles continuaient, les réfractaires bravaient les autorités. Enfin la guerre éclatait (20 Avril 1792). Les administrateurs ne se souciaient guère d'avoir à faire face à une invasion combinée avec des séditions intestines. Et puis, le sentiment patriotique n'allait-il pas provoquer des représailles contre l'ennemi de l'intérieur ? Un incident acheva de fixer les résolutions hésitantes. A Lille, l'ancien curé de La Madeleine, Saladin, connu par son refus de serment et ses attaques violentes contre la Constitution civile, fut massacré par la populace et pendu à la lanterne.

Le 30 Avril 1792, un arrêté ordonna que dans les 24 heures les prêtres hors de fonctions seraient tenus de se rendre à Cambrai pour y être internés, — qu'à défaut d'obéissance, ils y seraient conduits « à leurs frais, sous bonne et sûre garde ». A Cambrai, ils déclareraient leur domicile, se présenteraient chaque jour à un appel, et ne pourraient ni changer de demeure, ni sortir des murs sans permission écrite de la Municipalité visée par le district. Cette fois, il y avait violation évidente de la liberté individuelle, mais violation commandée par une situation sans issue : par l'état de guerre extérieure, par les prodromes de la guerre civile. Beaucoup de prêtres, surtout dans la Flandre maritime, préférèrent se soustraire aux rigueurs administratives et aux vengeances populaires ; ils se cachèrent ou franchirent la frontière. Un petit nombre seulement se rendit à Cambrai et l'état que le district envoya au département le 1er Août 1792 ne porte que 108 noms. Les troubles avaient cessé, et le 27 Juillet 1792, satisfait de ces résultats, le Conseil général avait approuvé l'arrêté du Directoire à l'unanimité de 17 votants ; les directeurs s'étaient abstenus.

taire aux autorités administratives et aux [illegible] populations. Ils se cachent ou franchissent la frontière. Un petit nombre seulement se soumit. Cependant l'état que le district envoya au département le 1er Août 1792 ne porte que 206 noms. Les troubles avaient cessé, et le 27 Juillet 1792, satisfait de ces résultats, le Conseil général avait approuvé l'arrêté du Directoire [illegible] [illegible].

LA DOT AGRAIRE COMMUNALE

à Fort-Mardyck et à Beuvraignes

PAR

LE DOCTEUR G. LANCRY

Ancien Interne des Hôpitaux de Paris

Archiviste de la Société Dunkerquoise

LA DOT AGRAIRE COMMUNALE

à Fort-Mardyck et à Beuvraignes

PAR

LE DOCTEUR G. LANCRY

Ancien Interne des Hôpitaux de Paris, Archiviste de la Société Dunkerquoise

---

MESSIEURS,

Nous vous prions d'agréer nos excuses de nous être fait inscrire seulement aujourd'hui pour la communication que nous avons l'honneur de vous soumettre. Le document, à notre avis très précieux, qui fait l'objet de cette communication ne nous appartenait plus. Nous l'avions donné à un de nos amis, interne des hôpitaux de Lille, pour en faire la base d'une thèse de doctorat en médecine qui doit se soutenir incessamment sur la crise de la race française : « La Dot agraire communale ». Or c'est ce matin seulement que nous avons reçu avis du Docteur André Guérillon, que le travail qu'il prépare n'est pas encore publié et qu'il se tiendra très heureux et très honoré si le Congrès des Sciences Historiques de Dunkerque veut bien accepter et la primeur de son titre : « La Dot agraire communale » et l'exhumation du règlement des biens communaux de Beuvraignes, enseveli depuis 1809 dans les archives d'une petite commune de Picardie.

Il est aux environs de Dunkerque, sur la côte à cinq kilomètres à l'ouest, u .e commune des plus curieuses et des plus intéressantes : la commune de Fort-Mardyck.

Ce qui fait de Fort-Mardyck une commune du plus haut intérêt, disions-nous dans une communication récente à la Société Dunkerquoise, c'est qu'elle est une colonie à l'intérieur, une colonie portant le cachet du génie de Colbert, une colonie qui s'est maintenue et a prospéré à travers toutes les épreuves et toutes les révolutions de ces derniers siècles, une colonie qu'il suffirait de reproduire, soit dans les plaines désertes de la métropole pour combattre efficacement la dépopulation, soit dans nos possessions coloniales pour y assurer la prépondérance française.

Nous ne retiendrons de cette commune que le fait d'une dot agraire communale de XXIV ares environ, qui est donnée à tout jeune couple qui s'établit dans la commune, dot agraire que nous avons depuis retrouvée admirablement codifiée et déterminée dans une commune de l'arrondissement de Montdidier, à Beuvraignes en Picardie.

Je vous demande la permission, pour piquer votre curiosité scientifique et vous donner le désir de connaître Fort-Mardyck, de vous lire quelques très courts passages d'une notice historique qui a été faite en 1890 par un docteur en médecine qui a pris comme sujet de thèse de doctorat : « La Commune de Fort-Mardyck » :

« Une idée civilisatrice jaillit un jour du cerveau de Louis XIV, au milieu de ses mille et une préoccupations de conquêtes, de batailles, de blocus, de sièges et de fêtes.

« Le souvenir de Mardyck n'était pas sorti de sa mémoire (allusion à deux séjours de Louis XIV à Mardyck en 1658 et en 1662), et le Grand Roi ordonna spontanément à un de ses ministres, de faire un appel à ses sujets pour former une colonie de marins dans la Flandre maritime.

« Il indiqua alors du doigt, sur la carte, le lieu qu'il avait choisi.

« Ce lieu était Mardyck, le sol qu'avait occupé le célèbre *fort* où ses armes avaient été victorieuses.

« Le but du roi n'était pas uniquement de peupler une partie de son royaume, mais de trouver là, sous sa main, en toute occasion, une pépinière de marins dont il comprenait toute l'utilité.

« Le projet eut un plein succès, et quatre familles de la Picardie vinrent s'offrir au ministre de la marine. Ces familles étaient de Cucq, village situé à trois lieues ouest de Montreuil-sur-Mer dans le Pas-de-Calais.

« Le gouvernement leur accorda les frais de route en 1670. Ils arrivèrent à Mardyck, où on leur fit construire des maisonnettes en torchis et chaume, qui avaient chacune leur jardinet. On leur paya en outre les frais d'installation ; ils eurent, de plus, la faculté de défricher et d'exploiter ce qu'ils pouvaient, des terres sablonneuses contiguës à leurs habitations.

« Les noms de ces familles étaient : *Bénard*, *Everard*, *Zoonekindt* et *Godin*.

« C'était une chose étrange que cette colonie de gens ne parlant que le français, venant s'implanter au centre d'un pays flamand; car, en 1670, la langue française était très peu en usage à Mardyck et à Dunkerque, elle était même inconnue à Grande-Synthe et à Petite-Synthe.

« Telle fut l'origine du hameau des Matelots-Pêcheurs du Fort de Mardyck ».

C'est en ces termes que le très consciencieux auteur de l'*Histoire de Mardyck et de la Flandre maritime*, Raymond de Bertrand, à qui nous empruntons du reste, pour cette notice, les renseignements purement historiques, après avoir vérifié les plus importants, raconte l'origine de la population qui nous occupe.

Il nous apprend que les quatre familles susnommées formaient un total d'environ trente personnes.

Ce groupe minuscule ne faillit pas à sa mission, et pour répondre aux espérances royales, non moins que pour satisfaire à la loi génésiaque, il se hâta de croître et de multiplier.

En 1677, soit sept ans après son émigration, la petite colonie compte déjà 30 familles. Il y a là une progression évidemment impossible, si l'on n'admet pas que les premiers colons en ont appelé d'autres, soit du pays d'origine, soit même des environs.

La pêche du poisson frais constituait l'occupation à peu près exclusive de la population mâle en temps de paix. Malheureusement, les périodes de paix sous Louis XIV n'étaient guère longues.

Vinrent les grandes guerres maritimes contre l'Angleterre ; la vaillante petite colonie fournit aux corsaires Dunkerquois, aux escadres de Jean-Bart, des marins intrépides, mais non sans ressentir elle-même les effets de cette dépense en hommes.

Vers la fin du règne, lors de la création du port de Mardyck qui devait, dans la pensée de Louis XIV, remplacer celui de Dunkerque comblé à la suite des stipulations du traité d'Utrecht (1713), elle prend un nouvel essor ; mais, sur les injonctions des Anglais, le port dut bientôt être comblé, et les écluses, ces superbes écluses qui avaient excité l'admiration de Pierre-le-Grand, démolies.

Les matelots-pêcheurs n'en continuent pas moins leur industrie, et deviennent les pourvoyeurs en poisson des marchés du pays.

La recrutement de 1729 accuse 102 individus pour la partie du hameau qui dépendait de Petite-Synthe.

On y trouve des noms nouveaux tels que les Maquet, les Turbau (aujourd'hui Turbot), les Bouchard, etc..., noms essentiellement français, comme on le voit ; noms qui existent encore dans les environs de Berck-sur-Mer et qui prouvent que les premiers colons émigrés avaient été suivis d'autres colons venant eux aussi des confins de la Picardie.

En 1736 la portion du hameau qui dépendait de Petite-Synthe comptait 138 individus, et « estimant à ce chiffre le quartier qui dépendait de Grande-Synthe, dit Raymond de Bertrand, on voit que la communauté devait contenir au moins 276 âmes ».

En 1742, elle fournit 62 hommes au bataillon des milices destinées à la garde des côtes de la mer, depuis Gravelines jusqu'aux frontières belges. Ce chiffre semble témoigner à cette époque d'une véritable prospérité.

Il ne dut point toujours en être ainsi, car en 1745, la misère est si grande au hameau des Matelots-Pêcheurs, les enfants sans proches parents y sont si nombreux, que ces pauvres gens se décident à présenter une demande pour être secourus par les communes dont ils dépendent. Celles-ci s'y refusent en déclarant que « la demande en question était atroce et injuste, exorbitante et inouïe..., les habitants de Fort-Mardyck formant une colonie qui était venue s'établir dans les dunes pour y faire la pêche, et *s'y tenant du reste indépendants des autres habitants du pays* ».

Les Matelots-Pêcheurs se le tiennent pour dit.

En 1773, un acte authentique rédigé en Conseil des ministres, reconnaît à ces braves gens des droits qui jusqu'alors reposaient sur la seule parole royale ; ce qui ne les empêchait pas du reste de se trouver, à quelque temps de là, en butte aux tracasseries et aux injustices de plusieurs grands seigneurs du pays, le Comte de la Morlière, le Vicomte de Gand. Ceux-ci avaient obtenu du roi la concession des *relais* de mer, à charge de respecter les droits des Matelots-Pêcheurs, ce qu'ils ne firent point. Comme nos braves colons n'étaient point d'humeur à rien céder de droits acquis et solennellement reconnus, ils réclamèrent énergiquement, décidés à abandonner le pays et à émigrer en Hollande, si on ne leur donnait point satisfaction.

Le roi Louis XV, à qui ils avaient transmis leur requête, n'eut garde de se priver des services de ces marins d'élite, et leur fit rendre pleine et entière justice.

Cette période est peut-être la plus pénible de celles qu'ait traversées la communauté mardyckoise. « La pêche du poisson frais tomba tout à coup ; plusieurs familles quittèrent la concession où il ne leur était plus possible de gagner leur vie », à ce point qu'en 1785, la population était tombée à 200 individus, de 276 qu'elle pouvait compter en 1736.

Nonobstant toutes ces traverses, Fort-Mardyck est érigé en commune en 1791. Disons tout de suite qu'en 1800 ce titre lui est enlevé. On le rattache alors à Mardyck ; ce n'est que bien plus tard, en 1867, que Fort-Mardyck recouvrera son autonomie communale.

Voici dans ce siècle quelques recensements de la population de Fort-Mardyck :

En 1836 —	87 maisons —	97 ménages —	459	habitants
En 1841 —	91 —	96 —	432	—
En 1846 —	113 —	111 —	558	—
En 1851 —	128 —	120 —	615	—
En 1886 —			1.481	—

L'*Histoire de Mardyck*, par Raymond de Bertrand, s'arrête en 1852. Depuis cette époque, le hameau des Matelots-Pêcheurs n'a fait que grandir et prospérer, de cette prospérité sur laquelle peuvent compter les races saines et fortes qui acceptent dans toute sa plénitude la loi du travail ».

Aujourd'hui, le voyageur qui, l'été, suit à pied la route de Dunkerque au Grand-Mardyck, découvre sur sa droite, après avoir marché quelques kilomètres, un village du plus riant aspect.

C'est à l'écart de la route, entre celle-ci et la mer, comme un semis de pignons blancs, blancs d'une blancheur éblouissante, qui émergent d'une plaine de verdure.

J'ai nommé Fort-Mardyck.

La première impression est des plus favorables à ceux qui l'habitent. Si l'on se détourne de la grand'route, et qu'on entre dans ce village, cette première impression ne fait que s'accentuer. On marche entre des maisonnettes d'une exquise propreté, éparpillées dans le plus gracieux pêle-mêle, entourées chacune d'un jardinet clôturé de haies vives sur lesquelles sèchent çà et là des filets de pêche.

Point de chemins tracés d'avance. A part deux routes dont l'une sert d'entrée au village et gagne directement la mer, et dont l'autre croisant la première à angle droit, facilite l'accès de l'église et de l'école des garçons, ce ne sont que larges sentiers sablonneux courant entre les habitations, se coupant dans tous les sens, déterminés qu'ils sont par la simple juxtaposition des clôtures verdoyantes.

Sans pousser plus loin cette description, disons tout de suite quelques mots des habitants et du régime sous lequel ils vivent.

Nous le savons d'ores et déjà ; c'est une population de marins. Sur 400 à 450 hommes environ (je ne dis point tous adultes, car on va de bonne heure à la mer à Fort-Mardyck, le plus souvent après la première communion), la grande majorité s'en va, chaque année, pêcher la morue à Islande ; les autres naviguent au cabotage ou au long-cours.

Les femmes, en toute saison, vont à la pêche à la crevette, le corps dans l'eau jusqu'à la ceinture. A certains jours de la semaine, elles portent au marché de Dunkerque, dans de lourdes hottes qui les courbent en deux, le produit de cette pêche et celui de leurs jardinets ; et ces rudes travaux ne les empêchent pas d'allaiter leurs nouveaux-nés et de veiller à l'entretien de familles souvent nombreuses. — Quelle leçon pour bien des mères françaises !

Grâce à un travail opiniâtre, à une santé qui semble défier la maladie, les Fort-Mardyckois connaîtraient peut-être une aisance relative, si les accidents de mer ne venaient trop souvent ravir quelques chefs à leurs familles, et plonger celles-ci dans une situation *voisine* de la pauvreté.

J'ai dit voisine et souligné ce mot. C'est qu'en effet, un Fort-Mardyckois n'est jamais pauvre au sens absolu du terme.

On a vu plus haut que des terres avaient été concédées par Louis XIV aux Matelots-Pêcheurs.

Cette concession de 125 hectares environ, d'abord purement verbale, reconnue ensuite par acte authentique, ils en jouissent toujours, bien que, dans le cours des temps, les terrains en question aient été rognés, çà et là, par les communes environnantes.

Or, à tout nouveau couple qui s'établit à Fort-Mardyck dans certainvs conditions déterminées, à savoir : à condition que l'un des conjoints soit né dans la commune, et que le mari soit marin *classé* (inscrit au registre de l'inscription maritime), la commune concède deux quartiers de terre, soit 22 ares, à titre d'usufruit, plus une place déterminée à la côte pour la pêche au filet.

Ce lopin de terre, sur lequel les nouveaux mariés bâtiront le plus souvent leur maisonnette, est exploité par eux à leur gré, sans aucune redevance ; ils peuvent selon leur convenance, le louer à quelque voisin, mais non pas le vendre ; ainsi que nous l'avons dit, ils n'en ont que l'usufruit et non la propriété.

Et voilà la raison de tous ces jardinets qui font de Fort-Mardyck un oasis, et qui, en même temps qu'ils donnent au village un aspect riant, offrent aux familles qui les cultivent de si précieuses ressources quand une catastrophe vient les frapper.

Ce n'est pas tout. Ce qui reste des terres de la concession, c'est-à-dire une assez grande étendue de terrain n'est pas, on le conçoit, directement exploité par cette population qui vit de la mer. Ils ont loué ces terres, et le revenu (5.000 fr. environ) qui était autrefois réparti entre toutes les familles du village, est aujourd'hui versé entre les mains d'un percepteur à Dunkerque, et directement affecté, au gré du Couseil municipal de Fort-Mardyck, aux besoins de la commune. C'est sur ce revenu qu'on prélève notamment une somme assez considérable pour venir en aide aux familles nécessiteuses du pays, lesquelles sont presque toujours des familles de sinistrés.

En somme, la commune ne reçoit pas un sou de l'État et ne lui demande rien ; petite république d'une autonomie aussi complète que le comporte notre régime politique ; sorte de phalanstère n'ayant rien des vices du premier, où l'initiative et la responsabilité individuelles ne sont pas annihilées mais développées et agrandies, où les principes religieux sont en honneur et rendent aisée la pratique des vertus sociales.

Nous prions le lecteur de ne point voir là un éloge banal échappé en quelque sorte à notre plume, c'est l'expression de l'exacte vérité.

Les mœurs sont pures à Fort-Mardyck, c'est à peine si sur 60 naissances on compte une naissance illégitime, toujours légitimée du reste par un mariage subséquent.

De crimes ou de délits, jamais ici on n'en entendit parler. Le poste de garde-champêtre y est à peu près une sinécure, et pourtant, Dieu sait si les quatre cents marins qui l'habitent pendant six mois de l'année ont froid aux yeux et s'ils ont les poings faits pour la lutte.

Cette absence de querelles tient peut-être à une coutume assez répandue dans les pays. Là, le dimanche après vêpres, les hommes se dispersent dans les quatre ou cinq cabarets du village avec leurs femmes et leurs enfants.

Les relations très nombreuses de parenté qui existent entre les habitants, expliquent très bien ces réunions.

Le cabaretier est souvent lui-même un vieux marin retraité avec qui l'ont vient causer, en vidant un verre, comme avec un ancien.

Les hommes discutent entre eux de leurs intérêts et de tout ce qui touche à leur profession. Les femmes, beaucoup d'entre elles avec un enfant sur les genoux, causent de leur intérieur ; les jeunes gens font, sous les yeux des parents (ce qui est de règle absolue dans le pays), leur cour aux jeunes filles ; et si parfois quelqu'un, parmi les hommes, élève trop la voix, une voix plus douce et toujours écoutée se fait entendre, et les conversations reprennent au diapason normal.

A 9 heures, les cabarets sont vides ; tout le monde est allé se coucher, car il faut être dispos pour le travail du lendemain, et la marée n'attend pas.

On avouera que le cabaret dans ces conditions, ce

n'est plus le cabaret démoralisateur que nous connaissons trop ; ce n'est plus, en quelque sorte, qu'une grande réunion de famille, se faisant chez Pierre plutôt que chez Paul, parce qu'on est plus à l'aise chez le premier, et qu'il est plus à même de vous recevoir.

Cette franche gaité ne dure hélas qu'un hiver ! car à l'inverse de ce qui se passe ailleurs, c'est l'hiver qui est ici la belle saison, celle des réunions, des mariages, des fiançailles. C'est le temps où, par les sentiers boueux et couverts de neige, on voit rouler et zigzaguer, comme des barques secouées par la houle, des hommes aux carrures athlétiques.

Puis, quand Mars arrive, les fronts se rembrunissent, la fiancée est moins rieuse, l'épouse où la mère plus inquiète et plus affairée. C'est qu'ici, Mars c'est le signal du départ pour Islande.

Islande !.... Notre sensualisme bourgeois s'est-il jamais douté de tout ce qu'évoque au sein de ces populations maritimes ce nom gros de mystères ?

Pour le touriste flâneur en quête d'émotions et de spectacles de nature à flatter son dilettantisme, Islande, c'est la messe du départ, c'est la main du prêtre qui s'abaisse pour bénir tous ces vaillants, c'est la file des barques qui s'avancent vers la haute mer, ce sont les équipages qui tombent à genoux en franchissant la jetée, et les mouchoirs qui s'agitent, et les femmes qui étouffent leurs sanglots.

Voilà Islande pour les témoins du départ. Pour les autres, c'est-à-dire pour l'immense majorité, c'est moins encore : un mot, une expression géographique qui éveille machinalement dans l'esprit l'idée de pêche au poisson.

Mais pour eux, pour cette épouse ou cette mère qui reste, pour cet époux ou ce fils qui s'en va, qu'est-ce que l'Islande ?

Pour eux, c'est, ainsi que nous le disait un jour, dans une formule d'un laconisme terrible, un vieux loup de mer qui avait *vécu* le roman d'Islande, pour eux, c'est « de la glace, des rochers et de la misère ! » — c'est d'abord, un voyage plein de dangers ; puis, pendant six mois, le froid et l'humidité, la brume et la tempête ; c'est, pendant une partie de la saison, tout le temps que le poisson donne, 20 heures de travail, et 4 heures de repos par jour, avec des têtes de morues, des pommes de terre, ou du lard salé pour nourriture.

Islande ! c'est ici, la mère de famille qui tressaille les jours de tempête, se demandant si le coup de vent qui fait trembler sa maison, ne fait point chavirer là-bas la barque qui porte son mari ; puis, si les nouvelles manquent, c'est l'attente qui consume et dévore ; l'attente qui tarit ses mamelles et creuse ses yeux.

Et c'est là-bas, bien loin, dans la mer du Nord, la lutte et les privations ; l'héroïsme à trois francs par jour et par tête, sans autre fanfare que celle des vents déchaînés ; les appels désespérés de la cloche et de la trompe de corne à travers les brouillards impénétrables, pour ne point se heurter ; c'est le monstrueux *Iceberg* que le vent pousse sur vous, et qu'il faut éviter sous peine de mort ; là-bas, enfin, c'est trop souvent le tombeau, avec les eaux noires et profondes pour linceul.

Il y a deux ans, ils furent trente-six qui ne revinrent pas, pour le seul village de Fort-Mardyck ; cent soixante, pour le quartier de Dunkerque.

Qu'importe, après tout ? L'année suivante, les vides seront remplis, et les équipages au complet : et il en va toujours ainsi, la mer, leur âpre nourrice, ne cessant de les dévorer, sans abattre le courage des fils, sans rebutter la constance des mères, ni lasser leur fécondité !

Tout ceci n'est point, qu'on y songe bien, amplification de rhétorique, et je n'y ai point vu matière à style. J'ai voulu seulement, à l'honneur de la population que j'ai entrepris de faire connaître, résumer à grands traits et comme en un tableau, les péripéties de cette pêche d'Islande qu'on ne connaît pas assez dans le public. Si le tableau pêche, c'est parce qu'il est au-dessous de la réalité.

Je termine par quelques réflexions que je livre aux méditations de mes lecteurs.

Si l'on a pu, à un certain point de vue, comparer l'homme à une machine et l'estimer d'après son *rendement*, c'est-à-dire d'après le rapport de ce qu'il dépense à ce qu'il produit, quel n'est pas, je le demande, le *rendement social* du petit groupe qui nous occupe ?

Sobre, prolifique, ardent à la peine, ne rend-il pas à la société dont il fait partie politiquement, cent fois plus qu'elle ne lui donne, lui qui fournirait à notre flotte en temps de guerre, d'intrépides marins, et qui fournit au pays en temps de paix, les infatigables et hardis pourvoyeurs d'une de ses meilleures industries ?

Partant de là, pourquoi l'État, reprenant à son compte la grande pensée de Louis XIV, ne favoriserait-il point de tout son pouvoir le développement de populations exclusivement maritimes, soit par une organisation analogue à celle que nous avons décrite, soit par quelques privilèges qui seraient, en définitive, encore moins que l'égalité ?

N'y a-t-il plus sur les deux à trois mille kilomètres qui sont les côtes de France, des terres plus ou moins incultes que l'État pourrait acquérir à bon compte, et concéder ensuite à des familles qui se voueraient exclusivement à la pêche ? N'y aurait-il point là un moyen d'enrayer, au moins dans une certaine mesure, le mouvement déplorable à tous égards qui se produit vers certains centres, et de multiplier sur notre sol les races fortes et fécondes ? »

Depuis 1890, l'adversité a frappé la commune de Fort-Mardyck et tous les marins qui vivent de la pêche de la morue à Islande.

Il se trouve que la concession territoriale est complètement occupée, à part quelques dunes de sable volant, tout à fait impropres à la culture. D'autre part, la crise de la pêche à Islande est telle que certains navires malheureux reviennent après six mois sans pouvoir donner d'autre rémunération aux marins que celle payée avant le départ sous le nom « d'avances ». Enfin, tandis que l'agrandissement de Dunkerque et de Saint-Pol sollicitent une nombreuse émigration de Fort-Mardyck, les cabarets établis à deux pas du village sur le territoire de Petite-Synthe ont obtenu la liberté de rester ouverts toute la nuit du dimanche. Or, malgré toutes ces causes de dissolution, Fort-Mardyék maintient toujours sa population de marins, alors que le nombre des marins inscrits maritimes originaires de Dunkerque tend de plus en plus à disparaître.

Quel est au juste le règlement sur lequel s'appuie à Fort-Mardyck la concession et la transmission des dots. Nous l'avons vainement cherché. Et pourtant si nous disons que c'est de Fort-Mardyck qu'est parti en France tout le mouvement récent en faveur de la petite propriété insaisissable, du coin de terre, du bien de famille; que c'est en nous appuyant sur le fait de Fort-Mardyck que nous avons créé en 1895 l'expression de jardins ouvriers qui a tant servi et tant agrandi la portée de l'œuvre charitable de l'assistance par le travail de la terre, on comprendra combien nous étions désireux de retrouver ce règlement.

Or voici qu'il nous parvient qu'un règlement analogue existe dans une autre commune de France, à Beuvraignes, et, chose extrêmement précieuse, ce règlement date non pas de l'ancien régime, mais il a été élaboré immédiatement après la Révolution par un sous-préfet de l'Empire. Donc il peut de toute évidence être pris comme modèle par les communes qui, par exemple, à la suite de legs et donations voudraient établir chez elles les dots agraires communales.

Département de la Somme	Arrondissement de Montdidier
—	—

RÈGLEMENT

sur le partage et la jouissance des *Biens communaux de Beuvraignes*, arrêté par M. Quinette, chevalier de l'Empire, préfet du département de la Somme, le 1er Mars 1809, sur la proposition de M. Lendormy, sous-préfet de l'arrondissement de Montdidier.

ARTICLE Ier. — Les Biens communaux de Beuvraignes se composent de deux cent vingt-six hectares environ (500 journaux, ancienne mesure de Roye) de terres labourables divisées en 219 lots, renommés contenir chacun 103 ares (224 verges, ancienne mesure de Roye). Ces lots sont composés de quatre pièces renommées contenir 23 ares 75 centiares chacune (56 verges, même mesure).

ART. II. — Ces biens sont inaliénables ; ceux ou celles qui sont appelés à en jouir sous les conditions ci-après, n'ont qu'un simple usufruit.

ART. III. — La jouissance ne peut s'obtenir : 1° Que par succession directe des pères et mères aux enfants ; 2° Par droit d'ancienneté aux contributions.

ART. IV. — Il n'est rien innové à l'égard de ceux qui sont maintenant en jouissance d'un bien communal ; ils continuent d'en jouir paisiblement sans qu'on puisse rechercher ni critiquer l'origine de cette jouissance ; elle sera transmise comme les autres.

ART. V. — La jouissance usufruitière d'un lot de bien communal qui s'obtient par succession n'a lieu qu'en ligne directe des pères et mères à leurs enfants. Les petits-enfants en sont exclus ; tout autre degré de parenté n'y donne aucun droit.

ART. VI. — Le lot d'un bien communal appartient de droit au chef de famille le plus ancien marié. Néanmoins un célibataire, pourvu qu'il soit originaire de la commune et anciennement cotisé aux contributions, a droit d'y prétendre à son tour, et en cas de concurrence entre le plus ancien marié et un célibataire, le plus ancien cotisé a la préférence et l'emporte. Dans tous les cas de concurrence, l'ancienneté de cotisation décide toujours.

Art. VII. — Si un des usufruitiers marié vient à décéder, son lot reste à l'épouse survivante ; s'il est issu un enfant du mariage, le lot appartient de droit à cet enfant quelque soit son âge ; s'il y a plusieurs enfants le lot est commun entre eux. Lorsque les enfants se marient ils cessent d'avoir part au lot commun dont continue à jouir celui qui reste le dernier à marier.

Art. VIII. — Dans le cas où l'un ou l'autre des époux originaire de cette commune ayant la jouissance d'un bien communal et marié avec un étranger vient à décéder sans enfant, avant l'an et jour le lot dont il jouit est dévolu de droit au plus ancien marié ou cotisé, suivant l'ordre établi en l'article VI. A l'égard de l'étranger survivant, il attend son tour et prend son rang du jour de son mariage.

Art. IX. — Toute personne originaire de cette commune qui ne paie pas de contribution peut, dès qu'il a l'âge de 25 ans se faire cotiser indivuellement aux rôles et, de cette époque, il a droit de prétendre à son tour à la jouissance d'un bien communal.

Art. X. — Lorsqu'un ménage étranger vient à fixer sa résidence en cette commune il n'a droit de prétendre aux biens communaux qu'après quinze années sans interruption de domicile réel, lequel se constate par sa cotisation au rôle des contributions.

Art. XI. — Toute personne à l'exception des militaires en activité de service, à qui il est échu un lot de bien communal et qui est absente de la commune pendant un an et un jour, pour quelque cause que ce soit, perd son lot qui est dévolu au plus ancien marié ou cotisé conformément à l'article VI.

L'exception portée ci-dessus est applicable à toute personne en état de domesticité qui ne trouvant pas du travail dans la commune est tenue d'en aller chercher en dehors.

L'exclusion établie contre les absents s'étend à tous ceux qui ne justifieraient pas de leur obéissance aux lois sur la conscription militaire ou qui auraient des enfants déclarés réfractaires.

Art. XII. — Les enfants nés hors du mariage succèdent dans les biens communaux à leur mère si elle est originaire de la commune ; les enfants adoptés succèdent également à ceux qui les adoptent s'ils ont domicile commun avec eux pourvu qu'il n'y ait pas d'enfants légitimes ; dans ce dernier cas les enfants légitimes l'emportent.

Art. XIII. — Tous les célibataires des deux sexes vivant en commun ne peuvent cumuler plus d'un lot de commune.

Art. XIV. — Tout usufruitier de lot de biens communaux doit en jouir par lui-même ; il ne peut l'engager ni en céder la jouissance moyennant une redevance annuelle ou une somme une fois payée.

Art. XV. — Néanmoins toute personne infirme ou sexagénaire et le militaire pourra passer un bail authentique de son lot de bien communal pour neuf années seulement, pourvu que la redevance annuelle ne soit pas au-dessus de 3 hectolitres 50 litres de bled (sept septiers environ, ancienne mesure de Roye) ou 40 francs. Le successeur au dit lot est tenu des faits et promesses du dernier possesseur; on ne peut procéder à un nouveau bail que quinze mois avant l'expiration du précédent : cette dernière disposition a lieu pour tous les biens actuellement existants.

Art. XVI. — Lorsque deux individus de l'un et l'autre sexe se lient par le mariage, si l'un et l'autre sont en possession d'un lot de bien communal, celui du mari reste pour le ménage et celui de la femme devient vacant et suit le sort fixé par l'article VI.

Art. XVII. — Les jeunes mariés qui font leur domicile sans interruption et vivent en commun avec leur père et mère ont le droit avant l'an et jour de leur mariage de faire signifier au greffe de le Municipalité qu'ils s'en tiennent au lot de leur père et mère ; s'ils ne remplissent cette formalité, ils sont censés attendre celui qui doit leur échoir à leur tour de rôle.

Art. XVIII. — Si les jeunes gens mariés faisant leur domicile et vivant en commun avec leur père et mère et ayant fait leur déclaration qu'ils s'en tiennent au lot de ceux-ci, se séparent d'eux et prennent un domicile particulier, ils sont exclus du lot de leur père et mère et n'ont de prétention qu'à tour de rôle, à moins que, dans le mois de leur séparation, ils ne rentrent au domicile de leur père et mère et n'en justifient.

Art. XIX. — Si l'usufruitier d'un lot vient à décéder après les semences jetées, ses successeurs récoltent et sont tenus de payer à celui à qui le loit échoit un hectolitre de bled (deux septiers environ, ancienne mesure de Roye) par chaque pièce composaut le lot.

Art. XX. — Le curé desservant de la commune a droit à la jouissance d'un lot de bien communal qui restera toujours attaché à la cure ; en cas de décès ou de changement le successeur succède également au dit lot, sans autre formalité à remplir que de justifier de son titre ; le lot actuellement vacant sera de suite mis à la disposition du desservant de la succursale.

Art. XXI.— Lorsqu'un lot de bien communal devient vacant, celui ou celle à qui il échoit de droit doit avant de se mettre en jouissance faire sa déclaration au Maire qui reconnaît son droit et constate sur un registre à ce destiné le droit de l'impétrant et l'envoie en possession. Ce nouvel appelé paie six francs aux mains du marguiller-caissier de la fabrique. Ces deniers sont destinés aux réparations et à l'entretien de l'église paroissiale.

Art. XXII. — Le Conseil municipal de la commune a le droit exclusif d'arrêter les plantations d'arbres fruitiers ou forestiers qui devront être faites le long des deux lisières des biens communaux, dans le milieu des fossés qui font la séparation des deux bois avec les plaines, au grand chemin, vers le long du bois des loges et celui de Saint-Martin, de manière à ce qu'il ne soit porté aucun obstacle à la culture. Et attendu que ces plantations ont été négligées, qu'il est intéressant de les établir, le Conseil fixera chaque année le nombre d'arbres que M. le Maire plantera. Il propose actuellement de planter sur les portions de terrain sus-indiquées quatre cents pieds d'arbres forestiers, moitié essence d'ormes, un quart essence de fresnes et l'autre quart essence de tilleuls. Cette plantation sera faite par les soins de M. le Maire dans le courant de l'année dans laquelle les présentes dispositions seront approuvées.

Art. XXIII. — Pour subvenir aux frais des dites plantations et aux dépenses qu'entraîneront annuellement les réparations des rues et des chemins vicinaux et l'entretien des édifices publics, chaque usufruitier d'un lot de bien communal payera annuellement au percepteur de la commune la somme de deux francs. Cette somme de deux francs sera exigible chaque mois par douzième, ainsi que les contributions directes. Au moyen de ce paiement les usufruitiers jouiront chacun vis-à-vis leur lot des arbres fruitiers ou forestiers, en récolteront les fruits ou profiteront des boutures, sans que le corps des arbres puisse leur appartenir ; ils sont de droit à la commune.

Pour copie conforme :

Le Maire de la commune de Beuvraignes,

(Signé) : LONGUET.

Les Lettres de Rémission des Ducs de Bourgogne,

leur importance pour l'histoire politique, sociale et économique des Pays-Bas

PAR

M. Ch. PETIT-DUTAILLIS

Professeur d'histoire à l'Université de Lille

Les Lettres de Rémission des Ducs de Bourgogne,

leur importance pour l'histoire politique, sociale et économique des Pays-Bas

PAR

M. CH. PETIT-DUTAILLIS

Professeur d'histoire à l'Université de Lille

Il y a longtemps déjà que le savant Dehaisnes a attiré l'attention des érudits sur les registres des Chartes de l'Audience, contenus dans la série B des Archives départementales du Nord. Personne cependant, depuis ce temps, n'a dépouillé méthodiquement ces documents ; on ne peut même pas dire qu'ils soient catalogués, car l'Inventaire officiel de la série B, au moins pour ce qui regarde les lettres de rémission, ne donne généralement que les noms des pétitionnaires, sans indiquer ni la date ni la nature de l'acte. Or il serait très utile à l'étude de la civilisation des Pays-Bas que les registres de l'Audience fussent inventoriés scientifiquement ; il faudrait en extraire la substance historique et en publier les parties les plus importantes.

Ces registres contiennent en effet la transcription de lettres qui pour la plupart intéressent l'histoire économique ou sociale : privilèges aux villes, lettres d'amortissement, lettres de légitimation, lettres d'anoblissement, et surtout lettres de rémission et de rappel de ban, très précieuses pour la période bourguignonne et autrichienne. Quelle est la variété de l'intérêt qu'ils présentent, vous me permettrez de vous le montrer en prenant un exemple. Je donnerai ici un aperçu de la publication que je vais commencer des principales lettres de rémission de Philippe-le-Bon (Archives départ. du Nord, B. 1682 à B. 1693), dans les *Annales de l'Est et du Nord,* ce nouveau périodique d'histoire régionale, que mon collègue M. de St-Léger dirige avec tant de rigueur scientifique, de compétence et de succès. Dehaisnes, dans le Mémoire auquel je faisais allusion plus haut, s'est occupé surtout des documents de l'époque autrichienne ; le sujet que je me propose de traiter est à peu près neuf.

Pour l'histoire politique, on trouvera peu à glaner dans les lettres de rémission de Philippe-le-Bon. On s'attendrait à y apercevoir des vestiges assez nombreux des troubles qui ont agité le long règne de Philippe, à y retrouver maints souvenirs intéressants des révoltes de la châtellenie de Cassel, de Bruges, de Gand. Les lettres de ce genre sont rares. Voici cependant une rémission accordée par Philippe-le-Bon pour le meurtre d'un Liégeois, trois ans avant la totale destruction de Liège par Charles-le-Téméraire : c'est l'orgueil national qui a mis aux prises, dans une taverne, notre Liégeois et un Bourguignon ; ils sont allés s'entre-égorger dans la rue, pour terminer une querelle aussi « raisonnable et bien fondée ». Une autre lettre nous décrit les mésaventures d'un Gantois, Jean Ghinsebart, compromis bien malgré lui dans le soulèvement de Gand contre le gouvernement bourguignon ; c'est l'odyssée d'un de ces timides qui, en temps d'insurrection, se laissent dominer par les violents, et ne cessent pas de s'en repentir et de trembler.

Les érudits qui recueillent les documents intéressant l'histoire économique des Pays-Bas songent peu aux lettres de rémission. J'ai trouvé cependant une lettre de grâce de Philippe-le-Bon, en faveur d'un tondeur de drap fraudeur, qui aurait dû trouver sa place dans le beau volume publié récemment par MM. Pirenne et Espinas. Plus curieuse encore et plus rare est une lettre de grâce accordée pour fraude en matière d'assurance maritime. Il s'agit d'un marchand qui a fait assurer comme marchandise de grande valeur des denrées de bas prix, pour le voyage d'Angleterre ; le capitaine du navire, de connivence avec lui, a fait en vue de la côte anglaise un naufrage machiné d'avance. Le fraudeur réclame à l'assureur la somme promise ; mais on a repêché les colis, la fraude a été découverte, et le coupable a été condamné au bannissement.

Mais nos lettres de rémission intéressent surtout l'histoire morale et sociale. Elles mettent vigoureusement en relief la brutalité de mœurs qui règne au XVe siècle du haut en bas de la société. Voici, en 1453, un infanticide commis par une noble demoiselle, qui s'était prise d'amour pour un homme de rien ; elle a égorgé et noyé son enfant, et pour échapper au dernier supplice il lui faut livrer tous ses biens au duc Philippe. Les lettres de grâce accordées à des nobles sont rares ; nombreuses au contraire, et il faut nous en féliciter, sont celles qu'obtiennent de « povres hommes », de « povres laboureurs », qui, pour tel ou tel acte de violence, tel ou tel crime passionnel, se sont fait bannir ou bien se sont enfuis afin d'éviter le châtiment ; cette dernière catégorie de documents, très abondante, est particulièrement précieuse, car les chroniqueurs du XVe siècle ne nous racontent guère que les faits et gestes de la noblesse, et les lettres de rémission comptent parmi les très rares documents qui nous décrivent avec ampleur et sincérité les mœurs populaires.

Ici ce sont des maris trompés qui se vengent, et le récit de leurs mésaventures conjugales, présenté par eux-mêmes, ne manque pas de saveur. Là c'est un procès fait à une jeune mariée, qu'on accuse d'avoir voulu empoisonner son époux avec de l'arsenic, quoique l'époux, moins méfiant, déclare être « bien content d'elle ». Ou bien encore le duc étend son indulgence à un satyre campagnard, dont la seule excuse est que les nombreuses femmes qu'il a violentées n'étaient pas de vertu garantie.

J'ai dessein de publier, en une série à part, les lettres qui illustrent le maintien du droit de vengeance, des guerres et des paix familiales dans les classes populaires. Les juristes et les historiens belges et français qui ont reconstitué l'histoire du droit de vengeance n'ont pas songé à consulter les lettres de rémission ; or c'est une source très riche ; elle n'a pas évidemment la précision de textes proprement juridiques ; mais elle a en revanche une couleur, un réalisme, une vivacité pittoresque, qui donnent une saisissante impression de ce qu'était la vendetta dans les Pays-Bas du XVe siècle.

Bref, Messieurs, j'estime que l'on peut puiser dans les lettres de rémission de Philippe-le-Bon des renseignements d'un intérêt puissant sur l'histoire politique, économique, sociale, morale, et même sur l'évolution du droit, dans les Pays-Bas. Sans nul doute, les lettres de rémission de Charles-le-Téméraire mériteraient également d'être étudiées ; c'est là une tâche que je ne compte pas entreprendre personnellement : je souhaite qu'elle tente quelque érudit. Et pourquoi, s'inspirant de l'exemple donné par la *Société des Archives historiques du Poitou*, qui poursuit régulièrement l'édition des Lettres de rémission poitevines contenues dans le Trésor des Chartes et constitue ainsi un admirable recueil de textes sur l'histoire des mœurs, la *Société Dunkerquoise* ne prendrait-elle pas quelque jour l'initiative d'une publication des lettres de rémission de Charles-le-Téméraire ?

LES COCHES D'EAU

DE SAINT-OMER VERS DUNKERQUE

ET LES AUTRES VILLES DE LA FLANDRE MARITIME

AUX XVIIe ET XVIIIe SIÈCLES

PAR M. JUSTIN DE PAS

Secrétaire général de la Société des Antiquaires de la Morinie

LES COCHES D'EAU

DE SAINT-OMER VERS DUNKERQUE

ET LES AUTRES VILLES DE LA FLANDRE MARITIME

AUX XVIIe ET XVIIIe SIÈCLES

PAR M. JUSTIN DE PAS

Secrétaire général de la Société des Antiquaires de la Morinie

---

Assise à l'extrémité du Delta de l'Aa, au fond du Sinus Itius dont la transformation en marécage, puis en plaine cultivée, a été l'œuvre de tout le moyen-âge, la ville de Saint-Omer se trouvait être le point terminus des routes venant de l'intérieur des terres vers la Flandre maritime, et n'a pu avoir qu'à une époque toute récente encore un réseau complet de communications terrestres avec les différentes villes de cette région. Bien que l'on n'ait pas omis d'y créer d'assez bonne heure un certain nombre de chemins, ce pays des wateringues, insuffisamment desséché, supportait mal de telles routes qui, appuyées sur un fonds peu résistant et détrempées par les fréquentes pluies, étaient le plus souvent, sinon impraticables, du moins accessibles seulement aux piétons et chevaux, à l'exclusion des lourds véhicules. Il fut donc naturel de recourir à la voie fluviale pour assurer d'une façon régulière au commerce et aux affaires les communications entre les diverses localités riveraines des cours d'eau et rivières qui furent les grandes artères canalisées de l'ancien estuaire desséché.

Cette voie prit d'autant plus d'importance que la ville de Saint-Omer fut longtemps l'entrepôt des marchandises aussi bien que le lieu de passage obligatoire des voyageurs venant du nord de la Hollande et de l'Angleterre, soit vers Paris et les provinces méridionales, soit vers la Flandre, le Hainaut, le Cambrésis, la Champagne et la Bourgogne, etc... (1). Son port naturel, l'Aa, avait son débouché principal à Gravelines ; mais ses divers bras et les canaux qui en formaient les ramifications ouvraient également accès aux villes de Calais, Bourbourg, Dunkerque et Bergues, et, par cette dernière ville, au canal qui accédait à Furnes et Bruges pour atteindre le cœur des Pays-Bas.

Plusieurs textes antérieurs à la création d'un service régulier de navigation nous ont laissé le souvenir de voyageurs de marque arrivant à Saint-Omer par bateau. On se souvient de l'intéressant itinéraire publié récemment (2) par M. de Warenghien sur *le Voyage d'un Hollandais, étudiant à l'Université de Douai, en 1584.* Nous voyons également que la Duchesse de Bourgogne, en 1438, Marguerite, Douairière de Bourgogne, en 1480,

---

(1) Cf. Mémoire succinct concernant les voitures d'eau de la ville de Saint-Omer..... Ms. s. d. (v. 1775). *Arch. de Saint-Omer*. 284. 29, nº 16.

(2) Cf. *Mémoires de la Société d'agriculture, sciences et arts de Douai*. 3e série, T. VIII, p. 403.

l'Archiduchesse Isabelle, en 1625, font à Saint-Omer leur entrée solennelle en bateau, venant d'un des points du littoral.

Ce n'était donc pas exclusivement aux marchandises qu'était réservé ce mode de communication ; et quand, au XVIIe siècle, le service des messageries s'organisa d'une façon régulière dans le royaume de France et les pays limitrophes, il fut naturel, à défaut de chaussées praticables, de l'étendre au transport des voyageurs par les rivières et canaux.

A cette époque, le port de Gravelines avait déjà perdu son importance ; c'était maintenant celui de Dunkerque qui absorbait de plus en plus le trafic maritime et vers lequel devaient converger les relations commerciales. Ce fut donc vers ce point que se dirigèrent les nouveaux services, et si, au XVIIIe siècle, les deux chaussées ouvertes vers Lille, la première, en 1700 par Ypres et Warneton, la seconde, en 1759, par Cassel et Armentières, détournèrent de cet itinéraire une partie du transit, particulièrement des voyageurs, on peut dire que dans la période antérieure, la route d'eau fut la seule communication ouverte aux transports venant de l'intérieur du pays au port de Dunkerque.

* * *

Avant 1670, cette voie empruntait la rivière de la Colme entre Watten et Bergues, d'où s'ouvraient les canaux de Dunkerque et de Furnes. C'est donc par Bergues que devaient passer les voyageurs et marchandises, soit par les barques spéciales que l'on louait aux particuliers, soit par la barque de Bergues qui a précédé, ainsi qu'on le verra ci-après, celle plus directe de Bourbourg et Dunkerque.

Le premier service public dont le souvenir nous soit parvenu est le bateau de marché ou *marschip* qui venait de Bergues à Saint-Omer le samedi de chaque semaine apporter les denrées et marchandises que les habitants de Bergues voulaient vendre au marché de Saint-Omer, et retournait chargé de marchandises achetées à ce marché pour Bergues. Une mention d'archives (1) en fait remonter l'existence jusqu'au XVe siècle. Le service en était confié à la corporation des Bateliers, et le Magistrat de Saint-Omer nommait ceux qui devaient le conduire. Un long arrêt du Conseil d'Artois du 9 décembre 1568 (2) en règle l'exploitation et donne quelques détails sur son fonctionnement. Mais ce *marschip* semble n'avoir été affecté qu'aux denrées et marchandises et non au service des voyageurs. Il n'a donc qu'un lointain rappport avec les coches d'eau, et il n'y a par conséquent pas lieu de nous y arrêter davantage.

En 1656, un projet de convention (3) se forma entre les échevins de Bergues et de Saint-Omer pour l'établisse-

---

(1) Archives de Saint-Omer. *Table des Délibérations du Magistrat.* « Barque de Bergues... Le Magistrat nomme ceux qui doivent conduire ce battel, 1437 ». Le registre correspondant à cette mention est perdu.

(2) Arrêt du Conseil provincial d'Artois en faveur des portmans, échevins et gouverneurs de la ville de Bergues-St-Winocq contre les mayeur et échevins de Saint-Omer, et maîtres et compagnons des bateliers qui, depuis 1511, avaient troublé l'échevinage de Bergues au sujet de l'exploitation du *marschip*. Archives de Saint-Omer. Registre en parchemin, f° 54, v°. On en trouvera l'analyse dans le tome XV des Mémoires de la Soc. des Antiq. de la Morinie, p. 200.

(1) Délibération du Magistrat de Saint-Omer du 7 Juillet 1656. V. *Registre aux Délibérations*, BB. f° 152. v°.

ment, entre les deux villes, d'un service régulier de barque traînée par un cheval. C'est à cette fin que fut proposée la construction d'une digue de Lowestel à Watten pour obtenir une voie de halage ininterrompue qui permît d'accélérer le voyage en recourant à la traction animale.

La dépense devait incomber au Magistrat de Saint-Omer qui avait, on le sait, la charge des travaux relatifs à la navigation par l'Aa jusqu'à Gravelines (1). Mais l'exécution de cet accord fut retardée par l'opposition des hommes de fief du bailliage de Saint-Omer qui possédaient des terres arrosées par différents cours d'eau se déversant dans l'Aa à l'endroit de la digue à élever. Le différend se prolongea : la ville de Saint-Omer dut s'engager à creuser des fossés de contre-digue, et à laisser ouverts les débouchés des rivières de Houlle et d'Eperlecques sur lesquelles devaient être construits des ponts tournants. Le conseiller pensionnaire Macau fut envoyé à Paris et Versailles pour hâter la solution de la question et régler diverses affaires pendantes de la ville (2). L'arrêt du Conseil d'Etat fut enfin rendu le

(1) La ville de Saint-Omer avait juridiction sur la rivière de l'Aa. Cf. *Déclaration des lettres produites par le Magistrat de Saint-Omer pour prouver sa juridiction sur la rivière d'Aa à cause du rendage des barques.* (Arch. de Saint-Omer, 229. 4) et *Mémoire à M. Boistel, s*[r] *de Chantignonville, Intendant, pour prouver que la rivière de l'Aa dépend de l'Artois et qu'elle est de la juridiction des Mayeur et échevins de Saint-Omer.* (Ibid. AB. X. 4).

(2) V. aux Arch. de Saint-Omer, dans la *Correspondance du Magistrat* de l'année 1731, diverses lettres du conseiller Macau relatives à sa mission.

17 Juillet 1731 (1). Il autorisait le Magistrat à faire exécuter les travaux et à percevoir certains droits de péage pour compenser les dépenses qu'il engageait. Celles-ci s'élevèrent à près de 25.000 livres et la digue fut achevée en 1732.

Malgré ce retard, les pourparlers se poursuivirent pour la création d'une barque quotidienne et aboutirent définitivement en 1669. Remarquons en passant que, même après cette date, le bateau de marché continua son trafic hebdomadaire.

La nouvelle organisation, dont nous connaissons le fonctionnement par un règlement du 18 Juin 1669, (2) comprenait un double service, l'un de Bergues à Wattendam (3), réglé et affermé par le Magistrat de Bergues sur le canal qui lui appartenait jusqu'à Watten, et l'autre, de Saint-Omer à Wattendam, par le Magistrat de Saint-Omer (4). Il y avait donc, à Wattendam, changement de barque pour les voyageurs et transbordement de marchandises.

Le départ de Saint-Omer avait lieu chaque jour au quai du Haut-Pont à huit heures du matin. Le tarif était de 2s par lieue pour les personnes au-dessus de douze ans, avec « leurs valizes, portmanteaux et aultres sacqs

---

(1) Arch. de Saint-Omer CCXCI, n° 2.

(2) Arch. de Saint-Omer : *Registre aux Délibérations du Magistrat.* EE. F° 102. v°.

(3) Hameau de Watten.

(4) Les comptes de l'argentier portent comme recette provenant de ce service, 1.620 livres en 1700, et 2.825 en 1709.

n'excédans pas le poix de quinze livres », réduction de moitié pour les enfants au-dessous de douze ans, et gratuité pour les membres du Magistrat, les officiers du Bureau, leurs valets, les religieux Récollets et Capucins, et les enfants « quy seront aux testons ».

Malgré les lenteurs et les complications, ce service fonctionna jusqu'en 1719, date à laquelle intervint une nouvelle convention entre les Magistrats de Bergues et de Saint-Omer. Désormais (1) ce sera la même barque qui effectuera tout le trajet sans transbordement, et sera commune aux deux villes. L'adjudication se fera alternativement dans chacune d'elles ; le produit en reviendra pour deux tiers au Magistrat de Bergues, pour un tiers à celui de Saint-Omer, et les frais de construction et de réparation seront supportés par l'un et l'autre au prorata de leurs intérêts dans le produit de l'adjudication. Comme auparavant, il y avait quotidiennement un voyage dans chaque sens; le service nécessitait donc deux barques. Celles-ci devaient être renouvelées tous les neuf ou dix ans.

Vers 1754, l'entrepreneur alors soumissionnaire voulut, de sa propre autorité, adjoindre aux deux barques, qu'il comptait affecter exclusivement au chargement de marchandises, deux coches d'eau, destinés aux seuls voyageurs, analogues à ceux qui fonctionnèrent à cette époque pour le service de Dunkerque à Saint-Omer.

Les Magistrats de ces deux villes s'émurent de cette

(1) Convention du 13 Mars 1719. *Arch. de Saint-Omer.* AB. X. nº 2.

tentative (1) qui constituait une atteinte aux privilèges de la corporation des Bélandriers, et une concurrence au service de la barque de Dunkerque à Saint-Omer par Bourbourg, d'autant plus que ces coches d'eau, arrivés à Bergues, poursuivaient le voyage jusqu'à Dunkerque, et qu'il y était perçu un prix de transport moindre que par l'autre itinéraire. L'entrepreneur reçut donc du Magistrat de Saint-Omer injonction de s'en tenir aux termes de l'adjudication. Il dut supprimer ses coches d'eau, et, de plus, il lui fut fait défense de charger sur la barque plus d'un tonneau et demi de marchandises.

On peut donc dire qu'en somme la barque de Bergues ne reçut pas les améliorations que nous trouverons pour celle de Saint-Omer à Dunkerque. Son affectation au transit des voyageurs perdit, dès la création de ce dernier service, l'importance qu'elle avait antérieurement. Elle paraît, dès lors, avoir servi principalement au transport des marchandises ; et les voyageurs qu'elle conduisait étaient ceux qui devaient accompagner ces marchandises. Nous trouvons, en effet, dans un mémoire de 1775 (2), qu'à cette époque « les barques de Bergues reçoivent peu de passagers et ne se soutiennent que par le fret des marchandises ». Pour cette même année, elle était affermée 3.200 livres (3) seulement.

---

(1) Cf. *Mémoire contre l'adjudicataire de la Barque de Bergues*. Arch. de Saint-Omer. 229. 6.

(2) Arch. de Saint-Omer, 284. 29. Pièce nº 15.

(3) En 1757 elle produisait encore 12.100 livres, en 1760, 9.000, en 1762, 7.000.

* * *

C'est en 1670 que l'on voit surgir le projet d'un service direct de barque entre Saint-Omer, Bourbourg et Dunkerque, en même temps que le plan de travaux tendant à rendre le canal navigable depuis Dunkerque jusqu'à la rivière de l'Aa. Le canal creusé au commencement du XVIIe siècle entre cette ville et le Guindal (1) par Bourbourg n'était qu'un canal d'irrigation (2). Un arrêt du Conseil (3), du 28 Juillet 1670, autorise les Magistrats de Dunkerque et de Bourbourg à le rendre navigable, à lever une taxe sur les terres des villages qui en profiteront, leur donne la jouissance de tous les avantages et émoluments qui en proviendront, à charge par eux « de faire partir une barque par chacun jour de ladite ville de Dunkerque pour aller à Bourbourg, Calais, *Saint-Omer* et Gravelines ».

Suivant un procès-verbal d'adjudication du 14 Juin 1673, le devis des travaux à exécuter montait à la somme de 78.289 livres, 10 sols, y compris la construction des

(1) Lieu de jonction de ce canal avec l'Aa.

(2) Les communications fluviales avec Bourbourg avaient lieu par la *Vieille Colme*, qui débouchait à Lyncke dans la rivière de la Colme. Avant le XVe siècle, c'était le cours principal de l'Aa, détourné depuis à l'Ouest, qui passait par cette ville. Il coulait, après Holque, vers Bourbourg par le lit actuel du Denna, et de là gagnait Gravelines par St-Georges. *Cf.* Blanchard. *La Flandre*, p. 277.

(3) Arch. de Saint-Omer. CCVI. 18.

ponts et l'indemnité des terres incorporées. Le chiffre est d'ailleurs loin de représenter la totalité des dépenses engagées par la châtellenie de Bourbourg, qui montèrent, paraît-il, à plus de quatre cent mille livres pour l'ensemble du creusement du canal.

Cette nouvelle voie, qui devait singulièrement améliorer les communications dans le nord de la Flandre maritime, fut achevée en 1678. On voit, cette année, le Magistrat de Saint-Omer envoyer des députés à Dunkerque pour régler, avec le Magistrat de cette ville et celui de Bourbourg, certains détails relatifs à l'organisation de la barque (1) : il demandait, entre autres choses, à obtenir la moitié des produits de ce service en alléguant, à l'appui de cette prétention, qu'il était propriétaire de la rivière de l'Aa, et, par conséquent, de la moitié du parcours ; il réclamait de plus la sauvegarde des privilèges des Bélandriers par la limitation du chargement des marchandises.

Ces prétentions furent jugées trop élevées eu égard aux sacrifices que s'étaient imposés les autres villes, et la convention définitive, en date du 22 Décembre 1679 (2), porta que Saint-Omer ne percevrait qu'un tiers dans le prix provenant de l'adjudication (3), que le soumission-

---

(1) Arch. de Saint-Omer. CCXXIX, 4 et *Registre aux Délibérations du Magistrat*. GG. f° 48.

(2) Arch. de Saint-Omer. AB. X, 1er.

(3) La ville toucha pour ce tiers des sommes variables de deux à trois mille livres par an. V. *les comptes de l'argentier de Saint-Omer*. En 1700, elle perçut 2.825 livres, en 1709, 2.800, recette nette, défalcation faite des remises consenties à l'adjudicataire.

naire pourrait charger un tonneau et demi de marchandises sans payer de droits à la corporation des bélandriers, et qu'il serait également exempt de l'impôt perçu sur les bateaux à l'entrée ou à la sortie. Enfin, il fut convenu que les deux autres tiers du produit seraient partagés entre les villes de Bourbourg et de Dunkerque dans des proportions inégales, deux tiers pour la première, un tiers pour la seconde.

Les premières barques étaient de lourds bateaux (1) plats traînés par deux chevaux qui ne relayaient, soit à l'aller, soit au retour, qu'au Guindal.

Le prix du voyage était de 15^{s} par voyageur, et il n'y avait qu'une seule classe. L'installation des passagers n'avait rien de confortable, et le voyage était rendu d'autant plus pénible qu'il était retardé par divers *impedimenta*, tels que l'interruption, jusqu'en 1732, de la digue entre Lowestel et Watten, l'impossibilité, pour les chevaux, de trotter, par suite du poids à traîner et de la

(1) On verra dans la pièce justificative n° V l'indication des dimensions des barques ; nous trouvons de plus aux archives de Saint-Omer une mention relative au maximum de tonnage que pouvaient avoir les bateaux sur la rivière de Gravelines à Saint-Omer : c'est un certificat des maîtres bélandriers de cette dernière ville, dressé le 30 Juin 1722 à l'occasion du projet de réfection du canal de Gravelines à la mer. Il y est dit expressément que la rivière de Gravelines à Saint-Omer « n'est capable de porter des batteaux que de quinze à seize tonneaux. » L'ancien canal de Gravelines à la mer recevait des bateaux de trente tonneaux, ce qui était trouvé suffisant pour le commerce de Gravelines à Saint-Omer. (*Arch. de Saint-Omer. Correspondance du Magistrat.* Liasse de l'année 1722).

longueur des relais, négligence des bateliers qui retardaient les heures de départ et multipliaient les arrêts en route pour débarquer ou recevoir des marchandises même au delà de la limite réglementaire.

Ces abus sont exposés dans un dossier de mémoires (1) rédigés vers 1750 en vue de la modification projetée au service. On y lit que la barque ne mettait pas moins de onze heures en été et douze en hiver pour faire le trajet. Elle s'arrêtait une heure dans le Haut-Pont, une demi-heure à Watten et au West, et deux heures (au lieu de 1 heure 1/2) à Bourbourg. Elle arrivait fréquemment à destination après la fermeture des portes, ce qui, d'une part, empêchait les voyageurs de pénétrer dans la ville, et d'autre part, retardait le départ du lendemain qui au lieu de sept heures n'avait quelquefois pas lieu avant neuf heures, par suite de la nécessité de décharger les marchandises arrivées la veille dans la soirée.

Il paraît même que, tel qu'il se trouve ainsi exposé, le service avait déjà été amélioré. En effet, l'on voit qu'avant 1725 le trajet, du moins en hiver, ne pouvait plus être effectué en un jour, et que les voyageurs se trouvaient forcés de coucher à Bourbourg. Il est heureux qu'en cette année l'intervention des Magistrats de Saint-Omer et de Dunkerque ait fait cesser cette habitude, au désespoir des hôteliers de Bourbourg qui profitaient seuls de cette aubaine.

Quoi qu'il en soit, l'on conçoit très bien combien ces imperfections apportaient d'entraves aux relations de

(1) Arch. de Saint-Omer. AB. X. 5. V. aux pièces justificatives V.

Dunkerque avec les provinces. Quoi d'étonnant dès lors, à ce que les voyageurs fortunés aient préféré soit faire le voyage à cheval, soit louer un carrosse d'eau spécial ? (1) Aussi se plaignait-on que le nombre des passagers n'était pas aussi grand qu'on pouvait l'espérer. Un des mémoires cités nous donne le chiffre maximum de 24, qui était rarement atteint ; en hiver le nombre était bien réduit et souvent n'excédait pas cinq ou six.

Une chanson curieuse de cette époque, bien connue à Saint-Omer, où elle fut éditée avec d'intéressantes notes (2), nous raconte l'odyssée d'un naïf bourgeois, Gilles Dindin, s'embarquant pour ce « pénible voyage » muni de provisions « deux harangs *(sic)* et un petit pain » et des adieux déchirants de sa famille qu'il « abandonne en pleurant ». Ce poème contient une description humoristique du pays parcouru, mais ne nous donne aucun renseignement sur le service même de la barque. On y voit seulement, tout en tenant compte des exagérations de la chanson, que la navigation n'était pas dépourvue d'incidents. Le bateau est surpris par un orage au moment où il se trouvait, faute d'eau, atterri sur le talus : la crue subite des eaux provoque le renflouement ; de là des mouvements désordonnés de la barque, que le narrateur traduit complaisamment par un naufrage complet, ce qui ne laisse pas que d'être peu vraisemblable :

(1) La location d'une barque spéciale, dite *carrosse d'eau*, coûtait 20 livres pour le trajet de Saint-Omer à Dunkerque.

(2) *La Chanson de Gilles Dindin*, par le Bibliophile Artésien. Saint-Omer, impr. Ch. Guermonprez, 1871.

Ah ! quel malheur, près des Grandes Indes (1)
Notre vaisseau faillit périr,
Mon cœur était rempli de crainte,
Je me disposais à mourir.
Le temps obscur et ténébreux
Se forgea en tempête,
Et un tonnerre des plus affreux
Grondoit dessus nos têtes.

Toujours prêt à faire naufrage
Le pilotte de notre vaisseau
Abâtit les mats, les cordages,
Et jetta les ancres dans l'eau.
Le canal étant remonté
Par la pluie et l'orage,
Notre vaisseau est renversé
Je me sauve à la nage.....

*
* *

Vers 1750, les Magistrats de Dunkerque et de Saint-Omer songèrent à donner satisfaction aux plaintes qui s'étaient élevées sur la lenteur et les incommodités de la barque, et, en 1754, ils convinrent de la remplacer par des carrosses d'eau à l'instar des « treckschuyten » (2)

(1) Dunkerque.

(2) Petits navires pouvant être halés. De *trekken*, tirer ; *schuyten*, barque.

que l'on employait en Hollande, destinés au seul transport des voyageurs et de leurs bagages personnels : « coffres, malles, portemanteaux ». Ces carrosses d'eau étaient des bateaux légers à quille, comprenant trois chambres ou classes, pouvant être facilement traînés par deux chevaux trottant d'une façon continue, ce qui était rendu possible par l'amélioration des digues de halage et la multiplication des relais au nombre de cinq. Le départ, tant de Saint-Omer que de Dunkerque, était fixé à sept heures du matin en été, et à huit heures en hiver. Ils devaient arriver à destination à deux heures et demie ou quatre heures et demie, suivant l'heure du départ (1), le trajet d'hiver étant calculé d'une durée plus longue par suite de l'impossibilité de faire trotter tout le temps les chevaux sur les chemins détrempés.

Qui aurait pu penser que le projet de telles améliorations dût soulever de violentes protestations ? C'est pourtant ce qui eut lieu de la part du Magistrat de Bourbourg qui voyait dans l'accélération du service un préjudice aux intérêts des aubergistes et, dans l'interdiction de charger des marchandises, une entrave au commerce de la ville. Le mémoire qu'il fit dresser à ce

---

(1) Le départ des barques étalt annoncé par une sonnerie de la cloche suspendue au-dessus de la porte du Haut-Pont.

« A Marie-Joseph Caron, veuve d'Honoré Habar, vivant horloger de cette ville, a été payé cinquante livres pour une année de sa pension d'avoir sonné la cloche au-dessus de la porte du Haut-Pont pour annoncer chacque jour le départ des coches d'eau pour Bourbourg et Dunkerque et celui des barques de Saint-Omer à Bergues ».

(Compte de l'argentier de Saint-Omer, 1759-1760).

sujet (1) masque mal l'égoïsme de ses réclamations sous les objections puériles qu'il prétendait opposer à la possibilité de l'exploitation des carrosses d'eau, telles que les charges trop onéreuses qu'entraîneront l'établissement de cinq relais de chevaux et la suppression du fret des marchandises ; le peu de stabilité des nouvelles barques qui seront « plus facilement jetté sur les abords principallement dans l'hyver... » au point qu'il « ne restera pas un carreau de vitre au bout de six semaines », etc... Le Magistrat de Dunkerque, dans un mémoire en réponse à Messieurs de Bourbourg (2), n'eut pas de peine à réfuter ces prétendues objections et à percer à jour l'intérêt personnel qui les avait fait naître. Quoi qu'il en soit, c'est pour leur donner satisfaction que furent introduits dans le nouveau service l'arrêt d'une heure et demie à Bourbourg (3) et l'établissement d'un service annexe de transport de marchandises assuré par trois Bélandres qui devaient partir régulièrement trois fois par semaine de Saint-Omer pour arriver le lendemain à midi à Dunkerque et réciproquement, avec arrêt d'une heure à Bourbourg. Ce dernier service devait être assuré par la corporation des Bélandriers (4).

---

(1) *Observations faittes de la part de Messieurs du Magistrat et de la ville et châtellenie de Bourbourg au plan et projet*, etc.... Arch. de Saint-Omer. AB. X. 5.

(2) Arch. de Saint-Omer. Ibid.

(3) En 1774, on voit que l'arrêt avait encore été allongé : il était alors de deux heures.

(4) Cf. *Règlement de police concernant l'établissement de trois Bélandres qui, à commencer au 15 Octobre 1754, partiront regulièrement chaque semaine de Saint-Omer, passant par Bourbourg pour Dunkerque*. Placard imprimé à Saint-Omer. H. F. Boubers, 1754.

Nous ne savons si le Magistrat de Bourbourg se montra disposé à accepter bénévolement ce compromis ; en tout cas il fut contraint de s'y soumettre par l'intervention de l'Intendant, Mr de Seychelles, qui interposa son autorité et l'obligea à y accéder.

La construction des deux premiers carrosses d'eau fut adjugée le 24 Mai 1754 dans la ville de Dunkerque à Jacques Denys, maître charpentier de navires, pour la somme de onze mille livres, à laquelle il y a lieu d'ajouter un devis de 670 livres payables à d'autres entrepreneurs pour les divers travaux d'aménagement. La ville de Saint-Omer avait à supporter le tiers de la dépense, soit 3.890 livres ; la différence était à la charge de la ville de Bourbourg pour deux tiers, soit 5.186^{l}, 13^{s}, et de la ville de Dunkerque pour un tiers, soit 2.593^{l}, 6^{s}.

L'adjudication du service, qui devait se renouveler tous les trois ans dans chacune des trois villes alternativement, fut faite pour la première fois le 4 Juillet 1753 pour la somme de 4.000 livres par an (1). Le soumissionnaire devait se conformer rigoureusement, sous peine d'amende, aux charges qui lui étaient imposées concernant le temps du parcours, les relais des chevaux, le tarif à percevoir tant pour les passagers que pour les valeurs à transporter. Il était tenu d'entretenir, depuis le mois de Décembre jusqu'à celui de Mars inclusivement, un « feu de bois ou de charbon d'Angleterre » proportionné

(1) Le produit en varia beaucoup : on le trouve de 8.390^{l} en 1756, de 5.510 en 1759, de 11.200 en 1762, de 5.000 en 1775, de 6.354 en 1781, etc...

à la rigueur du froid, et sans augmenter le prix du voyage. En compensation, il lui était accordé une réduction pour les empêchements fortuits entravant la navigation, spécialement par suite de gelées ; cette remise atteignait, paraît-il, le quart, et quelquefois le tiers du fermage.

Le tarif du voyage était de 40ˢ dans la première classe, de 24ˢ dans la seconde, et de 15ˢ dans la troisième. Il y avait réduction de moitié : pour les enfants de trois à douze ans, dans les trois chambres ; pour les cavaliers et dragons actuellement au service du Roi, dans la dernière chambre seulement ; et pour les RR. PP. Carmes déchaussés, Capucins, Récollets et les pauvres Clarisses dans les seconde et troisième chambres ; enfin gratuité entière pour les députés de Messieurs les Magistrats de Dunkerque, Bourbourg et Saint-Omer, ainsi que leurs domestiques, et pour les enfants au-dessous de trois ans.

Notons enfin (1) que l'adjudicataire devait tenir « exactement la main à ce qu'aucune personne, de quelque « qualité qu'elle soit ne fume, fasse cuire ou griller des « pommes, harangs ou chose qui soit dans aucune des « chambres, à peine de vingt sols d'amende ».

Les archives de Saint-Omer ont conservé les dessins de carrosses d'eau dressés pour être présentés à l'adjudication. On voit, d'après ces documents, combien l'on s'était attaché à y combiner l'élégance de la forme et de l'ornementation avec tous les aménagements aptes à

---

(1) Article 40 du projet des « *charges et conditions auxquelles seroient donnés en ferme les deux carrosses d'eau* ». Arch. de Saint-Omer. AB. X, 5.

procurer aux voyageurs l'installation le plus confortable possible, pour cette époque (1).

L'on évaluait alors à une moyenne de 18, soit 4 dans la première chambre, 8 dans la seconde, 6 dans la troisième, le nombre de personnes qui prendraient passage à chaque voyage, ce qui donnait une recette journalière de 22^{l} 2^{s} par barque; 44^{l} 4^{s} pour les deux, contre une dépense de 30 livres, y compris la fourniture des chevaux, qui était à la charge de l'adjudicataire. Celui-ci était, de plus, responsable de la détérioration des barques et devait supporter les frais de réparation, mais la construction en incombait aux trois villes qui devaient les remplacer au moins tous les douze ans et supporter la dépense au prorata de l'intérêt qu'elles touchaient dans leur produit.

Malheureusement les résultats financiers de la nouvelle entreprise furent compromis par l'établissement,en 1759, de la chaussée de Bergues à Armentières et Lille qui détourna de la route d'eau une partie notable des voyageurs de Dunkerque. Cette répercussion désavantageuse pour les coches d'eau est constatée dans les mémoires dressés en 1775, et, ainsi qu'on l'a vu précédemment, les recettes et par conséquent le produit du fermage, subirent une baisse variable, mais progressive. On sait (2) que les Etats d'Artois avaient fait dès 1732 une

(1) Un de ces dessins est daté de 1761 ; un autre, vraisemblablement de la même époque, est signé « Denys, constructeur à Dunkerque ».

(2) V. Blanchard. *La Flandre*, p. 447. Arch. du Pas-de-Calais. Fonds des Etats d'Artois, n° 123.

opposition énergique au projet de la nouvelle route qui contrariait, en effet, les intérêts de la province, mais leurs raisons ne pouvaient prévaloir contre l'urgence manifeste qu'il y avait à faire cesser l'état arriéré des chemins dans cette partie de la Flandre.

Quoi qu'il en soit, ce service de carrosses d'eau fonctionna longtemps sans subir de modifications. C'est celui que l'on voit subsister encore au XIXe siècle jusqu'au moment où la construction de chaussées, puis de chemins de fer, lui ôta toute importance au point de vue du transit des voyageurs, pour ne laisser place qu'à celui des marchandises auquel il fut désormais affecté.

* * *

Il y aurait encore, pour être complet sur les coches d'eau de Saint-Omer, à dire un mot des barques de Calais et de Gravelines. Ces deux services, créés également à la fin du XVIIe siècle, tiennent peu de place dans l'histoire de nos relations commerciales, et nous ne possédons pas de détails intéressants sur leur fonctionnement.

La *barque de Gravelines*, établie au moment où cette ville avait perdu toute son importance, ne partait qu'une fois par semaine et ne servait qu'à transporter « quelques habitants de cette petite ville allant faire quelques achats à Saint-Omer » (1).

---

(1) Mémoire dressé en 1774. Arch. de Saint-Omer. 229, 16. Les dossiers de ces archives ainsi que les comptes de l'argentier ne contiennent aucune mention de la barque de Gravelines. Il est donc probable que le Magistrat de Saint-Omer n'intervenait en rien dans son exploitation.

La *barque de Calais* n'eut également qu'un trafic restreint, même antérieurement à l'achèvement de la chaussée de Saint-Omer à Calais sur laquelle fut organisé un service régulier de messagerie. Elle servit donc beaucoup plus aux marchandises qu'aux voyageurs.

On peut faire remonter au moins jusqu'en 1687 la date de sa création, car un acte notarié de cette année, retrouvé aux Archives de Saint-Omer (1), porte les conditions auxquelles « sera adjugée l'entreprise pour la construction de deux barcques propres pour la navigation de Saint-Omer à Calais ». Ces barques devaient contenir, outre l'emplacement réservé aux marchandises et au logement des bateliers, un « roufle » de douze pieds de longueur pour les voyageurs, avec aménagement de bancs et d'un foyer « avecq son effumoir ». Sur le pont devait également être disposée une galerie avec des bancs. L'acte est suivi de la conclusion du contrat, signé le 21 Avril 1687, moyennant la somme de 640 livres pour chaque barque, par le soumissionnaire, Jacques Vandenbossche, « maitre faiseur de batteaux et connestable des faubourgs du Haupond ».

Cette barque fut d'abord adjugée par le Commissaire departi de la province (2) qui en a toujours perçu le prix. Celui-ci n'excédait pas douze à quinze cents livres par année ; mais il arriva que le canal se trouva obstrué par la vase au point que le service ne put être continué. L'Intendant put obtenir d'un particulier qu'il procédât

(1) *Archives du Gros des Notaires de Saint-Omer*, année 1687. *Liasse des Accords*, n° 101.

(2) Arch. de Saint-Omer. 284. 29, n° 10.

au curage à condition qu'on lui abandonnât la jouissance de la barque. Celle-ci fut régie ainsi jusqu'en 1780 (1), date à laquelle une convention nouvelle intervenue entre les deux villes aboutit à l'exploitation d'une barque commune, dont le loyer devait être partagé entre elles par moitié (2).

* * *

En 1775, un arrêt du Conseil du Roi, rendu le 2 Décembre, décréta la réunion au Domaine de Sa Majesté des privilèges des Coches et Diligences d'eau établis sur les rivières et canaux navigables du royaume. Cette mesure fiscale jeta une profonde perturbation dans le pays de la Flandre maritime. Les villes propriétaires de barques craignirent qu'on ne voulût attenter à leurs droits qui ne provenaient pas, en effet, d'une concession royale, ou d'un démembrement, à leur profit, d'un domaine de la Couronne, mais d'un établissement formé à leurs dépens et d'une juste rémunération des sacrifices consentis par elles pour la construction et l'entretien des canaux, ponts, écluses et digues. Les mémoires qui ont été dressés à ce propos nous ont laissé le souvenir de l'émotion soulevée par cette menace, et des indications

---

(1) Arch. de Saint-Omer. AB. X, 3. *Convention du 11 Octobre 1780* et pièces annexes relatives au même objet.

(2) « Fait recette le comptable de la somme de 805 livres, « moitié revenant à la ville du rendage de la barque de cette ville « à Calais, adjugé le 3 Mai 1781 au s[r] Joseph Herbout pour six « années au rendage annuel de 1.610[l] ». (Compte de l'argentier de Saint-Omer, 1783-84).

précises tant sur les dépenses supportées par chacune des municipalités que sur l'historique des coches d'eau.

Dans les allégations soulevées par les plaignants, nous voyons que les frais consacrés à la navigation ont été, pour la période comprise entre 1715 et 1776, de 605.240^{l} 6^{s} 3^{d} pour la ville de Saint-Omer, (1) et de 350.000 livres pour Dunkerque et Bourbourg, laquelle somme ne comprenait pas les frais d'établissement du canal. La ville de Bergues fit valoir également que c'est à ses frais que la rivière de la Haute-Colme avait été rendue navigable (2) jusqu'à Watten, et que les canaux latéraux destinés à l'écoulement avaient été creusés; elle avait de même construit les écluses de Watten et de Lyncke (3).

Enfin toutes ces villes avaient en plus à leur charge les frais de remplacement des barques. Un état dressé pour la période de 1757 à 1774 montre que la part contributive de la ville de Saint-Omer dans cette dépense dépassa douze mille livres.

(1) Mémoire n° 3 d'un dossier des Archives de Saint-Omer. 284, n° 29.

(2) Elle avait primitivement été recreusée en 1293 ; sa dernière remise en état remontait à 1634. Cf. Blanchard, *La Flandre*, pp. 451, 453.

(3) Il n'est pas hors de propos de rappeler que, primitivement, le transit des bateaux par la rivière de la Colme était singulièrement retardé par le passage des *overdrach* de Wattendam et de Lyncke, ouvrages qui nuisaient beaucoup à l'activité de la navigation et ne furent remplacés qu'au milieu du XVIIe siècle par des écluses. (Cf. *Ce que c'était qu'un Overdrach*, dans les Annales du Comité Flamand de France, t. VI).

Le bien-fondé de ces réclamations dut être reconnu de suite, car nous ne voyons plus trace d'une pression quelconque tendant à appliquer à nos services de coches d'eau l'édit de 1775. Les adjudications continuèrent, comme par le passé, à être faites au profit des municipalités, et leur produit à compenser dans une certaine mesure les charges supportées par elles pour la navigation. Cette rémunération était d'ailleurs d'autant plus équitable que les débours nécessités pour l'entretien des rivières, digues, ponts, écluses, frais d'administration, etc., excédaient notablement le montant de cette recette. C'est ainsi que le Magistrat de Saint-Omer put établir que de 1715 à 1774 l'excédent annuel des dépenses sur les recettes se chiffrait par un total moyen de 4.610^{l} 4^{s} 9^{d}.

Il n'entrait pas dans le cadre de cette étude d'étudier en détail la création des canaux de la Flandre maritime. Toutefois, il ne peut être indifférent de constater, par l'examen de ces chiffres, l'importance des sacrifices consentis par les villes pour doter la région de ces voies de communication dont le réseau, réuni depuis au bassin de l'Escaut par la jonction à la rivière de La Lys, a permis l'extension considérable apportée de nos jours à nos transports fluviaux. Tandis que le pouvoir central n'est en aucun moment intervenu dans ces travaux, les municipalités n'ont cessé, par leurs propres efforts, de les améliorer et de les mettre en état de donner au port grandissant de Dunkerque la facilité de déverser dans l'intérieur du pays les marchandises qu'il recevait. On a vu dans quelle mesure l'établissement des services réguliers de barques a été le prétexte de ces dépenses;

leur histoire présente donc un intérêt réel pour celle de nos canaux en ce que les documents qui les concernent mettent à jour des détails de leur amélioration.

L'extension étonnante apportée de nos jours à la rapidité des communications nous fait paraître surannée l'institution des coches d'eau, bien qu'ils aient fonctionné jusqu'à une époque relativement proche de la nôtre ; on ne pourra cependant méconnaître qu'outre les services qu'ils ont rendus, services appréciables pour le temps qui les a vu créer, on leur doit une large contribution dans l'ouverture des belles voies navigables dont notre pays peut se glorifier aujourd'hui.

PIÈCES JUSTIFICATIVES

I

7 Juillet 1656.

Délibération *par laquelle le Magistrat de Saint-Omer nomme des délégués pour visiter, avec les représentants du Magistrat de Bergues, la rive de l'Aa entre Lowestel et Watten, en vue d'une digue à créer pour favoriser l'exploitation d'une barque trainée par un cheval.*

Du 7e de Juillet 1656 par devant Messrs du temps.

Ouy le rapport des deputez ayans traicté aveсq ceulx de Berges touchant d'avoir une barcque quy seroit conduict par cheval journellement pour mener les personnes et leur bagaige, une de ceste ville jusques à Furnes par Bergues, et une desd. lieux en ceste ville ; pour les recevoir et faire passer d'orz et vers Furnes et qu'ilz acheteroient pour ce des terres de l'eptendue d'une lieue et demie pour faire une dicq et passer le cheval, accélerer et abreaver les voyages et les rendre ez temps pour partir aveсq la barcq de Bruges à la comodité du publicq. Mesd. srs paravant ouir le francq mestier de batteliers et autres expertz et paravant prendre une ultérieure résolution tant sur l'utilité que sur les moiens, ont pour satisfaire aux deputez dusd Bergues, ressolu que lesd. deputez de cette ville feront le jour de demain visitation avecq lesd. de Bergues, s'ilz trouvent bien d'y aller, de l'estat de la dicq jusques à Loverstelle et de la à l'aultre costé de la rivière recognoitre sy lon y pouroit faire une dicq jusque à Watene, et par quel moien, pour en faire rapport. Permettans Mesd. s[rs] à leurs deputez d'eux faire escorter pour lesd. debvoirs qu'ilz feront à leur risques et péril, à tel effect que s'ilz ou l'ung d'eulx seroient prins prisonnieu de guerre ou auroient quelque autre infortune, que Dieu ne vœuille, ceste ville ne sera à aucuns fraiz ny à aucune indemnité.

(*Archives de Saint-Omer. Registre aux Délibérations du Magistrat.* BB. f° 152, v°)

II

18 Juin 1669.

CONDITIONS *de l'exploitation de la barque quotidienne de Saint-Omer à Wattendam.*

Charges et condicions auxquelles conviendra donner en ferme et louaige la barcque quy partira de ceste ville chacun jour pour se rendre à Watendam, y rencontrer celle de Berges-St-Winocq pour y prendre le pœuple venant de Bergues et puis retourner en ceste ville.

1. — Premierement la d[te] barcque sera de bonne heure au rivaige du Haultpond pour y prendre le pœuple qui s'en voudront servir, et de là en partir précisément à

huict heures du matin à la deligence des eschevins comis aux rivières ou tel aultre que mesd. s[rs] voudront commettre sans dilayer et attendre une seulle minutte après huict heures sonnées, fust qu'il y ait du monde quy se présente ou point, à paine de dix florins d'amende pour chacune fois, moictié au proficl du dénonchiateur, l'aultre moictié des pauvres ou aultre arbitraire.

2. — Et ce pour se rendre précisément à Watendam à douze heures du midy en touttes saisons et y prendre le pœuple qu'auroit amené celle de Bergues, et au mesme instant s'en retourner pour entrer en ceste ville sans aulcunement s'arrester aud. Watendam ou ailleurs à paine que dessus.

3. — Laquelle barcq servira pour transporter les personnes dud. St-Omer aud. Watendam et dud. lieu aud. St-Omer.

4. — Chacune personne se voulant servir de lad. barcque ayant atteint leage de douze ans payera deux soulz par lieue, et les enffans en dessoubz desd. douze ans la moictié, saulf et réservez ceulx quy seront aux testons pour lesquelles ne se paye aulcune chose.

5. — De mesme en serat il de la barque de Berghes. Bien entendu que de ceste ville jusques aud. Watendam ne seront comptez que deux lieues.

6. — Et que seront exempt et previlegez messieurs du Magistrat, leur *(sic)* officiers du bureau et leurs valets sy aulcuns en ont, ensemble les Recollets et Capucins.

7. — Ne pourra le fermier prendre aulcune chose pour la voicture du bagaige de passagers estans dans leurs valizes, portmanteaux et aultres sacqs n'excédans

le poix de quinze livres ; mais au dessus se pourra prendre pour lesd. valizes, portemanteaux et sacqs la moictié de ce quy se paye pour ung homme.

8. — Et au regard des bahuts, mandes, coffres et grands pacquets, se prendra aultant que pour ung homme.

9. — Le fermier sera submis de délivrer une barcque propre et convenable pour y placer et accomoder le peuple durant sa ferme sy longtemps que mesd. s[rs] ne feront construire une à cest effect.

10. — Et la ou par force majeur led. fermier seroit empesché de faire voyage, ne poldra prétendre aulcune modération de son rendaige ny pretexer aulcun interest ; mais sera obligé de payer led. rendaige à ratte et portion de temps que lad. barcque aurat fait voiage nonobstant qu'une saison soit meilleure que l'aultre.

11. — Led. bail se donnera pour le terme d'un an à commencher demain dix nœufiesme du présent mois de Juin et se payera led. de trois mois en trois mois.

12 — De plus led. fermier sera submis de donner caution solvente et reséante en ceste ville tant pour le payement dud. rendaige dommages et interests que polroient résulter aux voyageurs et aultrement par sa faulte et manquement.

13. — Celuy quy en offrira le plus aura deux pattagons pour vin.

14. — Finablement le fermier sera submis à touttes aultres charges et conditions que mesd. s[rs] seront subjects d'arbitrer pendant led. bail.

Ainsy fait et décretté en halle le XVIIIe de Juin 1669.

(*Archives de Saint-Omer. Registre aux Délibérations du Magistrat.* EE. f° 102, v°).

Du XVIIIe de Juin 1669.

Guillame Ghys a pris le louaige de la barcque pour le temps d'un an commenchant demain, à deux cens florins, et luy est demeuré comme plus offrant à lad. somme.

(*Ibid*, f° 113, v°).

III

Relevé *des produits de la ferme sur les bateaux, des loyers des coches d'eau de Saint-Omer, Bourbourg et Dunkerque et des barques dudit Saint-Omer et de Bergues, compris les reventes des vieux coches et vieilles barques ensemble des dépenses pour les curements des rivières, coupures et enlèvements des herbes, entretiens des digues, quais et ponts, reconstructions et entretiens des digues, quais et ponts, reconstructions et entretiens desdits coches et barques et frais de régies et administrations pendant 59 années commencées à l'exercice de 1715 à 1716 et finies à celui de 1773-1774.*

Produits

La ferme de ville sur les bateaux (art. 36) a produit pendant lesdites 59 années 147.281ˡ 13ˢ 4ᵈ, ce qui revient année commune.	2.419,16, 1
Les coches d'eau de St-Omer, Bourbourg et Dunkerque, compris les reventes des vieux, ont compris 156.656ˡ 4ˢ 8ᵈ, ce qui revient année commune à.	2.655, 6, 6
Les barques de St-Omer et de Bergues, compris les reventes des vieilles ont produit 86.487ˡ 19ˢ 8ᵈ, ce qui revient année commune à	1.465,18, 7
Total des produits année commune .	6.613, 1, 2

Charges

L'entretien des rivières, digues, quais, ponts, coches et barques, compris les frais de régie et administration, ont coûté pendant lesd. 59 années, 605.240ˡ 11ˢ 11ᵈ, ce qui revient année commune à	10.258, 6, 3
Les modérations accordées aux fermiers desd. coches et barques ont porté 56.934ˡ 2ˢ 11ᵈ, ce qui revient année commune à	964,19, 8
Total des charges année commune . .	11.223ˡ 5ˢ 11ᵈ

Les produits ne portent que. 6.613l 1s 2d

Partant les charges ont excédées annuellement de 4.610l 4s 9d

Fait et certiffié véritable sauf erreurs ou omissions à Saint-Omer, le 8 Mars 1776.

(Signé) : Lecomte Thomassin.

(*Archives de St-Omer*, 284-29, pièce n° 10).

IV

État *des frais et dépenses pour la construction et entretien du canal de Bourbourg et de la digue de la rivière d'Aa du côté des Flandres* (dressé en 1775).

1. — L'adjudication de la construction du canal de Bourbourg depuis Dunkerque jusqu'au Guindal, procès-verbal du 14 Juin 1673, porte, compris la construction des ponts et l'indemnité des terres incorporées. . . . . L. 78.289,10 »

2. — La dépense de l'élargissement et curement dudit canal suivant les procès-verbaux d'adjudication des 3 Mars 1726 et 13 Avril 1733, compris l'indemnité des terres incorporées et constructions des écluses. 118.758,14,4

3. — La dépense du curement dudit canal fait en 1759, suivant le compte de la même année, porte . . . . 27.750 » »

4. — La construction de la nouvelle branche dudit canal faite en 1773, compris les ponts, porte	30.250 » »
5. — Le grepage dudit canal, l'entretien des ponts, écluses et digues portent, année commune, suivant le compte de la châtellenie de Bourbourg	10.000 » »
6. — La dépense faite par la châtellenie de Bourbourg pour rehausser la digue de la rivière d'Aa depuis Gravelines jusqu'à Watten en 1716, porte suivant le compte de ladite châtellenie	4.500 » »
7. — Celles faites depuis 1716 jusqu'à 1750 pour l'entretien de ladite digue porte, suivant lesdits comptes	102.640 » »
8. — Celle faite en 1755 pour faire une nouvelle digue depuis Watten jusqu'au village d'Holque, porte	15.060 » »
9. — Celle faite en 1770 pour une autre partie de nouvelle digue porte.	7.040 » »
10. — Celle faite en 1773 pour rehausser ladite digue depuis ledit village d'Holque jusqu'au Guindal, porte	2.713 » »
11. — L'entretien ordinaire de ladite digue, depuis l'année 1750 jusqu'à 1775, porte suivant ledit compte	39.745 » »
	$436.746^{l}\ 4^{s}\ 4^{d}$

(*Archives de Saint-Omer*. AB. X, 5).

V

(Sans date, vers 1750)

Mémoire *adressé par la Chambre de commerce au Magistrat de Dunkerque, relatant les inconvénients des anciennes barques et établissant un projet de service plus rapide par des carrosses ou coches d'eau appelés « treckschuyten ».*

(D'après une copie conservée aux *Archives de Saint-Omer*. AB. X, n° 5).

Les plaintes que les marchands négociants et autres personnes font de la lenteur de la Barque qui navigue de Dunkerque à Saint-Omer et des autres incommoditez de cette voiture, qui, dans son établissement, n'a eu pour objet que l'utilité publique et celle du commerce, engagent les president et conseiller de la chambre de commerce de représenter à messieurs les Bailly, Bourgmaître et Echevins de la ville et territoire de Dunkerque, que la distance de Dunkerque à Saint-Omer, par le canal de Bourbourg n'étant que de huit lieues, il est autant surprenant que désavantageux que cette voiture employe l'été onze heures, et l'hyver douze heures à faire cette traversée, inconvénient d'autant plus nuisible au commerce et au public, que pendant une partie considérable de l'année les chemins de Dunkerque à Saint-Omer étant impraticables, il ne reste que cette ennuyeuse voiture pour se transporter d'une ville à l'autre, meme pour les affaires qui requièrent le plus de célérité. Cette lenteur est cause que cette Barque arrivant quelquefois à Saint-Omer à une heure indue, elle en trouve la porte fermée, et qu'il est en outre de toutte impossibilité qu'un négociant ou autre personne puisse emploier moins de trois jours, notament l'hyver, dans le voiage de l'une à l'autre ville quoyqu'aussy voisines, quelle puisse être son activité à terminer les affaires qui l'y appellent. L'utilité publique, l'avantage du commerce engagent à rechercher la cause de cet abus et les moyens de le rectifier.

L'on estime que les Barques, qui ne devroient être que pour l'utilité et la commodité des passagers, sont des batteaux de cinquante un pieds de quille, d'une construction grossière, gouvernant mal, d'un poids considérable, chargés de marchandises que le vent fait marcher à peine, et pour l'ébranlement desquelles deux pitoyables chevaux déploient le peu de forces qui leur reste, sans pouvoir donner à cette énorme machine la vitesse que l'eau facilite à tout batteau construit dans des justes proportions.

Cette Barque arrivant l'hiver à Dunkerque et à Saint-Omer à une heure indue chargée de marchandises qu'il faut décharger le matin et y recharger celles qu'elle transportera le meme jour, ne peut partir à l'heure qui luy est fixée, et ce retardement est, au départ de St-Omer, suivy d'un second, qui n'a d'autre cause que la négligence intolérable des Bateliers qui s'arretent regulièrement pres d'une heure dans le faubourg du hautpont.

Les marchandises dont la Barque est chargée tant à l'aller qu'au retour l'obligent de s'arreter demy heure à Watten, demy heure à West, et demy heure plus qu'elle ne devroit à Bourbourg pour la verification des acquits, qui les accompagnent, formalitez qui absorbent une heure et demy sur une traversée de huit lieues.

Pour procurer la perfection dont l'on croit cet établissement susceptible surtout depuis que messieurs les mayeur et echevins de la ville et cité de St-Omer ont fait construire une digue de Waeten à Loverstel qui facilite sans interruption jusqu'à leur ville le passage des chevaux qui trainent les Barques et Bellandres.

L'on estime qu'aux Barques actuels, il faudroit substituer à l'instar des treckshuyten de Hollande, des batteaux de quarante pieds (1) de quille et dix pieds de large qui ne tireront que 25 pouces d'eau à morte charge, et qui réuniront la légereté, la vitesse, les commoditez, l'agrément, qui pourroient aisément contenir, à couvert des intempéries de l'air, 60 passagers, et doubler ce nombre en cas de nécessité, dont les développement et profit sont joints au présent mémoire.

Ces treckschuyten seroient traînés par deux chevaux chacun obligés d'aller au trot, et auroient cinq relais;

Deux chevaux iroient de Dunkerque à demy chemin de Bourbourg un peu par delà Spicker.

Deux chevaux iroient par delà Spicker à Bourbourg. Ces deux relais reconduiroient de Bourbourg à Dunkerque le treckschuyt venant de St-Omer.

Deux chevaux iroient de St-Omer à Waeten ; deux autres de Waeten jusqu'à demy chemin de Bourbourg,

---

(1) Toutes *(sic)* ces proportions sont pieds de Flandres de 10 pouces.

deux autres iroient demy chemin de Waeten à Bourbourg jusqu'à Bourbourg.

En retour ces trois relais reconduiroient le treckschuyt venant de Dunkerque à St-Omer.

Chaque relais faisant moins de deux lieues d'une seule traite pourroit trotter en tout tems.

Ces relais seroient exactement sur la digue prets à prendre sans aucun retardement le treckschuyt à son passage.

On observe qu'actuellement les Barques occupent huit chevaux, deux de St-Omer au Guindal, deux du Guindal à Dunkerque, deux de Dunkerque au Guindal, et deux du Guindal à St-Omer.

Les chevaux de Dunkerque et St-Omer ne pouvant retourner le meme jour d'ou ils sont partis, par ce que que cette manœuvre feroit faire aux deux qui retourneroient à St-Omer huit lieues sans débrider, les deux Barques se rencontrant à présent entre Bourbourg et le Guindal.

Quant à la dépense extraordinaire qu'occasionneroient les deux chevaux proposés de plus que les huit actuellement occuppés à la meme besogne, le public seroit indemnisé par une extreme diligence, l'Entrepreneur par une augmentation de taxe et par l'économie de la voile et des agréz en dépendants qui seroient suprimés comme plus embarasants qu'utiles,et deux Bateliers suffiroient amplement à la conduite du treckschuyt.

Ces treckschuyten partiroient avec la plus grande précision de St-Omer, l'été à sept heures sans pouvoir sous quelque prétexte que ce soit arretter dans le faubourg ou ailleurs, et arriveroient à Bourbourg à dix heures et demy.

Les treckschuyten démareroient du bassin de l'Ecluse de Bourbourg à midy sonnant, et seroient obligés d'arriver à Dunkerque à deux heures et demy précises.

Ils partiroient de Dunkerque à sept heures, arriveroient à Bourbourg à neuf heures et demy, en partiroient à unze heures pour arriver dans la ville de St-Omer à deux heures et demy précises, ce qui fait en tout six heures de marche pour une traversée de huit lieues, une heure et demy pour le passage de la Barque à travers Bourbourg, l'ouverture des écluses, la dinée des passagers, ce qui paroit suffire.

L'hiver le treckschuyt partiroit de St-Omer à huit heures, arriveroit à Bourbourg à midy, en partiroit à une heure et demy pour arriver à Dunkerque à quatre heures et demy.

Il partiroit à Dunkerque à huit heures pour arriver à Bourbourg à unze heures, en partir à midy et demy, et arriveroit dans la ville à St-Omer à quatre heures et demy précises, ce qui fait sept heures de marche pour une traversée de huit lieues.

Le consigne de la porte Royalle à Dunkerque et celuy de la porte du Haut pont à St-Omer rendroit le soir immédiatement après la fermeture des portes, aux Magistrats des deux Collèges, compte de l'heure à laquelle le treckschuyt seroit arrivé, lorsqu'il arriveroit apres l'heure fixée : en cas d'accident ou d'empechement légitime qui retarderoit l'arrivée du treckschuyt après l'heure fixée, l'Entrepreneur seroit tenu d'en produire certifficat par écrit signé de trois des plus notables passagers qui auront esté témoins de cet accident ou empechement. Faute de ce certiffìcat et le treckschuyt arrivant demy heure après l'heure fixée, l'Entrepreneur encoureroit une amende de six livres, et arrivant une heure après l'heure fixée, cette amende seroit de douze livres, dont la moitié applicable au proffit des consignes, sauf son recours contre les conducteurs de son treckschuyt, sans que cette peine puisse être commué en une moindre, puisqu'elle seroit une des conditions expresse de son bail ; à chaque demy heure expirée après l'heure fixée pour l'arrivée à Bourbourg, il encourreroit une amende de trois livres seulement, à cause qu'il peut se trouver dans le cas d'y paier deux amendes dans un meme jour.

Les treckschuyten ne pourroient se charger que des coffres, malles, porte manteaux des passagers ; le tout seroit rangé dans les emplacements qui leur seroient destinés en avant et en arrière, sans que sous quelque prétexte que ce soit, ils puissent les placer dans les chambres.

Les treckschuyten ne pourroient charger aucunes marchandises, huitres, ny poissons de mer frais ou salez.

Le prix de la voiture des coffres, malles, porte manteaux, déduction faite du port permis de chaque passager, seroit taxé à dix sols du cent pezant.

Les passagers payeroient dans la première chambre de Dunkerque ou St-Omer à Bourbourg. . . . 20ˢ 0ᵈ

De Dunkerque à St-Omer 40ˢ 0ᵈ

Auront d'équipage porté gratis par personnes 25ˡ.

Seconde chambre de Dunkerque ou St-Omer à Bourbourg 12ˢ 0ᵈ

De St-Omer à Dunkerque . . . . 24^{s} 0^{d}

Equipage porté gratis 15^{l}.

Troisième chambre de Dunkerque ou St-Omer à Bourbourg . . . . 6^{s} 0^{d}

De Dunkerque à St-Omer. . . . . 15^{s} 0^{d}

Soldat et matelot demy voiture dans cette chambre seulement.

Equipage porté gratis 8 à 10^{l}.

Comme jusqu'à present le port des especes d'une ville à l'autre n'a été fixé par aucun réglement, et que le commerce rend cet objet considérable :

Pour le port des especes d'or ou d'argent, de billon ou de cuivre qu'il transporteroit de Dunkerque à St-Omer, il seroit payé un huitième pour cent, soit deux sols six deniers de chaque cent livres à l'Entrepreneur.

En chaque ville, il auroit un registre cotté et paraphé sur lequel il seroit obligé d'enregistrer en présence de celuy qui feroit l'envoy les sommes et autres effets dont il se chargeroit.

Il ne seroit obligé de se charger d'aucunes espèces qu'en sacs bien cachettés et sur les adresses desquels seroient anotés les sommes que chaque sac contiendroit, et dont il demeureroit responsable.

Il auroit au bout du mail et à son Bureau à St-Omer une Balance et des poids pour constater sur la feuille le poid des Equipages des passagers, petittes caisses et pacquets que son treckshuyt pourroit charger comme dit est.

L'Entrepreneur du treckschuyt seroit tenu d'avoir toujours affiché dans chacune des chambres du treckschuyten le règlement contenant la police du treckschuyt.

Pour lever les inconvénients qui sembleroient résulter de la diminution du prix des treckshuyten par l'interuption du transport des marchandises :

L'on supose que journée commune il y auroit sur chaque treckschuyt :

6 passagers à.	40s	L.	12
12 passagers à.	24s		14 8s
6 passagers à.	15s		4 10s
200l d'Equipage à 10s L. %. . . .			1
		L.	31l 18s

Journée commune et suposant sur chacune des Barques actuelles :

24 passagers à 15s	L. 18	26,15
2 tonneaux de marchandises à 4l 7s 6, en compensation de ce qu'elles chargent plus à St-Omer et qu'elles n'en peuvent charger à Dunkerque qu'un demy tonneaux	8,15	

Le produit du treckshuyt excéderoit celuy de la Barque par jour de . . . . L. 5l 18s

Il y auroit à St-Omer et à Dunkerque trois Bellandres qui, pour peu ou beaucoup de marchandises, seroient obligés de partir le mardy, jeudy et samedy de chaque semaine pour les deux villes respectives et obligées d'y arriver le meme jour à peine de perdre la moitié de leur voiture, à moins d'empechement légitime. C'est une augmentation de profit dont les Belandriers des deux villes profiteroient.

Il reste la facilité de la Barque de Bergues pour les marchandises dont l'expédition presseroit trop pour attendre le départ des Bellandres de semaine, l'entrepreneur de la Barque de Bergues transportant dès à présent les marchandises de St-Omer à Dunkerque et le charois de Bergues à Dunkerque ne coutant pas plus que le salaire des chartiers du canal de Bourbourg à Dunkerque.

Si les marchandises de St-Omer à Dunkerque prennent cette route, il en résulteroit une augmentation du prix du bail de la Barque de St-Omer à Bergues dont le Magistrat de St-Omer profiteroit en partie.

CAROSSE D'EAU de Saint-Omer à Dunkerque

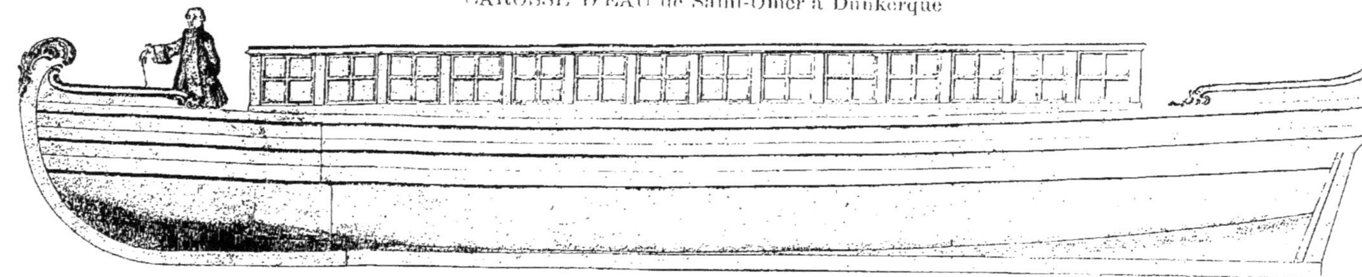

Signé : Denys, constructeur à Dunkerque

Élévation

Échelle 2/5.

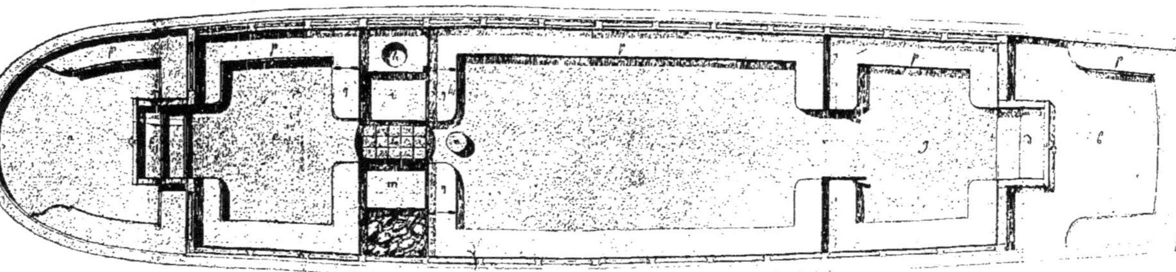

Plan

Échelle 1/3.

Légende

a Gaillart ou verdal d'avant sous lequel peuvent se placer les équipages des passagers.

b Gaillart ou verdal d'arrière sous lequel peuvent se placer les équipages des passagers

c Escalier couvert d'un capot pour descendre dans la première chambre cottée c

d Escalier couvert d'un capot pour descendre dans la troisième chambre cottée g et entrer dans la seconde cottée f.

e Première chambre dont l'intérieur sera peint en bleu de Berlin, les bancs rembourés en crin recouvert de velours d'Utrecht citron.

f Seconde chambre dont l'intérieur sera peint en gris de perle, les bancs rembourés en foin couverts de veaux, l'entrée en sera en r.

Les vitrages de ces deux chambres auront des rideaux.

g Troisième chambre peinte comme la seconde, les bancs sans être garnis : il n'y aura pas de rideaux.

h Latrines.

i Passage pour communiquer au besoin de la première à la seconde chambre et aux latrines qui sera fermée d'une porte.

l Emplacement d'un poele qui échaufferat les deux chambres au moyen de deux plaques de cuivre enchassées dans les lambris des deux chambres.

m Emplacement dont l'entrée sera dans la chambre f fermée d'une porte pour servir le poele sans que le feu soit vu d'aucune chambre.

n Emplacement ou espèce de cofre pour placer le charbon qui servira d'aliment au poele.

o Emplacement du mat qui estant brisé par une charnière sur le tillac, resterat à demeure depuis le tillaç jusqu'en bas.

p Bancs.

q Bancs brises par des charnières pour communiquer d'une chambre à l'autre, aux latrines et à l'ouverture du poele.

r Porte de communication servant d'entrée de la troisième à la seconde chambre.

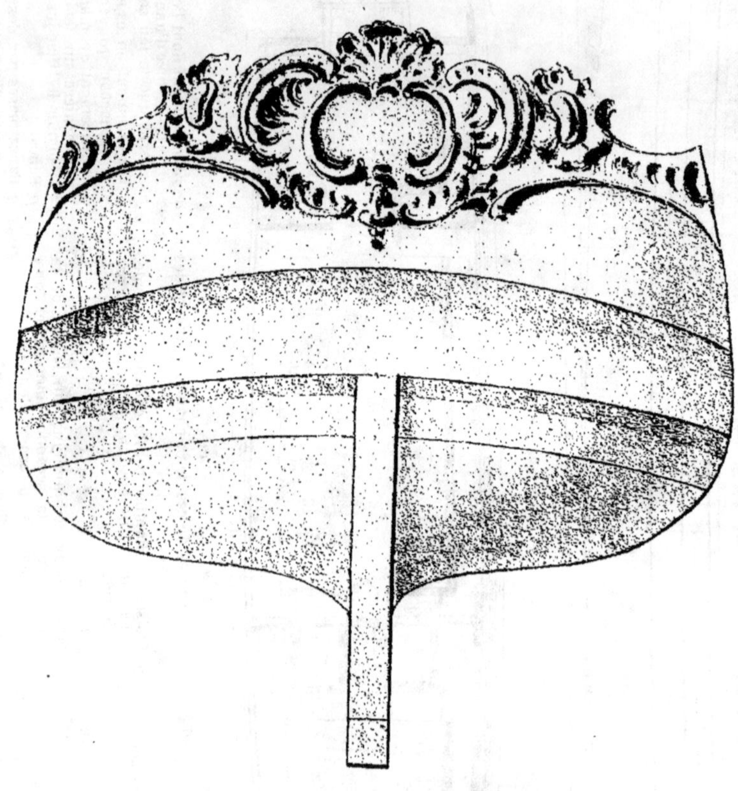

POUPE DU CAROSSE D'EAU (　　)
(Vue de face, grandeur du dessin original)

A Première chambre,
B Seconde chambre,
C Troisième chambre,
D Emplacement d'un Lit pour Les Bateliers,
E Escalier de La Chambre Cotté, A,
F Escalier de La Chambre Cotté, B,
G Escalier de La Chambre Cotté, C,
H Les Lattrines,
I Bans En forme de Coffre ; Les d' Bans seront rembourés En Crin,
K Bans Rembouré En foin,
L Emplacement du Mât.

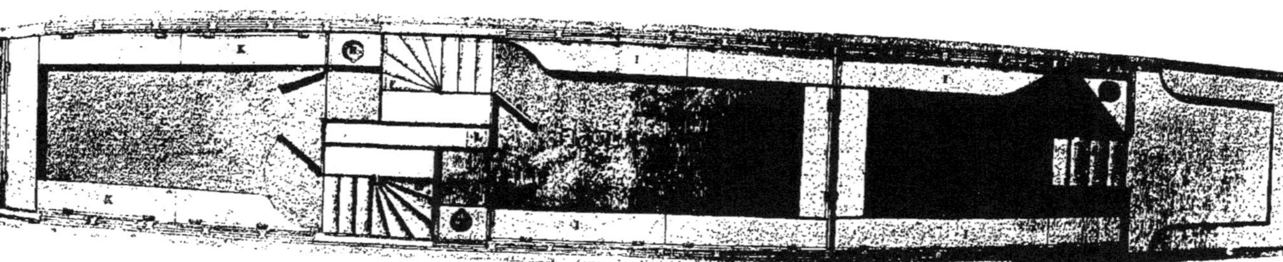

Elévation et plan des Coches d'eau de Saint-Omer à Dunkerque (1761)

au dos " Plan des nouveaux Coches d'eau de Dunkerque 1761 ".

Archives Municipales n° (sans cote)
Grandeur de l'original 0m60 × 0m45.

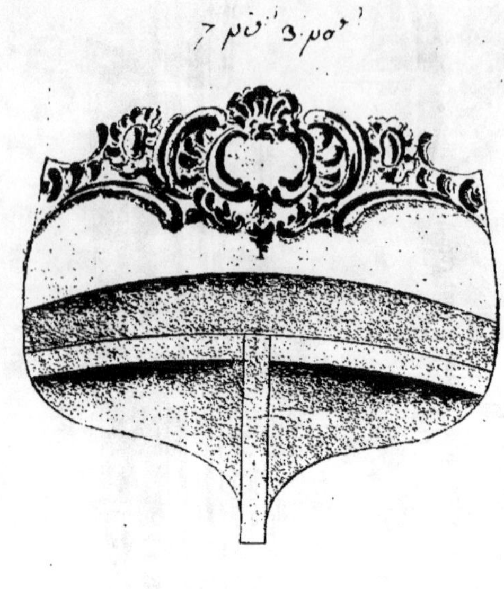

POUPE DU COCHE D'EAU (Grandeur du dessin original 1761

CONSIDÉRATIONS

SUR LA

BATAILLE DE DUNKERQUE

ou des Dunes

(1658)

PAR M. LE BARON DE MAERE D'AERTRYCKE.

CONSIDÉRATIONS

SUR LA

BATAILLE DE DUNKERQUE

ou des Dunes

(1658)

PAR M. LE BARON DE MAERE D'AERTRYCKE.

Après l'apparition de l'ouvrage si documenté sur la bataille des Dunes, publié par le *Lieutenant-Colonel Bourelly* (1), toute description, tous commentaires seraient superflus.

L'auteur a puisé aux sources les plus sûres : relations

---

(1) LIEUTENANT-COLONEL BOURELLY. *Deux campagnes de Turenne en Flandre.* Paris, Perrin & Cie, 1886.

d'officiers présents à l'action (1), mémoires des diplomates (2), plans de l'époque, etc., etc. (3).

Les détails de la bataille étant connus (4), nous nous bornerons à établir une comparaison entre ce mémorable fait d'armes et l'attitude à adopter éventuellement, de nos jours, en cas d'une situation similaire, pour un engagement à double action.

Par suite de la distance entre les gros adverses, Turenne a marché à l'ennemi dans une formation semblable à un ordre préparatoire de combat.

Entre l'estran et la route de Furnes, le terrain de dunes était peu favorable à la cavalerie. Turenne disposait vis-à-vis de l'adversaire de la supériorité numérique totale, de celle en infanterie, et seul il utilisa de l'artil-

---

(1) Chevalier de Clerville. *Discours fait par le (Chev^r de C.) des causes du siège de Dunkerque et de ce qui s'est passé et est notable en iceluy*, 1658. (Biblioth. Nat[le] FFR., t. 6562.

(2) Lettres, notamment de l'ambassadeur vénitien Guistiniani (Biblioth. N[le]. Amb. vénit. filza 121) ; de Mazarin à la Reine (arch. aff. étrang. France, tome CCLXXVII, fol. 116), à Mr de Bordeaux. (Arch aff. étr. Angleterre, tome LXIX).

(3) Deux plans de Beaulieu ; l'un d'eux est au $\frac{1}{44.000}$ environ ; il y a en outre une reproduction à petite échelle (approximativement $\frac{1}{240.000}$), relative au « *Gouvernement de Dunkerque* ». Beaulieu était ingénieur ordinaire de Louis XIV, avec privilège ; *Michelet sc.* figure en annotation sur les cartes.

(4) Une excellente description en fut donnée par le *Chevalier de Clerville*, *o.c.* Cf[r] *Bourelly*. *o.c.*, pages 269 à 323.

lerie. De même, il mit à profit et la présence de la flotte anglaise alliée, et le moment de la marée basse pour se servir, à l'aile nord, du feu des vaisseaux et de l'action de sa cavalerie ; enfin le vent du ponant lui fut utile. A l'encontre de ce que fit Don Juan, il tira parti des circonstances locales.

De nos jours, une troupe mixte, d'effectif analogue aux forces de Turenne, (une division d'armée (mixte) et quelques troupes de cavalerie indépendante, par exemple), opérant dans des conditions analogues, aurait surtout à garantir ses unités montées contre le feu de l'infanterie. dont l'efficacité, eu égard au terrain, serait prépondérante.

Par l'estran, à découvert, l'exploration pourrait être assurée par des éléments rapides, cyclistes ou cavaliers de choix ; l'observation de points élevés, voire de ballons, serait surtout en situation.

Il paraîtrait avantageux, en ce pays couvert et accidenté, de réduire l'effectif de *l'avant-garde* des unités tactiques adverses, ainsi que la distance qui sépare cet échelon des « *gros* ». Les déplacements (1) de ces der-

---

(1) Il s'agit de l'observation du principe de liaison tactique, développé notamment dans les considérations des ouvrages classiques suivants : G. MAILLARD. *Eléments de la Guerre*. Paris, Baudouin, 1891, pages 279 et 295 ; voir aussi B[on] VON DER GOLTZ. *La nation armée*, 4e édition, Paris. Westhausser, 1891, 4e édition, pages 251 (note 1) et suivantes.

Lors des batailles livrées dans les dunes du littoral de la Flandre, en 1600 et en 1658, les conceptions et les mouvements

niers ne pourraient s'effectuer que par bonds, sous la protection de l'avant-garde, et dans une formation se rapprochant d'un ordre normal de combat.

---

des vainqueurs (Maurice de Nassau et Turenne) ont présenté assez d'analogie.

Depuis la construction du « *fort des Dunes* » (3.100 mètres environ vers l'E.N.E. du clocher de Rosendael) et l'augmentation dans la portée de nos pièces d'artillerie contemporaines, un contact éventuel, amené à la suite des considérations exposées dans le texte, ne se produirait que dans une région relativement éloignée à l'Est du fort précité.

Mémoire

relatif aux dates des Inondations

DANS LA

PLAINE MARITIME FRANCO-FLAMANDE

PAR

M. le Baron de MAERE d'AERTRYCKE.

MÉMOIRE

relatif aux dates des Inondations

DANS LA

PLAINE MARITIME FRANCO-FLAMANDE

PAR

M. LE BARON DE MAERE D'AERTRYCKE.

RÉPONSE à la Question : 1° De la Section IV. — *Indiquer les découvertes récentes (Monnaies, Poteries, etc.), qui permettent de préciser la date des invasions de la mer dans la plaine maritime française ou belge.*

AVANT-PROPOS.

Avant de parler des trouvailles en objets divers, monnaies, tessons de poterie, vases, recueillis sur le littoral franco-belge de la mer du Nord, aux fins de préciser les dates des inondations de la plaine maritime, il convient de signaler pour quelles causes ces vestiges du passé se récoltent dans la région précitée. Parmi ces causes figurent des influences dépendant des conditions du régime côtier ; quelques notions d'ordre géologique sont indispensables aussi dans le but de faire davantage ressortir les liens de cause à effet.

Causes dépendant du Régime Côtier du Littoral Calais-Knocke.

Depuis la rupture de l'isthme de Calais, le flot de marée, entrant par le Pas, agit sur cette Côte. Avant l'existence de cette brèche, seule l'action du flot débouchant par le littoral écossais, se faisait sentir. Aujourd'hui la rencontre des deux flots produit des points de neutralisation (1).

La mer entame le littoral depuis l'Yzer jusque vers Knocke, et respecte l'estran depuis Nieuport jusqu'à Calais (2).

En dépit des barrières artificielles opposées aux flots, ces masses liquides effectuent leur travail destructeur

---

(1) ALPH. BELPAIRE. *De la Plaine Maritime depuis Boulogne jusqu'au Danemark.* Anvers, Schotmans, 1855, IIe Partie, page 68 : « Le premier de ces endroits insensibles aux fluctuations régulières de l'Océan... », etc. Cf. WILLIAM WHEWELL. *Researches on the tides* (dans Philosophical Transactions). Londres, Taylor, 1836.

(2) A. DE MAERE-LIMNANDER. *Réponse au rapport de la Commission instituée le 10-X-1878.* Gand, Annoot-Braeckman, 1883, page 66 : « Le long de la Côte française, depuis Calais jusqu'à Dunkerque, dit Monsieur Piens, l'estran est très developpé ; on n'y constate nulle part des amaigrissements ni des érosions. A l'Est de Nieuport, dit Monsieur le Secrétaire, le *régime change* et la différence est *énorme*.

avec une puissance proportionnelle à la résistance des obstacles, tandis qu'elles glissent paisiblement sur les pentes douces et peu consistantes, dont elles exhaussent les surfaces par le dépôt des vases et des sables tenus en suspension.

Il y a longtemps d'ailleurs que la théorie de l'exhaussement par la mer de certains de ses rivages a passé en force de chose jugée (1), tandis qu'il est non moins avéré que l'Océan accomplira son œuvre destructrice d'autant plus violemment que l'obstacle en contact sera rigide et peu incliné, le rôle de bélier ou d'excavateur, joué par les eaux, s'augmentant par l'action de désagrégation des flots.

Tant que pour une égalité de section, *s*, peut varier la vitesse *v* d'amplitudes différentes Q, on aura pour v la valeur $\frac{Q}{s}$. Or, cet élément du choc, $\frac{Mv^2}{2}$, exercera sa puissance conjointement avec l'amplitude des eaux. On conçoit donc comment, dans les estuaires surtout, digues et ouvrages d'art peuvent être renversés avec création d'affouillements de dix à douze mètres de profondeur sous le lit.

L'amplitude des eaux se ressent de la propagation du flot de marée (2), puis du transport liquide dû aux cou-

---

(1) P. Bortier. *Le Littoral de la Flandre.* Bruxelles, van der Auweraa, 1876, page 16 : « Rapport du 19-II-1863, de l'ingénieur hollandais M.-P. Caland.

(2) Sur les conséquences de l'amplitude de la marée dans la Mer du Nord, cf. notamment : A. de Maere Limnander. *Du prétendu ensablement du port de Heyst.* Bruges, Houdmont, 1879, Lettres Waldorp, p. 1, Dirks, p. 13, L. Barret, p. 20, et aussi A. Belpaire. *De la plaine*, etc., o.c., page 69 : « C'est que la marée, arrivant par le Nord de l'Ecosse, présente une amplitude considérablement plus grande que ne le fait celle qui débouche par la Manche ».

rants marins, spécialement au courant polaire, également du nombre et de la direction des bancs sous-marins, en outre de la situation respective des terres continentales, aussi de la direction et de l'intensité du vent, ainsi que des époques de l'année, des phases lunaires, etc., etc. (1).

Le long de notre littoral, c'est avec simultanéité de manifestation de ces causes que les catastrophes connues se sont produites; et, c'est de l'Yzer vers Knocke s/M, que ces manifestations ont le plus de chances de se produire.

---

(1) A moins de dix milles marins au large de Dunkerque, courent parallèlement à la côte six rangées de bancs (cotes moins trois), mais à l'Est de Nieuport jusqu'à Knocke, la bande presqu'unique du « *Stroombank-Paardemarkt* » couvre la côte. A l'Est de Knocke, au large jusque Zoutelande, 4 bancs cotés — 5 s'étendent le long du littoral. L'écran des îles Britanniques ne nous couvre pas au-delà d'une tangente au Norfolk, parallèle à l'alignement des caps Kinnaird et Flamborough. Pour les bancs cf. carte au $\frac{1}{120.000}$ de Dunkerque à Calais. Paris, SARRAZIN, 1875, dans « *l'Atlas des Ports de France* » et les pl. VII et VIII de l' « *Atlas* », annexé à l'*étude* de P. DE MEY. *Le Régime de la Côte de Belgique*. Bruxelles, Decq, 1885.

Dans la Mer du Nord, quand le vent souffle du Nord ou du N.-O., son action s'ajoute à celle du flot de marée d'Ecosse, d'autant plus qu'on dépasse à l'Est cette tangente précitée, dont le prolongement recoupe notre Côte vers Ostende. Pour les vents N. et N.-W. Cf. EDOUARD JONCKHEERE dans AD AB., 1900, t. XIV, page 124, lettre du 17-VII-1899.

Affaissements et Relèvements alternatifs ou intervention des Causes précitées.

Nous attribuons les inondations maritimes dont notre plaine basse, adjacente au littoral, a été le théâtre depuis le Ve siècle de l'ère chrétienne plutôt aux actions océanographiques prérappelées, qu'à des mouvements géologiques alternatifs d'affaissements et de soulèvements, tout en admettant l'existence d'un affaissement, mais en réservant notre appréciation quant à l'évidence des relèvements subséquents à chaque affaissement.

En dehors du tassement reconnu de tous polders et terres d'alluvions, il existe un affaissement (1). Le tassement (2) affecte peu les tourbes et les sables.

Monsieur Ed. Jonckheere a relevé la côte + 4 m. 50 comme limite de l'inondation poldérienne (3). Dans les relèvements subséquents à l'immersion, il y aura toujours à ajouter à la cote du point d'intersection de la haute mer avec le littoral, lors de l'enfoncement maximum, la distance sur verticale du relèvement, pour obtenir la cote nouvelle. Par suite, l'écart entre la limite maxima de

---

(1) A. de Laveleye. *Affaissement du sol et envasement des fleuves*. Bruxelles, Decq, 1859. p. 25 : « La moyenne de cet affaissement a été approximativement de 4 à 5 millimètres par an depuis 2000 ans. » Cette estimation paraît exagérée.

(2) Ed. Jonckheere. *L'Origine de la Côte de Flandre et le Bateau de Bruges* Bruges, De Haene, 1903. Bon de Loë. *Découverte*, etc., dans les *Bull. des Musées Royaux*, Août 1904, n° 11, p. 85 : « Ce qui prouve que le terrain en cet endroit s'était simplement tassé, ou avait été affouillé, mais ne s'était pas affaissé ».

(3) Ed. Jonckheere. *L'Origine*, etc., o.c. et J. Claerhout, dans An Em. Bruges, 1906, t. LVI, page 74.

l'inondation et le plan de comparaison dépassera 4 m. 50, écart moyen de haute à basse mer.

En suite de l'hypothèse qui admet la réduction de l'ancien relief de la plaine maritime aujourd'hui immergée, on explique le débordement dans les parties basses (et dans les parties excavées par les flots) de notre zone poldérienne, aujourd'hui exondée, le débordement, disons-nous, des eaux de l'Océan, maintenues jusqu'à la rupture et l'abaissement des barrières naturelles.

Aussi demande-t-on comme témoignages du recul de la mer, après les envahissements, les émersions d'incrustations des êtres sous-marins, les constatations analogues à celles de Baïes, quand la retraite de l'Océan paraît devoir être attribuée au relèvement.

Les partisans de la théorie, assignant comme cause aux irruptions et retraites de la mer, l'influence unique du régime côtier, estiment que la Mer du Nord n'a cessé de reculer devant l'exhaussement dû à ses propres dépôts. Par suite de ces retraites successives, dunes et tourbes se formèrent ; alors la hauteur et la rigidité de ces obstacles provoquèrent par leur résistance aux flots des séries de réactions telles que l'Océan récupéra son domaine, sauf vers La Panne et Knocke-sur-Mer, qui ont résisté (1) jusqu'à nos jours.

---

(1) Les trouvailles, relatées plus bas, d'objets des VIe, VIIe, VIIIe siècles, du Moyen-Age, etc., en fournissent une preuve pour La Panne. Quant à Knocke, nature du terrain et nivellement (cote approx. 6), indiquent l'émersion. Cf. P. DE MEY. *Etude sur le régime de la Côte*, etc., o.c. *Atlas*, XVI, 2 et carte au $\frac{1}{20.000}$ de l'I.C.M. belge, feuille XI, planchette 7.

Géologie.

Dans la plaine maritime, au-dessus de la tourbe dont le niveau supérieur ne dépasse pas 4 m. 50 se trouvent deux couches superposées d'alluvions marines, (dues par conséquent à deux irruptions de la mer, puisque la tourbe exige un régime d'eau douce).

Quand ces deux invasions de l'Océan eurent-elles lieu ?

Monsieur Rutot a fourni les données les plus détaillées relativement à la puissance et à la composition de ces formations et de ces dépôts.

Chacune des couches d'alluvions marines comprend deux étages superposés d'argile et de sable ; la nature des trouvailles, dans la tourbe et les alluvions (1), déterminera les époques des inondations.

Puisque les dragages et les actions sous-marines ont révélé l'existence de la tourbe à une grande distance au large de notre laisse de basse mer, c'est que jadis le littoral était reporté à pareille distance au Nord de

---

(1) A. Rutot. *Sur les antiquités découvertes dans la partie belge de la Plaine Maritime.* (Mémoires Soc. Anthr. Bruxelles, 1903, t. XXI). Bruxelles, Hayez. 1903. A l'article « *Tourbe* », Monsieur Rutot admet environ 7.400 ans comme durée nécessaire à la formation. Cf. Baron de Loë. *Belgique ancienne.* Plan du guide en préparation. Bruxelles, Hayez, 1902, page 5.

l'estran actuel (1). La présence des dépôts marins, dans nos polders, à trois lieues au Sud du cordon des dunes, a déterminé aussi la limite des envahissements. Ces retours offensifs se sont produits d'une manière lente, intermittente, entraînant par la généralité des irruptions, une inondation totale.

Ces envahissements ont été le résultat de violentes tempêtes, dont les traces : ruptures, excavations, etc., ont disparu sous les envasements et ensablements qui comblent les cavités, dont les flots n'ont pas nivelé les aspérités.

Les dépôts et les apports viennent en majeure partie des emprunts aux falaises de la Manche et du Pas (2), et non des alluvions fluviatiles scaldisiens, mosans et rhénans ; ce qui est établi par ce gain de 1.350 mètres (en moyenne), que le flot obtient sur le jusant à chaque marée (3).

---

(1) A. Rutot, *Etude des modifications du sol des Flandres depuis que l'homme a pu y établir sa demeure.* (Mém. présenté au XIe Congrès d'Archéologie à Gand), Gand, Siffer, 1896, page 17. Cf. Raoul Blanchard. *La Flandre.* Lille, Danel, 1906, endroits divers.

(2) de Maere Limnander. *Réponse au Rapport de la Commission*, etc., o.c., p. 34 et s. : « Gain de flot de 1.348 m. par marée », (aux abords du Wielingen). La vitesse du flot est de 1.80 environ par seconde, elle peut atteindre 7 mètres et même plus dans les estuaires (influence de resserrement) ; pour le jusant de de 1 m. 30 à 0 m. 65 (vive ou morte eau).

(3) Ces constatations ont été faites notamment à l'aide de flotteurs.

Avant d'aborder la nomenclature des trouvailles, nous tenons à faire ressortir que dans l'exposé d'une série des considérations précitées, nous avons été précédés depuis longtemps par plusieurs devanciers, en Westflandre, notamment par le Révérend Chanoine Duclos et par Monsieur Edouard Jonckheere.

Différencions à certains points de vue les caractères de la plaine maritime et des parties plus élevées en Westflandre.

En sous-sol de la plaine cotée 20 en moyenne, nous trouvons comme étage tertiaire l'yprésien inférieur ; les couches postérieures ont été enlevées, sauf sur les témoins du Kemmel, des monts avoisinants, et hors de la région, au Mont L'Enclus, de la Trinité, etc., par des ablations de 100 à 130 mètres de profondeur. Ces ablations se produisirent lors des érosions occasionnées par les précipitations qui dévalèrent des hauteurs du Crétacé artésien, dont les cailloux recouvrent certaines collines de la ligne de partage Yzer-Escaut. Les crêtes précitées contiennent l'yprésien supérieur et le panisélien. La mer flandrienne recouvrit postérieurement du dépôt de ses sables une notable partie de Westflandre ; viennent au-dessus du quaternaire, les formations modernes.

Abordons actuellement l'étude des découvertes faites dans les terrains appartenant à la plaine maritime en deçà des limites des inondations.

TROUVAILLES EN OBJETS ANCIENS

A. — Objets antérieurs à la 1re inondation.

Poteries.

L'homme foula sans interruption le sol de la plaine maritime depuis l'époque néolithique (1) jusqu'à la période de la domination romaine, de même occupa-t-il jusqu'à nos jours dans la dite plaine des endroits qui, au temps des inondations, émergèrent (2).

Les constatations géologiques, les récoltes de tourbes sur l'estran (3), les recherches et les découvertes du

(1) BARON DE LOË. *La station préhistorique belgo-romaine et franque de La Panne.* (Mém. Soc. Anthr. Bruxelles), t. XX. Bruxelles, Hayez, 1902, page 3 (tiré à part) : « Une vingtaine de fragments et d'éclats de silex. (Pl. I, fig. 11 et 13) », pour le premier âge du fer, page 3, fig. 1, 3, 4, 7 de la pl. I et 2. 5, 6, 7 de la planche II, (tiré à part).

(2) BARON DE LOË. *Bulletin des Musées Royaux de Belgique.* Oct. 1906. page 6 : « Que la région..., etc., n'a plus été envahie par la mer depuis trois ou quatre siècles au moins avant l'ère chrétienne ».

(3) J. CLAERHOUT. *Ann. Société Scientifique de Bruxelles,* 1905, t. XXIX, Bruxelles, Polleunis et Ceuterick (tiré à part), page 3.

chanoine de Bast, de Monsieur Rutot à Middelkerke, Raversyde (1), de divers chercheurs à Wenduyne (2), prouvent l'existence de stations pré-romaines et romaines au Nord du cordon littoral des dunes.

On a recueilli sur l'estran des échantillons de poteries *halstattiennes*, des types dits « *ménapiens* », des fragments de poterie *rouge vernissée sigillée*, des tessons de vases *noirs vernissés* ; les deux dernières catégories d'objets portent souvent en relief la représentation de scènes de chasse.

Tous ces débris ont également été trouvés au Sud des dunes, à La Panne (3), le long du canal de Zeebrugge (4),

---

(1) A. Rutot. *Sur les Antiquités*, etc..., o.c. pour Middelkerke, page 11 : « Un bon nombre de fragments de poteries pré-romaines et belgo-romaines furent recueillis », page 12 : « Traces d'occupations successives depuis le premier âge du fer jusqu'à la fin de l'époque belgo-romaine.

(2) Baron de Loë. *Rapport sur les Fouilles*. (Soc. Arch. Bruxelles), 1894. Bruxelles, Vromant, 1895, page 11 : « Fragments de tegulæ et de poterie rouge vernissée » Baron de Loë. *Bulletin des Musées Royaux. Août 1905*, page 86, note 1. Cf[r] Ed. Jonckheere. *L'Origine de la Côte de Flandre*, o.c.

(3) A. Rutot et Baron de Loë dans les ouvrages cités Donny. *Bull. de l'Acad. Royale de Belgique* (1886, t. XI), page 559. Baron de Maere d'Aertrycke. *La Collection d'objets anciens de La Panne, déposés à Gruuthuuse*, dans *An. Em. Bruges*, de Plancke. 1905 Bruges, fascicule Février 1905, etiam dans les *Comptes-rendus des fouilles* de la *Soc. Arch. Brux.* pour l'année 1902, page 49, pour 1904 dans An AB, 1905, t. XIX, page 136. Cf. Joseph Maertens, dans *Bull. Soc. Hist. et Archéologie de Gand*, 1903 : *Fouilles à la station préhistorique de La Panne*.

(4) A. Rutot. *Sur les Antiquités*, o.c., page 14.

etc., etc. ; on les récolte généralement dans la partie supérieure de la tourbe ou dans des gisements fournissant la preuve de l'habitat successif par des peuplades diverses. Ceci avait été constaté aussi en Westflandre par Monsieur le Baron Charles Gillès de Péliehy, à qui l'on doit les plus intéressantes découvertes en objets de l'époque néolithique et de la période franque, et certaines des premières publications sur la matière (1), en ce qui concerne la Flandre Occidentale.

A part le gisement de La Panne, qui a fourni des objets du VIe siècle au Moyen-Age, parce qu'il est resté émerger, les autres lieux de trouvailles, recouverts par la 1re invasion marine n'ont pas livré d'objets postérieurs à l'époque romaine.

Les objets recueillis par le Chanoine de Bast (2), Messieurs Rutot, le Baron de Loë et tant d'autres chercheurs reposent en totalité ou en partie dans certains des Musées de Bruxelles, au Musée Gruuthuuse, à Bruges, etc.

Médailles, Monnaies, Armes, etc.

Voici quelques-unes des trouvailles intéressantes ou récentes :

---

(1) BARON CH. GILLÈS DE PÉLICHY. *Les stations préhistoriques de la Flandre Occidentale.* (Congrès Arch. de Gand, 1896, 1re section, études préhistoriques). Gand, Siffer, 1896. Tome II, p 28. *Rapport sur les Travaux de la 1re section*, Congrès d'Enghien. Enghien. Spinet, 1899. *Le Mobilier des tombes à inhumation d'Emelghem.* (Congrès archéologique de Bruges, 1902), Bruges, de Plancke, 1903, p. 218.

(2) J. DE BAST. *Recueil d'Antiquités romaines et gauloises trouvées dans la Flandre proprement dite.*

A Dombourg les médailles aux effigies de Germanicus, Trajan, Septime-Sévère, Antonin le Pieux, Maxime, Postume, Tetricus (de 76 à 270 p. J. C.) (1). A La Panne (2), les bronzes d'Adrien, Marc-Aurèle, denier d'argent de Postume, Sévère Alexandre, Commode (3), ainsi que des monnaies des Ambiani, sceattas anglo-saxons (VIe au VIIIe siècle, p. J. C.), un denier mérovingien en argent (4). A Wercken, non loin de l'estuaire, qui se maintint longtemps en ces parages, 104 bronzes, dont 86 furent recueillis par le Baron de Loë et 18 par nous, aux effigies de Commode, Crispine, Lucille, Gallien, Salonine, et 78 pièces de Postume ; parmi ces dernières, 27 du type à la galère, étaient appréciées, sans doute, ainsi que le fait remarquer Monsieur Georges Cumont (5) (qui a décrit ces monnaies) par les populations maritimes. Au Sud du Canal de Zeebrugge, des monnaies romaines en bronze récoltées par Monsieur Rutot (6).

---

(1) A. DE LAVELEYE. *Affaissement du sol*, o.c., page 10 et An AB., 1890, tome IV, page 76.

(2) BARON DE LOË. *La Station*, o.c., page 5.

(3) Trouvé par Monsieur l'abbé Ingelbeen. Cf. BARON DE MAERE D'AERTRYCKE. *An AB*., 1905, o.c., p. 136.

(4) BARON DE LOË. *La Station*, o.c., page 5 et s. *Bull. Musées Royaux*. Oct. 1906, pages 4 et 5

(5) G. CUMONT. *Trouvaille de monnaies romaines à Wercken-lez-Dixmude*, dans An AB 1899, t. XIII, page 210 et An AB. 1905, t. XIX, p. 136-139.

(6) A. RUTOT. *Sur les découvertes*, etc., o.c., page 25.

Monsieur R. Blanchard (1) donne la nomenclature de pièces romaines du IVe siècle, de Dioclétien, Maximien, Constantin, Maxence, trouvées à Sangatte, Calais, Hamme, Damme ; il rappelle qu'au Ve siècle (début), l'inondation n'avait pas envahi Marck près Calais (2).

Les alluvions marines inférieures, postérieures à la tourbe, résulteraient donc d'une irruption de l'Océan qui fut complète dans la plaine maritime, vers le début du Ve siècle, puisqu'à part les récoltes faites dans les ilots d'émersion, la date à assigner aux trouvailles sous l'alluvion inférieure n'est pas postérieure à ce Ve siècle. Mais les documents historiques nous signalant à l'envi la réoccupation totale de la plaine au Xe siècle (3), recherchons actuellement les dates des inondations ayant occasionné le dépôt des alluvions supérieures de nos polders.

---

(1) R. Blanchard. *La Flandre*, o.c., page 146.

(2) R. Blanchard. o.c., page 145. Cf. « *Notitia dign. imp. rom.* » (Edition Böcking), page 108. La notice (précitée) de l'Empire est utile à consulter pour ce qui concerne notre littoral. Ant. Belpaire. *De la plaine*, etc., 1re partie, o.c., y a aussi eu recours, p. 70, en se servant de l'édition Dom Bouquet. *Recueil des Historiens des Gaules*. La Notice fut rédigée au commencement du Ve siècle sous Honorius.

(3) Cf. Les Chartes des abbayes de St-Pierre, (à Gand) de Samer, le grand cartulaire de Saint Bertin, les chroniques de monastères (notamment d'Oudenbourg) Voyez aussi : Alphonse de Vlaminck. *La Ménapie et la Flandre*. Mémoire couronné le 27 Juillet 1868, dans les *Ann. de l'Académie d'Archéologie de Belgique*. Anvers, 1878, tome IV, page 357.

Réoccupation de la Plaine Maritime.

Au Sud des dunes, on recueille dans l'alluvion inférieure, et sur l'estran on récolte, dans cet étage, et sur les sables, (à Middelkerke, Mariakerke, Raversyde, Heyst-Ecluses) de ces poteries du Moyen-Age, en pâte sonore, à teintes foncées, de ces petites marmites à goulot, de ces vases à pincées (1). En tous ces endroits, signalés par Monsieur Rutot, nous avons recueilli une ample collection de tessons appartenant aux types précités. On nous signale comme témoins de la 2e invasion, les *terpen* (2), au sujet desquels Monsieur G. Cumont a publié une étude des plus savantes (3). Le terp de Vlisseghem a été fouillé, il contenait notamment des objets du Moyen-Age (4). Nous croyons que le tertre situé à 400 mètres à l'Est, de la ferme Gathem, à Dudzeele, est un terp.

Vers 950, donc, les innombrables localités à dénomination en « *Kerke* » et « *Capelle* » existaient dans les polders, où elles s'alignaient parallèlement aux villages des hauteurs, à désinence « *heim* », « *hem* » (ou em), qui, de la Meuse vers Stockheim, Boorsheim, Reckheim,

---

(1) A. Rutot. *Sur les découvertes*, o.c. Middelkerke, etc., pages 12 et 13. Heyst, pages 14 et 34.

(2) A. Rutot. *Sur les découvertes*, o.c., page 8.

(3) G. Cumont. *Les tertres de refuge en Zélande* An AB 1899, t. XIII, page 219.

(4) Baron de Loë. *Rapport sur les fouilles* dans An AB, exercice 1904. Bruxelles, 1905, page 261 : « Certaines poteries, recueillies à Vlisseghem, notamment celles à larges pincées.

aboutissent au Gris-Nez, dans les environs de Tardinghem, Audringhem, Leubringhem (1).

Deuxième envahissement de la Mer.

Par la nature des découvertes effectuées dans l'alluvion inférieure, l'archéologie nous a permis de déduire que c'est au cours du Moyen-Age que se produisit cette deuxième invasion maritime, dont la trace nous est laissée par le dépôt des alluvions supérieures.

Les documents historiques nous avaient déjà permis de conclure à la reprise de la plaine au Xe siècle ; et, comme depuis cette époque, ces documents font moins défaut qu'auparavant, c'est sur leur témoignage même, que nous nous basons pour préciser les moments du retour offensif de l'Océan.

Eh bien ! celui-ci s'est produit dès la reprise, effectuée par l'homme, de notre plaine basse ; et, depuis ce temps, la mer n'a cessé, par une série d'inondations locales, de ravager partiellement, et souvent totalement par suite de simultanéité, les polders du littoral. De là résultent les couches de l'alluvion supérieure.

Certaines parties sont restées englouties jusqu'à nos jours, d'autres ont été reconquises.

---

(1) Ces localités se suivent de l'Est à l'Ouest, d'une manière ininterrompue au travers des pays flamands ; le quadrilatère limité par l'Escaut et les eaux Gand-Braeckman n'en contient pas, cette limite-thalweg occidentale est occupée de nos jours par le canal de Terneuzen.

C'est avec références à l'appui que Belpaire (1) rappelle dix inondations calamiteuses dès le XIe siècle ; il n'en cite pas moins au siècle suivant (celles du 1er-XI-1170 et de 1172 à 1177 furent désastreuses). En inondations, voici les bilans des siècles suivants, au cours desquels une seule de ces calamités coûtait 40.000, parfois 80.000, voire 100.000 existences humaines : XIIIe, 35 ; XIVe, 23 ; XVe, 24 ; XVIe, 32 ; XVIIe, 26 ; XVIIIe, 10 ; XIXe, 6. — Lors de ces catastrophes (2), dont la répercussion s'étendait en Hollande, en Allemagne, en Norvège, disparurent chez nous Wulpen, Scarphout, Onze Lieve Vrouw ter Streep (3).

Maintenant, nous concluons en reportant à l'origine du Ve et du XIe siècles (p. J. C.) les dates du début des deux inondations, qui envahirent notre plaine maritime, depuis la période néolithique sur le littoral actuel. Nous attribuons ces irruptions de l'Océan plus aux influences du régime Côtier, qu'à l'intervention de mouvements géologiques, ne contestant pas la part que l'une et l'autre de ces causes peuvent avoir eue.

---

(1) *De la plaine maritime*, Ire partie, o.c., pages 73 et suivantes.

(2) MELIS STOKE. *Rymkroniek* rappelle celle de 1248. JAN REYGERSBERGH. *De oude Chronycke ende Historien van Zeelandt* Middelburch, Roman, 1634, page 37. Dr J. VAN RAEMDONCK. *(Bulletin Soc. belge de Géographie)*, 1878, t. II, tiré à part, page 20.

(3) BELPAIRE. *Notice historique sur la ville et le port d'Ostende.* Tiré à part, page 9.

Inondations de la période historique moderne.

Depuis la fin du Moyen-Age, plusieurs inondations maritimes furent particulièrement désastreuses.

En Novembre 1421 se forma le « *Biesbosch* » et l'on eut à déplorer la perte de soixante-douze villages ; des calamités semblables se reproduisirent de 1415 à 1430, de 1495 à 1499. Les mêmes malheurs se renouvelèrent de 1503 à 1517. Le 1er Novembre 1570, la catastrophe atteignit particulièrement les côtes de Zélande, Frise et Groningue. Plus de 30.000 personnes perdirent la vie (1).

Une tempête effroyable par vent de Nord-Ouest sévit e 5 Décembre 1665 ; l'amplitude des eaux croissait encore trois heures après l'expiration du temps normal du flux, fait réellement extraordinaire.

Nous avons vu que la réédition de ces fléaux affligea le XVIIIe siècle ; la rapide intervention des pouvoirs publics prévint le renouvellement des ravages au cours du XIXe siècle (2) ; l'on se rappelle enfin quelles pertes matérielles énormes furent la conséquence de la marée du 12 Mars 1906, le long des rives de l'Escaut ; en certains endroits les eaux rompirent les digues, excavant leur lit de huit à dix mètres (3).

---

(1) ANT. BELPAIRE. *De la plaine maritime*, o.c., Ire partie, page 77. P. BORTIER. *Le Littoral de la Flandre*, o.c., pages 13 et 14.

(2) Les dates des quatre premières inondations du XIXe siècle sont données dans P. BORTIER. *Le Littoral de la Flandre*, o.c., page 14.

(3) Quant aux inondations graves le long du « *Hont* », cfr Dr J. VAN RAEMDONCK. *Recherches pour servir à l'histoire du cours de l'Escaut*, (dans le *Bulletin de la Société belge de Géographie*, t. II, 1878), page 20, dans le tiré à part.

Le nombre et la précision des documents historiques permettent de déterminer exactement les dates des retours offensifs de l'Océan, lors de la période moderne; il n'est donc point nécessaire d'établir les déductions à tirer de la découverte d'objets modernes dans les alluvions.

L'Origine et la Formation

du Pas-de-Calais

PAR Mr H. DOUXAMI

Maitre de Conferences de Geologie et de Minéralogie

à la Faculté des Sciences de Lille,

L'Origine et la Formation
du Pas-de-Calais

PAR Mr H. DOUXAMI

Maître de Conférences de Géologie et de Minéralogie

à la Faculté des Sciences de Lille.

J'ai pensé la question du tunnel sous la Manche, du « tube » comme disent nos voisins et amis, étant une question à l'ordre du jour — que je pourrais peut-être vous intéresser en vous retraçant l'histoire géologique du détroit du Pas-de-Calais, et en étudiant avec vous les trois problèmes suivants :

1° Le détroit du Pas-de-Calais a-t-il toujours existé et l'Angleterre et la France n'ont-elles pas été unies autrefois par un isthme plus ou moins étendu.

2° A quelle époque et comment a-t-il été démoli et détruit.

Enfin 3° Que s'est-il passé — toujours au point de vue géologique bien entendu — depuis la séparation de l'Angleterre et de la France.

Cette question de l'ancienne jonction de l'Angleterre à la France par un isthme plus ou moins étendu est déjà fort ancienne. L'Académie d'Amiens couronnait en effet en 1751 un mémoire de Desmarest, membre de l'Académie des Sciences et dont le titre était le même que celui que j'ai choisi. C'est à lui que j'emprunte les données qui vont suivre.

Nous ne connaissons aucune preuve historique de l'existence d'un isthme qui aurait réuni au continent la Grande-Bretagne. Pythéas qui vivait vers 325 ou 280 avant J.-C. et qui remonta jusque dans la Baltique signale l'étroitesse du Pas-de-Calais, les Phéniciens, malgré ou plutôt à cause du commerce d'étain qu'ils faisaient avec les îles Cassitérides ne nous ont donné aucun renseignement à ce sujet. César, qui nous a décrit les violentes tempêtes qu'il essuya dans le détroit, pas plus que Strabon ou Pomponius Mela ne font allusion à l'existence ancienne de cet isthme ; et si Tacide et Dion Cassus annoncent la reconnaissance par les flottes romaines que l'Angleterre était bien une île, ils entendaient par là dire simplement que l'on s'avança assez avant vers le Nord pour démontrer que la Grande-Bretagne n'était pas rattachée à une terre ferme s'allongeant vers le pôle.

Parmi les auteurs plus récents, Cambden dans ses antiquités (Lib. I, p. 10), Westgan, Sommer, Twine, Dr Wallis, parlent bien de l'existence de l'isthme, mais sans s'appuyer sur aucun document historique. Tous pourtant insistent sur la communauté d'origine des habitants du pays de Galles avec les Bretons et les Gaulois. Ces premiers habitants ont-ils traversé le détroit ou la Manche en bateau ? Nicolas Desmarest, à qui nous empruntons la plupart de ces détails, fait alors remarquer que ces navigateurs n'auraient pas pris la précaution de transporter avec eux des animaux nuisibles comme les loups, exterminés seulement au XVIIIe siècle. « Il faut donc ouvrir (p. 18) à ces animaux (aussi bien qu'aux hommes qui alors n'étaient ni plus industrieux ni plus entreprenants qu'eux) un passage libre et praticable ». La destruction de l'isthme aurait séparé ces peuples frères à une époque suffisamment lointaine pour que le souvenir même de cet ancien passage ait complètement disparu.

Les preuves géographiques de l'ancienne réunion de l'Angleterre à la France sont beaucoup plus nombreuses. Elles ont été mises en évidence de la façon la plus nette dès le XVIIIe siècle : la Gazette d'Utrecht, le Mercure de France s'en occupèrent à la suite de la publication de Nicolas Desmarest (1751) et des cartes hydrographiques de Buache (1752) et du Dr Halley (le Neptune François), et les observations faites à cette époque n'ont été que précisées par les travaux plus récents.

La mer de la Manche dans sa plus grande ouverture entre le cap Lézard et l'île d'Ouessant qui lui est opposée atteint 30 lieues marines (166 kilomètres), elle se rétrécit à 16 lieues entre les côtes des caps Pévérel et de la Hague pour s'élargir de nouveau, et nous verrons pourquoi un peu plus loin, puis elle se rétrécit de nouveau pour n'avoir plus que 8 lieues à peine entre le Gris-Nez et Douvres, le quart de sa largeur primitive. Il en est de même pour la configuration des côtes de la mer du Nord ; depuis le détroit l'ouverture des côtes croit par des élargissements successifs et un peu plus rapides que dans la Manche. La topographie du fond de la mer est beaucoup plus suggestive encore. Dès que l'on quitte l'Océan pour pénétrer dans la Manche on trouve entre les côtes de France et l'Irlande une profondeur moyenne de

80 brasses (130 m.) qui va progressivement en diminuant jusqu'au détroit, de 62 brasses à 16 brasses en moyenne au détroit. Et les différentes courbes bathymétriques sont disposées parallèlement aux côtes et au détroit ; c'est-à-dire que si on réalisait l'isthme pour un moment on trouverait sur ses bords la même distribution des profondeurs que sur tout le pourtour de ce vaste bassin le long de la France et de l'Angleterre. Des faits analogues s'observent pour la mer du Nord en notant ce trait que les profondeurs y croissent plus rapidement. L'emplacement du détroit nous apparait donc comme un haut fond qui s'élève des deux côtés par des pentes très régulières et aussi comme un creux entre les falaises de la province de Kent et de Calais.

Les géographes du XVIIIe siècle remarquèrent que les lignes de sonde (nous disons aujourd'hui courbes bathymétriques) présentaient un parallélisme assez marqué avec les côtes actuelles. Et si celles de France présentent plus d'irrégularités cela tient à la présence d'îles ou de hauts-fonds séparés les uns des autres et du continent depuis peu de temps ; ils indiquent même la cause des irrégularités qui s'observent sur les côtes de Normandie, parce que la Seine et beaucoup d'autres petits fleuves côtiers, la Somme, la Canche, l'Authie, la Liane même d'après Mr Hallez conservent leurs lits assez avant dans la mer ; on peut constater en petit les mêmes faits sur la côte anglaise.

M. Ch. Barrois, en étudiant l'extension du limon quaternaire en Bretagne (1) a montré que ce loess diffé-

(1) Ann. Soc. Géol N. de la France, XXVI, 1897, p. 33-44.

rent de l'ergeron de notre pays, avait une origine locale et était dû à une action fluviatile ; comme de plus on l'observe sur des îles (les îles Bréhat par exemple), il faut bien admettre que ces îles faisaient partie du continent lors de la formation du loess compris entre des couches à Elephas primigenius et celles de l'âge du Renne.

Nous sommes donc amenés à ne voir dans toutes les rivières ou les fleuves actuels qui se jettent dans la Manche que les restes de rivières et de fleuves, qui autrefois beaucoup plus longs et plus actifs, parce que les précipitations atmosphériques étaient plus abondantes, se prolongeaient beaucoup plus loin et étaient les affluents d'un grand fleuve Manche. Ce grand fleuve dont le lit disparaît aujourd'hui sous les eaux de la mer coulait depuis l'emplacement actuel du Pas-de-Calais jusqu'à l'Atlantique. On suit clairement sa vallée : « Au pied de la grande déclivité correspondant à la séparation de la plate-forme continentale et des profondeurs océaniques, son parcours est indiqué sur les cartes de l'amirauté sous le nom de « Hurd Deeps » entre les îles Anglo-Normandes et l'ile de Wight ; les courants de marée qui balaient sans cesse la Manche ont maintenu libre son chenal » (1). A l'époque du limon l'embouchure de ce fleuve, d'après M. Barrois, aurait été vers l'île d'Ouessant, car cette île n'est pas recouverte par le loess. M. Demangeon nous fait remarquer qu'entre Dieppe et

(1) Les îles Britanniques ne sont que les parties saillantes de la terrasse de 200 m. et la Manche n'est qu'une simple vallée de ce plateau sous-marin.

Ault on retrouve immergées les alluvions des rivières côtières dont la basse vallée gît sous les flots. D'autres ayant perdu leurs parties inférieures débouchent brusquement à la mer en plein parcours ; elles paraissent comme tronquées à la ligne des falaises, surprises qu'elles ont été dans leur travail d'érosion, et forment ainsi des vallées suspendues aboutissant à la mer par une falaise. Ces vallées sont sèches aujourd'hui, pour la plupart, mais leurs formes topographiques ou la présence d'alluvions toujours fortement inclinés vers l'aval et renfermant parfois comme au bois de Cize des ossements d'éléphants nous montrent que l'on a bien là les lits d'anciens cours d'eau (1).

Au Nord du Pas-de-Calais on avait une topographie analogue : un grand fleuve coulait du Sud au Nord et recevait comme affluents la Tamise à droite, l'Escaut, la Meuse, le Rhin, l'Ems, le Weser (mais pas l'Elbe qui allait vers la Baltique à gauche) et allait se jeter dans la mer du Nord, située loin de ses limites actuelles, à la latitude de la Baltique : le Pas-de-Calais séparait donc ces deux grands bassins fluviaux dont nous ne voyons plus que les têtes des affluents.

Si l'histoire ne nous a fourni que des présomptions sur la réunion de l'Angleterre et des continents, la Géographie nous a donné la certitude d'après les formes topographiques de l'existence d'un isthme et même d'un vaste continent largement arrosé s'étendant sur l'emplacement actuel de la Manche et sur la partie méridionale

---

(1) Hull in Demangeon. La Picardie, p. 21.

(2) Loc. cit., p. 22.

de la mer du Nord réunissant ainsi la Grande-Bretagne à l'Europe, permettant suivant la pittoresque expression de d'Archiac rappelée par Mr Gosselet (1), « à l'homme quaternaire d'aller se promener la canne à la main en Angleterre ».

Mais la Géographie a laissé de côté une foule de questions qu'elle ne pouvait résoudre à elle seule et qui sont les suivantes : l'Angleterre et la France ont-elles été longtemps réunies ? Pourquoi existait-il un grand fleuve de la Manche ? Quand la mer a-t-elle envahi l'estuaire et la vallée du fleuve et occupé le Pas-de-Calais. Que s'est-il passé depuis cette submersion ?

Ce sont la Géologie et la Paléontologie, aidées pour les périodes récentes de l'Archéologie qui vont nous permettre de répondre avec précision à ces différentes questions et, vous le savez bien, ce sont surtout les savants du Nord de la France dont les noms vous sont familiers et les géologues anglais (2) qui se sont occupés de notre région, qui vont me fournir les documents nécessaires.

La répartition des terres et des mers a été extrêmement variable pendant les temps géologiques et je ne vous surprendrai pas en vous disant que l'histoire des relations géologiques de la Grande-Bretagne et du

(1) De l'ouverture du Pas-de-Calais au Congrès de Boulogne-sur-Mer. Ann. Soc. Géol. N. de la France, XXVIII, 1899, p. 290.

(2) Godwin-Austen, d'Archiac, Hebert, Cheillonneix, M. Bertrand, Botier, Breton, Douvillé, de Lapparent, Olry, Rigaux, Gosselet, Barrois.

Continent prêterait à de longs développements dans lesquels mon intention n'est pas de vous entraîner. Il me semble intéressant cependant, de mettre sous vos yeux une carte de la région qui nous intéresse aux temps primaires. Aux temps de la houille et après les plissements hercyniens, il existait déjà sur l'emplacement du Pas-de-Calais une terre émergée dont les affleurements anciens du Boulonnais et du Pays de Licques sont les restes, ont été ramenés au jour par les plissements et les érosions qui ont donné la topographie actuelle : ce sont ces terrains primaires qui fournissent les marbres de la région Boulonnaise dont le plus connu est le marbre Napoléon.

Pendant les temps secondaires nous assistons à l'invasion progressive, mais plus ou moins discontinue, de ces très anciens continents par les mers venues du Sud et du Nord. Pendant longtemps la région de l'Ardennes, Brabant, Boulonnais, S.-E. de l'Angleterre, constitua comme plus à l'Ouest la Bretagne, le Pays de Galles, l'Irlande, une île plus ou moins étendue. Au Jurassique moyen et supérieur le Boulonnais fut submergé ; ce sont les dépôts de cette dernière période qui constituent les falaises pittoresques qui s'étendent depuis Equihen jusqu'au Gris-Nez : ces dépôts se retrouvent identiquement en Angleterre et M. Hallez (1) a montré qu'ils existaient aussi dans les fonds rocheux du Pas-de-Calais entre Boulogne et Folkestone. Le projet de tunnel de l'ingénieur Thomé de Gamond (1851), était fondé sur la continuité des dépôts du jurassique et allait du Gris-Nez à East-Ware entre Douvres et Folkestone.

---

(1) Ann. Soc. Géol. N. de la France, XVIII, 1899, p. 4.

Au Nord du Boulonnais, sur l'emplacement de la Plaine maritime persista longtemps une île ou un continent même à l'époque du Cénomanien, alors que la mer était largement étendue sur la plus grande partie de la France, de l'Angleterre et de toute l'Europe. Les géologues ont trop souvent montré l'identité des dépôts et des faunes du jurassique et du crétacé dans le Bassin anglo-parisien pour qu'il soit besoin d'insister sur ces périodes encore trés éloignées de nous.

A l'époque crétacée la submersion était pour ainsi dire complète et nous retrouvons dans la falaise du Blanc-Nez entre Wissant et Sangatte, comme dans la falaise anglaise de Folkestone à Douvres non seulement les mêmes couches, mais l'identité descend aux moindres détails : dans les zônes de fossiles, dans les lignes de silex. Ces couches plongent vers le Nord et s'enfoncent sous la Manche ou sous la plaine maritime. MM. Potier et de Lapparent ont montré que ces couches de craie se continuent sous le détroit et c'est justement sur la continuité et des couches, et en particulier d'une couche de craie glauconieuse imperméable, que se fonde la réussite du tunnel sous la Manche..... lorsqu'on le construira.

Pendant les débuts des temps tertiaires, c'est encore la mer, mais sous forme d'un golfe fermé et peu profond qui occupe l'emplacement de la Manche occidentale et de la mer du Nord empiètant sur les terres avoisinantes. Peu à peu de grands changements s'annoncent, le fond de cette mer se plisse et tandis que dans les régions pyrénéennes et alpines des chaînes de montagnes de plusieurs milliers de mètres vont s'édifier, dans notre pays le sous-sol s'ondule en émergeant d'une manière plus calme et plus modérée : le Nord était déjà devenu plus pondéré que le Midi. Le dôme du Bray, celui de l'Artois-Boulonnais-Weald émergent les premiers et si un chenal marin persiste dans la partie occidentale de la Manche, le Sud du Bassin de Paris, la Belgique, l'Allemagne à l'Olligocène moyen (Sannoisien) au Pontien (Miocène supérieur) et le Sud de l'Angleterre constituent un continent.

Cette communication terrestre persiste au Pliocène malgré un retour offensif de l'Atlantique jusqu'au delà du Cotentin, et de la mer du Nord qui avait à l'époque Diestienne (Pliocène inférieur) comme falaise méridionale le Weald, le Boulonnais, la crête de l'Artois et le Condroz. Cette mer a laissé ses dépôts littoraux sous forme de sables et de grès ferrugineux et de cailloux roulés aux Noires-Mottes près de Sangatte (altitude 143 m.) sur la plupart des collines des Flandres, sur les collines de craie de Douvres. Ces couches s'inclinent vers le Nord indiquant dans quelle direction la mer s'est retirée avant qu'un nouvel affaissement du sol lui permit de revenir. La communication terrestre de l'Angleterre avec le continent dès le Pliocène nous ast attestée par la présence dans le Crag-Rouge de *Hipparion, Equus plicidens, Mastodon arvernensis, Elephas meridionalis, Rhinoceros Schleiermacheri, Sus antiquus*, et dans le Forest bed à la limite du Pliocène et du Pleistocène, c'est-à-dire au moment où l'homme va faire son apparition en Europe : *Elephas meridionalis, E. antiquus, Rhinoceros etruscus, Hippopotamus major, Trogontherium Cuvieri, Machairodus, Cyrena (Corbicula) fluminalis*, qui vit actuellement en Egypte. L'aspect de la région, comme du reste d'une grande partie de l'Europe était tout différent de l'aspect actuel et une terre émergée occupait l'emplacement de la Manche et de la mer du Nord plus ou moins loin à l'Ouest comme au Nord. Le Pas-de-Calais constituait la ligne de partage des eaux. Au Sud les rivières du Boulonnais, la Canche, l'Authie, la Somme, la Seine, la Voulzie, les rivières qui descendent du Weald anglais venaient toutes se réunir dans ce que j'ai appelé le grand fleuve de la Manche. Tandis qu'au Nord, la Tamise, la Twine, l'Aa, la Lys, l'Escaut, la Meuse, le Rhin, l'Ems le Weser, alimentaient un autre grand cours d'eau, le fleuve de la mer du Nord.

Nous voilà donc arrivé, en précisant l'époque, aux mêmes résultats que la Géographie. Mais nous pouvons aller plus loin et dire pourquoi il y avait une vallée de la Manche.

En effet, les mouvements qui avaient fait émerger et, plisser les terrains, en particulier la craie à la fin de l'éocène avaient donné naissance à une série de plis parallèles à ceux du Bray et du Boulonnais-Weald, plis qui ont déterminé les directions de tous les petits fleuves côtiers de la Seine à la Liane : ces plis se continuent d'ailleurs comme l'a montré M. Ch. Barrois dans les plis de la craie des South-Downs et de l'île de Wight (1). Eh bien, en Angleterre les rivières qui vont à la Manche, au lieu d'être parallèles à ces plis comme en France, les coupent orthogonalement. Cette direction leur a été imposée, non pas par des cassures ou des failles comme on l'a cru longtemps, mais par plis orthogonaux aux plis principaux et il en est de même de la Manche orientale

(1) L'axe de l'Artois se prolonge par le Weald, l'axe de la Bresle par l'axe de Winchester, l'axe du Bray par l'axe de Wight et de Pürbeck.

et du Pas-de-Calais lui-même. On observe, en effet, sur le fond du Pas-de-Calais des ondulations (les Quenocs, Rouge-Riddens) perpendiculaires à l'axe de l'Artois-Boulonnais-Weald, faisant décrire aux couches de craie et par suite au futur tunnel une sorte de M évasé. Les Quenocs et Rouge-Riddens sont les restes de l'ancien massif crayeux du Blanc-Nez arrasé par les flots et à l'abri duquel s'est formé l'épi de galets de Sangatte, Digue Royale, Pierrettes (1).

L'emplacement de la Manche qui dans sa partie occidentale, depuis son entrée jusqu'au méridien de Portsmouth est parallèle à la direction moyenne des plis de la côte et dessine une véritable vallée sous-marine, prend ensuite la direction S.-W. N.-E. par suite d'un abaissement transversal des axes. C'est cet accident tectonique, si fréquent dans les vallées alpines, qui a préparé le chemin au golfe marin qui devait, en faisant disparaître la couverture des terrains sédimentaires, séparer l'Angleterre de la France. Cette séparation, due à la fois à la dénudation et au ravinement par les eaux atmosphériques et à l'érosion marine, qui lorsque la Manche était un cul de sac devait à cause de la violence des marées et du ressac être beaucoup plus active qu'à l'époque actuelle, a été aidée par un affaissement général du pays s'étendant à tout le Sud de l'Angleterre, le Nord de la France et le bassin de Paris. Cette séparation fut l'œuvre des temps quaternaires et actuels et l'homme en a été le témoin.

---

(1) Briquet. Les formations quaternaires du littoral du Pas-de-Calais.

Bien entendu, comme tous les phénomènes géologiques, elle ne se produisit pas tout d'un coup et l'Atlantique (comme la mer du Nord) ne pénétra que progressivement. Les géologues anglais ont pu nous renseigner par l'étude du fond de la Manche sur les différentes étapes suivies par la mer.

Au Nord du Pas-de-Calais, le phénomène d'envahissement progressif de la mer a été troublé par un autre phédomène géologique : je veux parler du phénomène glaciaire. Pendant une partie des temps pléistocènes, un vaste « inlandsis » a recouvert la plus grande partie de l'Europe septentrionale et la glace s'est avancée jusque sur la Hollande et toute l'Angleterre jusqu'à la Tamise (1) et ce n'est qu'après le retrait par fusion de cette immense calotte de glace que la mer a pu revenir ; le voisinage de cette masse de glace explique le climat arctique qui devait exister, d'où la faune et la flore spéciales du Nord de la France pendant ces temps quaternaires.

* * *

L'homme avons-nous dit a été le témoin de ces modifications progressives. Nous en avons, en effet, des preuves nombreuses aussi bien en Angleterre qu'en France et s'il n'a rien écrit et si même faute de sépultures ses ossements nous sont presque inconnus, l'homme préhistorique nous a laissé comme preuves de son existence une foule de documents qui ont permis aux géolo-

---

(1) Jukes-Browne : The Building of the British Isles : A. study of geographical evolution. London G. Bell. 1888, 344 p. in-12.

gues et aux archéologues — car nous allons arriver maintenant au domaine commun à ces deux sciences — de distinguer :

Le Palæolithique ou Age de la Pierre taillée	Chelléen	Age de l'*Elephas Antiquus*.
	Acheuléen Moustièrien	Age du *Mammouth*.
	Soluhéen Magdalénien	Age du *Renne*.
Le Néolithique ou Age de la Pierre polie	Campignyenne Tardenoisienne Robenhausienne	Faune actuelle.

auquel fait suite l'âge du Bronze et l'âge du Fer en Europe et qui appartiennent déjà à la période historique.

Il est probable qu'avant de tailler et de polir les silex ou les autres pierres dures, l'homme a dû commencer, comme le font encore aujourd'hui certaines peuplades sauvages, par utiliser les pierres pointues ou tranchantes qu'il rencontrait dans les alluvions des rivières, sur les plateaux. Aussi, quelques géologues et archéologues à la suite de M. Rutot distinguent-ils à l'aurore de l'humanité l'âge éolithique : des éolithes ont été trouvés aussi bien sur la surface des plateaux crayeux et tertiaires, dans les cailloutis des hauts niveaux de la Picardie, de la Flandre et de la Belgique que sur ceux du Sud de l'Angleterre et de la vallée de la Tamise.

Si les éolithes sont encore aujourd'hui soumis à la discussion, il n'en est plus de même pour les instruments, les outils, les armes ou les ornements de l'homme paléolithique. Découverts et mis en valeur par Boucher de Perthes dans la vallée de la Somme à St-Acheul, puis en Angleterre par Lyell et Prestwich, ils ont été découverts depuis sur une foule de points aussi bien en Europe, qu'en Asie, en Afrique, en Amérique. Sur les deux rives de la Manche on a trouvé des séries nombreuses des pièces classiques du Chelléen, de l'Acheuléen, du Moustiérien, du Solutréen où l'homme commençait à utiliser l'os et l'ivoire et le bois du Renne ou du Cerf, et savait déjà dessiner et sculpter en ronde bosse, les animaux avec lesquels il vivait : c'est l'âge des cavernes à ossements explorées en Belgique, dans la vallée Heureuse et en Angleterre et qui ont fourni des ossements humains.

La durée de cette époque Paléolithique serait de 222.000 ans d'après G. de Mortillet, de 139.000 ans d'après Rutot, la Manche, comme vous le voyez, avait le temps pour creuser et envahir progressivement son lit actuel.

Avec la pierre polie dont nous possédons de beaux gisements aux Noires-Mottes, sous les dunes des environs de Wimereux et de Wissant, dans la vallée de la Somme et en Angleterre, l'homme habite les cavernes, des villages lacustres, élève en France et en Angleterre des menhirs et des dolmens, enterre ses morts, a des animaux domestiques, cultive des plantes pour sa nourriture ; il est déjà, comme vous le voyez, tout à fait civilisé. C'est l'époque des Tourbières, qui, en effet, ont fourni au moins en certains points à leur base des objets en pierre polie, puis plus haut des débris de l'âge du Bronze et de l'âge du Fer préromains, enfin romains et même du moyen âge en d'autres points.

On a évalué la durée de cette dernière période jusqu'à nos jours à 7.400 ans environ ; il est probable que lorsque nous étions à l'âge de la pierre polie, d'autres peuples orientaux avaient une civilisation beaucoup plus avancée, comparable à celle que nous possédons par rapport à certaines peuplades africaines ou américaines.

Si certaines races néolithiques (brachycéphales) manquent en Angleterre (comme d'ailleurs en Russie), cela tient peut-être à ce que les communications étaient moins faciles entre la Grande-Bretagne et le continent et que par conséquent le détroit du Pas-de-Calais, plus ou moins différent du détroit actuel, existait déjà il y a 6 ou 7.000 ans au moins, si l'on admet les chiffres donnés par les géologues.

* * *

Peut-être les preuves de l'existence de l'homme de la Pierre taillée des deux côtés du détroit ne sont-elles pas encore suffisantes pour admettre l'existence de la terre ferme ; car, l'on pourrait supposer qu'il ait pu traverser le détroit à l'aide d'un radeau ou d'un bateau grossièrement construit. Cette hypothèse ne peut être soutenue, car il faudrait transformer ce bateau en Arche de Noé et cela à plusieurs reprises pour expliquer qu'en Angleterre comme en France on trouve, avec les débris de l'industrie primaire, les animaux disparus ou émigrés suivants :

Nous avons déjà cité à la fin du Pliocène la présence simultanée de l'*Elephas meridionalis* en France comme en Angleterre.

Au début des temps pléistocènes on trouve : *Elephas antiquus, Rhinoceros Merckii, Hippopotamus major*, puis au Paléolithique moyen (Faune du Mammouth) : *Elephas primigenius* (Mammouth), *Rhinoceros tichorhinus* (Rh. à narines cloisonnées), *Equus caballus* (Cheval), *Ursus spelæus* (Ours des cavernes), *U. ferox* (Ours gris d'Amérique), *Felis spelæa* (Lion des cavernes ancêtre du lion actuel), *Hyæna spelæa* (Hyène des cavernes), *Bison europæus*, *Bos moschatus* (Bœuf musqué de Sibérie et du Canada), *Megaceros hibernicus* (Cerf des tourbières) puis les animaux nuisibles : Loup, Ours, Renard, ce dernier ayant seul persisté parmi ceux de grande taille jusqu'à nos jours.

Ces animaux nous sont connus non seulement par quelques ossements isolés, mais par des squelettes entiers trouvés dans les alluvions des rivières, dans les cavernes. En 1799, dans les limons glacés de l'embouchure de la Léna et en 1902, aux environs de la rivière Berezowska on trouva un cadavre entier de Mammouth. Cet animal nous est donc connu dans ses moindres détails; on a pu même déterminer les végétaux dont il se nourrissait.

Or, non seulement on a trouvé de nombreux débris du Mammouth à Arques près de Saint-Omer, à Saugatte, à Pihen, à Balinghem près de Guines, dans le Boulonnais, la vallée de la Somme, en Angleterre à Folkestone et à Brighton, Tamise, etc., mais on le rencontre avec le Grand Bœuf *(Bos primigenius)* dans le Pas-de-Calais et la mer du Nord, comme nous l'apprennent M. Hallez (1) et M. Sauvage (2) : les pêcheurs ramassent assez souvent dans leurs chaluts des fragments plus ou moins importants de cet animal dans les eaux du Warme entre Douvres et Calais ; au N. du

(1) Hallez, loc. cit.

(2) Sauvage. Bul. Soc. Belge de Géologie, XIII, 1899, R.V., p. 59.

Dogger-Bank, à Yarmouth, Warwick, à 10 milles de Dunkerque il y a un véritable champ mortuaire de Mammouths (Barying Ground), sur les côtes anglaises depuis Crossier jusqu'à l'île de Wight, dans une forêt submergée près de Torquair (Devonshire), au Banc-Sapin avec des ossements de Bos primigenius, dans le N.-W. du Galoper, à Audreselles, à Ambleteuse par le travers d'Ostende entre North-Hinder et West-Hinder.

Les Mammouths se sont donc promenés de France en Angleterre sur l'emplacement du Pas-de-Calais et sur celui de la mer du Nord et ces régions ont dû être le témoin de scènes comme celles qui ont inspiré les artistes russes ou le peintre français Cormon.

Il existait d'ailleurs à l'époque paléolithique supérieur et à fortiori à l'époque néolithique des artistes, des peintres et des sculpteurs dont les noms nous seront probablement à jamais inconnus, qui nous ont laissé à l'état de gravures sur des schistes, des pierres dures, de peintures sur les parois des grottes, de sculptures sur l'ivoire ou l'os, bois de renne ou de cerfs, des reproductions fidèles et reconnaissables du Mammouth, du cheval, de l'ours des cavernes, du bison et du renne.

Ce dernier qui différait légèrement du renne actuel de Laponie n'a pas été rencontré en Angleterre jusqu'à ce jour, il est donc très important pour nous, puisqu'il nous permet de dater l'époque probable de l'ouverture du Pas-de-Calais et de la mer du Nord. En effet, en France, l'âge du Renne a succédé à celui du Mammouth, ce serait donc vers la fin de l'époque du Mammouth et avant l'âge du Renne que le Pas-de-Calais a créé une barrière infranchissable aux animaux terrestres : les loups, par exemple, qui sont disparus d'Angleterre exterminés par l'homme au XVIIe siècle, descendaient des loups de l'époque quaternaire.

Certains géologues voudraient que cette séparation soit encore plus récente (1), cela est très possible, car non seulement comme nous venons de le voir, les animaux éteints ou émigrés sont les mêmes en Angleterre et en France, mais tous les animaux et toutes les plantes d'Angleterre sont identiques aux espèces de France et n'ont pu se propager en Angleterre au fur et à mesure du retrait des glaciers et du réchauffement de la température que par l'isthme très large du Pas-de-Calais qui a ainsi donné passage à toute la faune et toute la flore des îles Britanniques.

Que s'est-il passé depuis et quelles sont les modifications qui se sont produites depuis la pierre polie jusqu'à nos jours. La géologie pour le début de cette période, l'archéologie ensuite, et enfin l'Histoire vont pouvoir nous renseigner et nous apprendre que si en certains points la mer a gagné, en d'autres au contraire elle a perdu ; si l'île de Wight, de Purbeck, les îles Anglo-Normandes, ont été séparées et isolées du continent, en d'autres points les dunes et les dépôts côtiers ont permis la reconstitution de portions considérables de continents.

Pour la région de la mer du Nord, M. Blanchard dans son étude de la Flandre nous a retracé les vicissitudes de

---

(1) D'après M. Rutot ce serait l'affaissement qui a permis l'envahissement de la basse Belgique par la mer Flandrienne, qui avec le jeu de marées dans les estuaires des deux fleuves aurait ouvert le Pas-de-Calais.

ce qu'il appelle la mer Flamande depuis la pierre polie jusqu'à nos jours.

Lors de son ouverture le Pas-de-Calais devait être moins large qu'aujourd'hui, il suffit de se rappeler ce qui passe actuellement en France comme en Angleterre où l'on estime le recul progressif des falaises du Blanc-Nez et du Gris-Nez, à 20 m. par siècle, pour nous convaincre que tous les caps, c'est-à-dire les extrémités des collines qui séparaient les différents cours d'eau affluents de l'ancienne vallée de la Manche sont attaqués et reculent de plus en plus, tandis que les anciens estuaires sont ensablés et que les ports de mer romains, mérovingiens et du moyen âge disparaissent en Belgique comme en France où ne sont conservés qu'au moyen de travaux coûteux. A Wissant, pour n'en citer qu'un, les dunes, les unes recouvrant des poteries préromaines, les autres, des maisons et des débris romains et du moyen âge, on a un exemple typique de la disparition pour ainsi dire complète d'un grand port d'autrefois.

Certains épisodes postérieurs à l'ouverture du Pas-de-Calais et à la séparation de l'Angleterre et de la France sont cependant intéressants à vous signaler. L'un de ceux-ci est le suivant : Dans le Boulonnais, à Calais au Banc des Pierrettes, à Sangatte, à Wissant, devant Wimereux, dans la baie de la Canche, à St-Aubin-s/Mer dans le Cotentin, en Bretagne, dans la baie de Morlaix surmontant une forêt sous-marine, à Jersey, à Guerneyscy, avec silex de la craie, à Plouan entre Audierne et la Pointe de Penmarck comme l'a montré M. Ch. Barrois, en Angleterre de Sussex aux Cornouailles, à Brighton, à Selsey-Bill, il existe des cordons littoraux, des plages soulevées ou « raised beaches » qui se trouvent sur les deux rives de la Manche à une altitude variant de 3 à 13 m. au-dessus du niveau actuel de la mer, à 10 m. en moyenne(1). Elles nous indiquent d'une part qu'à ce moment certaines baies existaient déjà et nous ont été conservées, que par suite certains traits de la topographie actuelle datent de longtemps sans s'être beaucoup modifiés, et d'autre part que le niveau de la mer où tout au moins les grandes marées étaient plus élevées que de nos jours, puisque ces plages se tiennent à 10 mètres en moyen au-dessus du niveau actuel. Cette mer plus élevée a recouvert des territoires où s'étaient développées au temps du Mammouth et de la pierre polie de belles forêts (Bretagne, Angleterre, Torquair, Devonshire).

De plus, dans ces plages soulevées du Boulonnais, on trouve des cailloux exotiques à côté des silex de la craie: ce sont des roches cristallisées dures (granite, gneiss, etc.), qui ne peuvent venir, comme l'a montré M. Ch. Barrois, que de la Bretagne et du Cotentin ; à ce moment, d'après M. Hallez, le littoral du Boulonnais méridional depuis le Gris-Nez jusqu'à la Somme était où se trouve aujourd'hui la Bassure de Bass ; l'embouchure de la Liane était à deux kilomètres plus loin au défaut de la Bassure des marins ; on a trouvé, en effet, dans le soubassement caillouteux de cette Bassure, des cailloux cristallins identiques à ceux dont nous venons de parler. L'hypothèse la plus vraisemblable, c'est que ces cailloux bretons, que l'on retrouve aussi sur les côtes anglaises, n'ont pas, sauf quelques exceptions, été apportés comme lest par

---

(1) On les retrouve aussi sur les côtes du Portugal 6—15^{m} et sur de nombreux îlots de la Méditerranée.

des bateaux, mais par des glaces flottantes formées au fond de la mer sur les côtes de Bretagne et charriées par les courants, qui à cette époque lointaine comme de nos jours, étaient dirigés de l'Ouest vers l'Est. Quelques-uns de ces glaçons passaient le Pas-de-Calais et venaient fondre à Sangatte, à Calais ou vers Anvers où de tels cailloux cristallins ont aussi été signalés.

Un second point intéressant est le suivant : c'est que sur tout le pourtour du Boulonnais de Sangatte à Etaples dans la Plaine maritime et plus au Sud dans la baie du Mont St-Michel, vers St-Brieuc et Morlaix, et sur de nombreux points du littoral anglais, il existe des tourbes et des forêts actuellement au-dessous du niveau de la mer : ce sont les forêts sous-marines récentes des différents auteurs. (Luc-sur-Mer au Havre, forêt sous-marine, arbres couchés vers l'Est, hache en pierre polie).

Pour que la tourbe et surtout des forêts aient pu se développer, il fallait que la mer soit beaucoup plus éloignée et plus basse (ou la terre plus haute) qu'aujourd'hui, n'est-il pas vrai ? Le littoral a donc dû changer et si pour certains points on peut admettre que depuis Jules César qui a signalé entre la mer et les pays qu'il conquérait de vastes forêts et des marécages, il y a eu des ruptures de digues naturelles et de dunes permettant à la mer de venir occuper un territoire qu'elle venait à peine de quitter, il a dû se produire aussi des phénomènes contre lesquels l'homme ne peut lutter, des mouvements généraux du sol assez récents, puisque les archéologues, et en particulier M. Rigaux, de Lille, a montré que le sol des forêts sous-marines, s'il a fourni quelques outils et quelques ornements de l'âge de la pierre polie, a été habité et par les Romains et par nos ancêtres du moyen âge : les poteries dites romaines trouvées dans les puits de la tourbe de Sangatte et qui se trouvent au Musée de Calais, au Musée Gosselet de Lille, datent du moyen âge.

De nos jours l'histoire continue avec ce trait nouveau que l'homme intervient à chaque instant pour lutter par tous les moyens possibles, ici contre l'envahissement de la mer, là au contraire devant nos ports contre l'ensablement.

La falaise argileuse du Havre, celle des environs de Boulogne, recule de 20^cm par an. Le fort de Chatillon qui avait 300 m. de large sous Henri II a complètement disparu. La tour de Caligula était à 400 m. du bord en 1545, en 1644 elle n'existait plus.

Tels sont quelques-uns des traits caractéristiques de ce petit bras de mer, peu important si on le compare aux grandes étendues de mer si longtemps infranchissables pour l'homme même civilisé, mais qui a pourtant joué depuis Jules César jusqu'à nos jours, un si grand rôle dans l'histoire de l'Europe occidentale. Ne nous semble-t-il pas que d'après son histoire géologique, cette voie sillonnée en tous sens par les bateaux depuis l'humble barque du pêcheur jusqu'aux plus puissants trantsatlantiques et aux plus redoutables vaisseaux de guerre était en quelque sorte indiqué pour tenter nos ingénieurs actuels qui jusque-là s'étaient surtout attaqués à percer les isthmes ou les chaînes de montagnes.

L'Assistance Publique à Calais

de 1659 à la Révolution

PAR

M. FERNAND LENNEL

L'Assistance Publique à Calais de 1659 à la Révolution

PAR

M. Fernand LENNEL

LA CHAMBRE DES PAUVRES.

Une étude, même sommaire, de l'Assistance Publique à Calais depuis les origines de la ville jusqu'à nos jours, excéderait les limites d'une communication devant un congrès ; aussi, je me propose d'esquisser seulement à grands traits l'histoire de cette assistance depuis 1659, date de l'établissement de la Chambre des Pauvres qui, pendant plus d'un siècle, assuma seule la charge de secourir les pauvres et d'hospitaliser les malades, les vieillards et les orphelins, jusqu'à la Révolution qui modifia le régime d'assistance. Montrer les origines de la Chambre des Pauvres, étudier ses ressources et le mécanisme de son administration, rechercher les divers moyens employés alors pour venir en aide aux déshérités de la vie, tel est mon seul but et je sollicite la plus grande indulgence pour un travail hâtif et très incomplet qui devrait, pour traiter à fond le sujet, être entièrement remanié.

Il n'existe, à ma connaissance, aucun ouvrage sur cette question d'histoire locale. L'annaliste de Calais, Bernard (1), et l'historien Lefebvre (2) dont l'œuvre remonte au XVIIIe siècle, se sont bornés, comme Pigault de Lépinoy (3), à mentionner l'établissement de la Chambre des Pauvres. Aucun des érudits calaisiens du XIXe siècle n'a étudié son fonctionnement et j'ai dû puiser les éléments de cette esquisse dans les registres des délibérations, cueilloirs, comptes des trésoriers conservés aux Archives de l'Hospice de Calais, dans les plumitifs et comptes de nos Archives communales, en y ajoutant quelques pièces du fonds de l'Intendance aux Archives départementales du Pas-de-Calais.

Lors de la reprise de Calais sur les Anglais par le duc de Guise, des terres furent concédées par François II à la Ville pour « entretenir l'hôpital de la dite ville, y nourrir, alimenter et faire guérir les malades qui y seront » (4). Les deux cents arpents de terre situés sur le territoire de Marck et qui appartiennent encore aujourd'hui à l'hospice de Calais furent remis aux mayeur et échevins qui devaient administrer l'hôpital. A cette donation royale vinrent s'ajouter des libéralités particulières. Le

---

(1) Bernard, Annales de Calais, Saint-Omer, 1715, in-4°.

(2) Lefebvre, Histoire générale et particulière de la ville de Calais et du Calaisis ou Pays Reconquis, Paris, 1766, 2 vol. in-4°.

(3) Mémoires sur le Calaisis, par Pigault de Lespinoy, continués par Pigault Maubaillarcq, 5 vol. mss. Bibl. de Calais.

(4) Privilèges accordés par Henri II, confirmés par François II en Février 1559, publiés dans Bernard, op. cit. P. 310-316. Il en existe une copie aux Arch. Hosp. de Calais. B 2.

2 Novembre 1593, le sieur de Gondet, maître des eaux et forêts, fait don « aux pauvres indigens, malades et honteux de Calais », d'un moulin à eau lui appartenant, situé à Guînes. Le moulin fut vendu et la ville versa chaque année aux « échevins des deniers des pauvres » une rente de 225 livres (1).

De l'administration directe des biens des pauvres par les magistrats de la Ville, nous n'avons aucune trace, sauf un contrat intervenu entre Gabriel Lattaignant, mayeur de Calais, et la sœur Lebel, supérieure des religieuses dominicaines qui, en 1620, s'engagèrent, moyennant une rente annuelle de 650 livres, à avoir soin des pauvres malades de la ville, « outre huict sols par jour pour chacun malade pour les nourir et alimenter ». Non seulement ces religieuses avaient la direction de l'hôpital, alors situé sur l'emplacement actuel des casernes, au Nord de l'Esplanade, mais encore elles devaient faire des visites dans les maisons où elles étaient mandées. Il en fut ainsi jusqu'en 1642, où elles observèrent la clôture et restèrent confinées dans l'hôpital (2).

Les registres aux règlements de police de la mairie de Calais nous donnent quelques détails sur les mesures prises au XVIe siècle en temps d'épidémie, pour isoler les malades pauvres, les transporter hors de la ville et leur assurer les secours médicaux que réclamait leur état (3).

---

(1) Arch. Hosp. E 2, F° 60ro.

(2) Arch. comm. GG 93, non paginé.

(3) Arch. comm. Reg. aux règlements de police de 1562 à 1594, Ordonnance du 30 Juin 1562 — et Plumitif BB 2, F° 73-102-106-132.

On se préoccupait aussi de réprimer la mendicité et de réserver les aumônes aux seuls véritables indigents. « Pour obvier a ce qu'ung grand nombre de pauvres qui est en la ville ne coure plus ou vague par la ville, ne soit plus veu au portail ou entrée de l'église ne as portes des maisons..... » les habitants furent invités « à se cottizer et taxer liberallement selon sa devotion et porter, pour ce qui se pourra recueillir par chacune sepmaine estre distribué à chacun pauvre selon que lon verra la nécessité le requeir ». Pour empêcher que les pauvres ne soient « frustrés de l'aumosne par aucuns qui se faignans pauvres desrobent ce qui leur appartient », deux hommes de bien seront nommés et commis pour recueillir les sommes promises. Ils en feront la distribution d'après un rôle dressé par quatre échevins qui enquêteront chacun dans leur quartier et noteront sur un registre les besoins urgents des malheureux (1).

Il est probable que ce système de secours à domicile ne donna pas les résultats que l'on en attendait. Les guerres qui désolèrent le Nord de la France pendant les premières années du règne de Louis XIV provoquèrent une effroyable misère. Les idées philanthropiques jointes aux convictions religieuses et aux tendances organisatrices amenèrent les personnes charitables et les pouvoirs publics à essayer de nouvelles mesures d'assistance. S'inspirant de récents exemples, les Calaisiens furent conduits à créer une institution plus stable et dotée d'une autonomie remarquable. Le Vendredi 28 Mars 1659, dans une assemblée générale tenue en l'hôtel de ville de

(1) Arch. comm. BB 2, F° 26. 8 Mai 1572.

Calais par le comte de Charost, gouverneur, Charles de Calonne, baron de Courtebourne, son lieutenant, Me François de Thosse, président de la Justice Royale, le doyen de Notre-Dame, les principaux fonctionnaires des Finances, le mayeur et les échevins en charge, les anciens mayeurs et d'autres notables bourgeois et habitants, on rechercha les moyens « d'établir une police pour la subsistance des pauvres, empêcher la mendicité et l'oisiveté » et l'on décida « de choisir douze personnes de probité, ausquels seront joints le curé et mayeur de la dite ville pour prendre l'administration d'une Chambre des Pauvres ». On élut aussitôt douze notables qui furent investis du pouvoir de « dresser les Règlements nécessaires pour l'établissement de la dite police et subvention, obtenir lettres patentes pour la confirmation du dit établissement ». Ces douze administrateurs étaient nommés à vie et, en cas de décès de l'un d'eux, élisaient son successeur (1).

Sans attendre les lettres patentes, les nouveaux directeurs se mirent immédiatement à l'œuvre. Dès le 1er Avril 1659, nous les voyons visiter les différentes rues pour y rechercher les familles nécessiteuses et s'informer de leurs besoins, relever les noms des orphelins qui doivent être admis dans une maison spéciale sous la direction de Gaspard Mollien. Le 27 Juillet, ils demandent à être envoyés en possession des biens, domaines et revenus que les échevins avaient jusqu'alors administrés

(1) Cf. Le Jeune, Histoire de Calais, vol. II, p. 99-107, qui cite cette délibération que j'ai vainement cherchée dans le Plumitif pour 1659 aux Arch. comm.; le feuillet qui le contenait a été enlevé !

en qualité de Receveurs des Pauvres et, le 7 Août, les mayeur et échevins prennent une décision en ce sens.

Au mois de Novembre 1660, Louis XIV confirma l'établissement de la Chambre et lui concéda divers privilèges. Il se déclarait Conservateur et Protecteur de la dite Chambre des Pauvres qu'il exemptait de la juridiction du Grand Aumônier. Il défendait la mendicité à peine de prison et de fouet, accordait aux directeurs de la Chambre la police des mendiants et le droit d'avoir « poteaux et carcan, gardes et sergens de la Chambre avec pouvoir de porter des casaques et livrées à la marque de la dite Chambre ». Défense était faite de donner l'aumône en public, dans les rues, églises et aux portes des maisons, à peine de trois livres d'amende au profit de la Chambre dont les directeurs avaient le droit exclusif de faire les quêtes.

Outre les terres de Marck dont le Roi autorisait la cession à la Chambre, celle-ci avait tous les autres droits, rentes, bénéfices casuels, possession d'immeubles. Elle recevait le produit des amendes infligées aux taverniers et cabaretiers convaincus d'avoir vendu à boire pendant les offices, un droit de réception payé par les officiers de l'amirauté, de la Justice Royale, des Eaux et Forêts et des autres juridictions, un droit de réception payé par les aspirants à la bourgeoisie, les compagnons des métiers lors de leur brevet d'apprentissage et les maîtres lors de leur chef-d'œuvre. Les lettres patentes établissaient deux foires franches nouvelles dans la ville avec un droit d'un sol par écu, au profit de la Chambre, sur tout ce qui y serait vendu (1).

(1) Voir ces Lettres patentes dans Le Jeune. Elles sont du reste mal publiées. Une copie existe aux Arch. Hosp. A 1.

Les directeurs, choisis parmi les plus riches et les plus anciennes familles, remplirent leurs fonctions avec un zèle et une conscience dont témoignent les carnets jaunis où ils inscrivaient leurs dépenses et notaient leurs impressions (1). Ils confiaient à l'un d'eux les fonctions de trésorier. Deux autres avaient la surveillance des « maisons des vieux et orphelins ». D'autres enfin se répartissaient les visites à domicile et le soin des quêtes.

Le trésorier avait seul toute la responsabilité pécuniaire. Il recevait, en entrant en charge, un Cueilloir indiquant les revenus divers de l'établissement et ses dépenses prévues, surveillait les biens immeubles non affermés, touchait les rentes, signait les mandats, veillait aux approvisionnements. Le plus souvent, il était tenu d'avancer personnellement de grosses sommes. Parfois aussi les redditions de comptes des trésoriers provoquent des difficultés. En 1710, François Darras refuse de remettre ses comptes et, quand il s'y décide, il se trouve redevable de 3.867 livres 10 sous qu'on le somme de rendre à peine de saisie de ses biens et de poursuites (2). Ce système dura cependant un siècle, mais, dans l'assemblée du 28 Mars 1760, on décida de faire choix d'un receveur perpétuel pris en dehors des administrateurs. Parmi les motifs que l'on donna de ce changement quelques-uns sont intéressants : « Les avances des trésoriers ont des inconvénients infinis. Elles incommodent les particuliers et préjudicient à l'administration. Calais est peut-être la seule ville du Royaume dans ce cas. Le trésorier a intérêt à diminuer ses avances. Peu de parti-

(1) Voir les noms des directeurs, Arch. Hosp. A 1, jusqu'en 1787.
(2) Arch. Hosp. E 2. F° 70ro.

culiers sont assez riches pour devenir trésorier. Les riches s'y refusent même. Boulogne a un receveur dont on se trouve très bien. Les trésoriers sont des années à rendre leurs comptes..... » (1).

Le premier receveur perpétuel de la Chambre des Pauvres fut Thiberge de Clarigny, nommé le 2 Mai 1760. Désormais, il devait y avoir trois directeurs de l'intérieur au lieu de deux, élus par leurs collègues pour trois ans. Jusque-là la durée de leur charge avait été de deux années. Les trois directeurs donneront des mandats pour toutes les dépenses sur le receveur. « L'un des directeurs fera les fonctions que fait actuellement le trésorier, fera les approvisionnements, convoquera les assemblées » (2).

Le receveur était tenu d'avancer 2.000 livres. On lui allouait pour honoraires « le sol pour livre tant sur le droit de six sols par gonne de bière appartenant aux pauvres que sur les trois sols appartenant à la ville, comme il s'est toujours pratiqué cy-devant, et ce du consentement de MM. les Maire et échevins, sans pouvoir prétendre aucun droit de recette sur les autres biens et revenus de la Chambre » (3).

Quels étaient ces biens ? Un coup d'œil jeté sur quelques cueilloirs nous permet d'évaluer les ressources et les charges de la Chambre des Pauvres. Le premier de ces cueilloirs que nous possédions est du mois de Janvier 1684 (4). Il mentionne certaines recettes que l'on ne

(1) Arch. Hosp. E 2, F° 365.
(2) Ibid.
(3) Ibid. F° 366.
(4) Ibid. F° 25 à 28.

retrouve plus ailleurs, telles que « l'aumosne de M. le Prieur de St-Inglevert, 120[l] », mais il serait difficile d'évaluer le total des recettes indiquées assez vaguement. Un procès-verbal « du Vendredy unze Septembre 1705 » relatant l'assemblée où « il a esté proceddé au rolle et Estat des biens des pauvres par description ainsy qu'il ensuit » nous donne des renseignements beaucoup plus précis.

Le premier chapitre des recettes « à cause des maisons, fermes et terres » énumère tous les immeubles appartenant à la Chambre. La ferme de Marck, louée à bail, rapporte 1.800[l] par an. Des terres à usage de labour ou de pâtures, au Petit-Courgain, à Saint-Pierre, à Guines, forment avec la ferme un premier total de 2.363[l] 10[s]. Le chapitre 2 « à cause des fermes et rentes appartenantes à l'hospital » énumère les produits de la ferme du droit de six sols par gonne de bière brassée à Calais et qui montent à 5.533[l] 6[s] 8[d], de la ferme du jaujage, droit de « trois sols sur chacun tonneau de toutes les liqueurs et boissons entrantes en la ville et banlieue de Calais », 120[l], et un certain nombre de rentes provenant de donations particulières. Le montant de ce second chapitre est de 6.263[l] 17[s] 2[d]. Le troisième chapitre « à cause des dons, droits casuels et questes pour les pauvres » comporte les droits perçus au profit des pauvres sur les marchandises qui entrent dans la ville et payés par le receveur des traites, « le droit de quarante sols sur chaque bateau pêcheur de harengs qui viennent faire la pesche à Calais, avecq les amendes ou aumônes qui surviennent dans ce temps », les droits qui sont adjugés aux pauvres à l'amirauté, lors des ventes et adjudications des navires et marchandises. On sait que ce droit sur les prises était accordé aux pauvres dans tout le

Royaume et que le taux en était laissé à l'appréciation des juges de l'Amirauté. Les quêtes et les aumônes sont également prévues dans ce chapitre pour lequel il est impossible d'établir une évaluation même approximative. Enfin un quatrième chapitre indique, à titre de renseignements, certaines terres qui sont exploitées directement par la Chambre : pâtures pour les vaches de l'hôpital, pré « appellé La Curandrie situé sur la paroisse de Saint-Pierre, le long de la rivière proche l'escluze Laubany », anciennes tourbières à Hames, droits éventuels sur certaines fermes, comme celle de l'aunage qui étaient abandonnées ou sur certaines rentes que l'Intendant avait supprimées (1).

Les dépenses ordinaires consistent en gages payés au Chapelain : « 300[l] par an et 60[l] pour tenir l'escolle, enseigner à lire et escrire aux enfants de la Chambre », 40[l] par an aux frères de l'école « pour enseigner les pauvres de la ville gratuitement », 100[l] annuellement au curé de Guînes, « à cause des bières qui se brassent au dit lieu et éviter que les pauvres de Guines ne tombent à la charge de la Chambre. » De plus il fallait acquitter plusieurs messes imposées par des donateurs, rétribuer le médecin, l'apothicaire, le serviteur, le portier. « Il se donne par distribution par semaine pour les aumosnes aux pauvres de la ville et Courguain 38[l] 10[s]. Plus, il se paye six sols par sepmaine à chacun des vingt enfants de la Chambre tant garçons que filles qui sont tous à mestier et avec chacun un pain. Plus il y a huit enfants à nourice quant à présent 7 à 4[l] 10[s] par mois et un à 3[l]. Il y a outre cela les despances extraordi-

(1) Arch. Hosp. E 2, F° 56-61.

naires pour les pauvres de l'hospital, leur nourriture, entretenemens, les besoings de la maison, les réparations pourquoy les directeurs tirent sur le trésorier ».

Les ressources s'accrurent au XVIIIe siècle de deux donations importantes. En 1718, Louis Gensse, bourgeois de Calais, fit don à l'hôpital général d'une maison « pour l'instruction gratuite de toutes les filles riches et pauvres avec la préférence pour les pauvres » et d'une rente de 750l pour l'entretien de quatre sœurs de l'Institution du Père Barré, minime (1). Par testament du 13 Décembre 1740, Me Jean-Baptiste Ponthon, conseiller du Roy, Président des Traites, Procureur du Roy de l'Amirauté et de la maîtrise des Eaux et Forêts de Calais, laissa aux pauvres ses trois offices dont l'adjudication, faite le 31 Août 1747, rapporta une somme de 52.700 livres (2). Beaucoup de notables enrichissaient de leurs libéralités la Chambre des Pauvres. Les Charost, gouverneurs de Calais, les Mollien, les Bernard et beaucoup d'autres concédèrent des sommes importantes (3).

Et pourtant le budget fut souvent en déficit, et la seconde moitié du XVIIIe siècle est remplie d'appels désespérés aux Pouvoirs publics. Le 30 Octobre 1705 (4), les directeurs décident de vendre les vaches et les deux juments pour « pourvoir à la grosse despence notament pendant l'hiver ». Le 20 Décembre 1709, nous lisons que « à cause de la grande misère du temps, on ne

---

(1) Arch. Hosp E 2, Fo 85 et 91.
(2) Ibid. Fo 295.
(3) Ibid. Passim.
(4) Ibid. Fo 62re.

reçoit presque plus rien aux quêtes faites chaque mois par les directeurs », et l'on décide qu'à partir de 1710, ces quêtes ne se feront plus qu'aux Quatre Temps (1).

L'effondrement de la banque de Law eut des conséquences très fâcheuses pour les finances de la Chambre. Le 9 Avril 1723, le trésorier en exercice, Dechaufour représente « que les revenus du dit hôpital étant beaucoup diminués par les remboursements des rentes faits en billets de banque, il est impossible de pouvoir soutenir le dit hôpital sans des secours particuliers ». On imagina de faire appel aux « dames et demoiselles » pour quêter aux fêtes solennelles, « afin d'exciter les fidelles à redoubler leurs aumônes ». Le moyen était bon, car la quête de Pâques rapporta cent douze livres, au lieu de quinze qu'elle fournissait ordinairement. Malheureusement, le curé Foinard s'alarma et, dans un virulent sermon le jour de Quasimodo, il blâma la conduite des demoiselles quêteuses et déclara qu'il empêcherait à l'avenir de pareilles quêtes. De là conflit avec les directeurs de la Chambre qui maintiennent leur décision et la font signifier « au dit sieur Foinard afin qu'il n'en prétende cause d'ignorance » (2). Je ne sais qui l'emporta!

Le 21 Mars 1735, une assemblée extraordinaire tenue en présence du subdélégué Nicolas Fontaine de Noyelle, du Mayeur et des échevins, adresse une demande de secours à l'Intendant, en arguant de la cherté des blés et des autres denrées nécessaires à la vie qui a doublé le nombre des pauvres (3).

(1) Ibid. F° 69r°.
(2) Ibid. F° 135.
(3) Ibid. F° 240.

En 1737, on place des troncs dans l'église Notre-Dame, dans l'église de Saint-Pierre, dans la Halle au lin, le « bureau des Carosses et Messagerie », le bureau du Receveur des Censives, le bureau général de la Marine et plusieurs autres dans les comptoirs des marchands. La délibération ajoute « que si quelqu'un demandait des troncs, M. Henry Quiénot, notre confrère, en a provision chez luy qu'il a fait faire pendant son année d'exercice (1). Le 20 Février 1763, une réunion extraordinaire fut tenue pour rechercher le moyen de parer aux accroissements de charges « résultant d'une longue guerre et de la misère extrême qui en a été la suite ». On décide de supprimer les secours hors de l'hôpital et de diminuer les dépenses intérieures (2). Dans un « Mémoire et Etat de situation de l'hôpital » envoyé à Mgr le duc de Charost, en Février 1770, les administrateurs se plaignent de la misère extrême qui, depuis la fin de la guerre, n'a cessé de s'accroître. Les inondations ont ruiné le pays, les fermiers ne paient plus leurs locations, le prix des grains a presque doublé. « L'administration a vu avec douleur le commerce languir autant depuis la paix que pendant la guerre ». La dette qui était de 21.800l en 1763 est montée à 29.416l. Le receveur a avancé 5.000l, les administrateurs 10.500l, le reste est dû aux fournisseurs (3). Le duc de Charost répondit à ces plaintes en proposant des réformes et des réductions qui furent jugées inacceptables. En 1777, une réponse des administrateurs nous apprend que les revenus montent à 12.787l

(1) Ibid. F° 250.
(2) Ibid. F° 375.
(3) Ibid. F° 385.

et les dépenses indispensables à 20.662[l]. « Ce vuide est mitigé en partie par les libéralités de Mgr l'évêque de Boulogne, par les dons de Mgr le duc de Charost, par les charités particulières... » (1).

Cet exposé de la situation financière, à la veille de la Révolution, est suffisamment éloquent et l'on comprend le découragement des administrateurs. Le recrutement de ces derniers devenait difficile. La ville de Calais avait souffert énormément, les fortunes privées tendaient à diminuer. On ne trouvait plus aussi facilement qu'autrefois de riches bourgeois fiers de remplir une fonction honorifique, mais parfois coûteuse et toujours assez pénible. En 1767, Pierre Bernard, élu directeur, refuse d'accepter cette mission et ne s'y résout que sur l'injonction des autorités supérieures (2).

Comment les administrateurs avaient-ils compris leur rôle depuis la fondation de la Chambre des Pauvres ? Quelles formes avait prises l'Assistance depuis 1659, quel esprit se manifeste dans l'organisation des secours, c'est ce qu'il nous reste à examiner brièvement.

L'hospitalisation des malades, des vieillards et des orphelins, telle est la forme essentielle de l'Assistance Publique. Elle était pratiquée, on l'a vu, depuis longtemps à Calais. Il existait des bâtiments rue St-Nicolas et dans la partie Nord de l'esplanade où les malades étaient soignés par les religieuses dominicaines. Lors de l'établissement de la Chambre des Pauvres, les directeurs voulurent refuser à ces religieuses la continuation du

---

(1) Ibid. F° 400.

(2) Ibid. F° 383.

paiement de la rente de 650[l] qu'on leur servait depuis 1620. « Ils disoient pour raison qu'elles avoient abandonné pour une clôture régulière leur premier institut et qu'on ne pouvoit employer les biens des pauvres pour l'entretien d'une communauté dont ils n'avaient à recevoir aucun secours ». Une transaction intervint et moyennant une somme de 6.400[l], les Dominicaines renoncèrent à leurs prétentions et cessèrent de soigner les malades (1). Pendant les quelques mois où elles les avaient reçus, les directeurs leur allouaient pour la nourriture de leurs pensionnaires 10 sous par jour (2). Les religieuses conclurent en 1665 un contrat avec le commissaire des guerres Aubert, agissant au nom du marquis de Louvois, pour hospitaliser les soldats malades, moyennant 8 sols par jour « et pour 20 lits seulement que le roi entretenait et blanchissait » (3). C'est l'origine, à Calais, de l'hôpital militaire.

Sur les bâtiments de la Chambre des Pauvres, à cette date, nous avons quelques renseignements dans une note manuscrite sur un registre de baptêmes, mariages et décès de l'ancienne église Saint-Nicolas de la Citadelle (1609-1699) reproduite dans Bernard (4). « Les premiers logemens ont esté d'abord où est à présent le corps des cazernes du côté de la mer et ne pouvoit suffire que pour

(1) Arch. Comm. GG, 93. (Registre des professions et décès des Religieuses Dominicaines, précédé d'un historique de l'ordre).

(2) Arch. Comm. GG, 82. Registre du trésorier de la Chambre pour 1659.

(3) Arch. Comm. GG, 93.

(4) Cf. Bernard, op. cit P. 419.

les pauvres orfelines, les garçons orfelins estant dans une maison séparée de l'autre côté de la rue. En 1666, ces appartemens furent augmentez par l'acquisition de quelques maisons voisines et l'endroit fut assez spatieux pour y contenir les enfans de l'un et l'autre sexe dans des logemens separez. Deux ans après ils furent encore augmentez et capables de contenir les vieilles gens aussi de l'un et l'autre sexe et on y bâtit une chapelle sous l'invocation de l'Ange Gardien. En 1673, on y a étably des chambres et des lits pour les pauvres malades avec clause expresse qu'on ne pouroit admettre que les pauvres de la ville à l'exclusion de tous valets et servantes ».

En 1689, l'autorité militaire ayant décidé de construire des casernes sur l'emplacement de ces bâtiments, l'hôpital fut transféré au faubourg de Saint-Pierre à l'endroit qu'il occupe encore actuellement (1).

La direction de l'hôpital et de l'orphelinat fut confiée par les administrateurs à des laïques dévouées. En 1660, parmi les orphelins entretenus par la Chambre on trouve les deux enfants de Jeanne Beaurain « qui est celle sous la conduite de quy sont les dits orphelins » (2). Les orphelines sont sous la conduite de Jeanne Douin et Nouele Broutier (3). Jeanne Douin recevait 36 livres par an (4). En 1684, dans le compte des dépenses on retrouve

---

(1) Arch. Hosp. E 2, F° 60v°.

(2) Arch. Comm. GG 80, F° 21.

(3) Ibid. F° 22.

(4) Arch. Comm. GG 82.

le nom de Jeanne Douin avec les mêmes gages. La « servante des viels gens » dont on ne dit pas le nom touche 24 livres seulement. En 1705, l'assemblée des directeurs est saisie d'une plainte par « la sœur Magnier, mère des pauvres du dit hôpital » contre le chapelain Fourdin qui l'a insultée et s'est livré contre elle à des voies de fait (1). Je ne crois pas cependant que ce nom de Sœur désigne une religieuse. Le 29 Avril 1720, on décide d'appeler des sœurs grises de la charité de Saint-Lazare au nombre de six « auxquelles on donnera le soin des pauvres, tant pour la nourriture que pour les autres besoins des pauvres. Elles auront le même pouvoir que les sœurs Nicolle et Caterine qui ont aujourd'hui le soin du dit hôpital » (2). On ne donna du reste pas suite à ce projet.

En 1754, dans un règlement intérieur, on fixe les attributions du personnel alors composé de la « Supérieure », Melle Saint-Jean, de la « seconde demoiselle », Melle Lefèvre, de la « troisième demoiselle », Melle Reau, et de « la sœur Nicolle » (3). Quelques années plus tard, le 12 Janvier 1759, les administrateurs décident le renvoi de la demoiselle Saint-Jean parce qu'elle fait de trop fréquentes sorties, reçoit journellement des visites nombreuses et néglige le soin des pauvres. C'est à la suite de ce fâcheux incident que les directeurs firent des démarches pour obtenir des religieuses de l'hôpital des sœurs de Montreuil. Cette demande n'ayant pas abouti, une nouvelle délibération du 23 Novembre 1759 confia au curé

(1) Arch. Hosp. E 2, F° 62r°.
(2) Ibid. F° 105.
(3) Ibid. F° 326.

de Calais le soin d'engager des pourparlers avec la Communauté des Filles de la Charité de l'Institut de Saint-Vincent de Paul. Le 29 Février 1760, une pension de 120[l] est accordée à Melle Lefèvre, « sœur économe de l'hôpital des Pauvres » en cas de retraite prévue si les sœurs de charité prennent la direction de l'hôpital. Cette éventualité ne tarda pas à se réaliser. Le 28 Août 1760, un contrat, passé à Paris entre M. Duteil, curé de Notre-Dame, procureur des Directeurs de la Chambre des Pauvres et la Supérieure générale des Filles de la Charité, stipulait l'établissement dans la Chambre des Pauvres de quatre religieuses de cet ordre qui arrivèrent à Calais le 18 Septembre 1760 et furent solennellement installées par les administrateurs (1). Le contrat contient des clauses assez intéressantes, notamment sur les restrictions apportées par les sœurs au soin de certaines maladies, et mériterait une étude spéciale qui sort de mon sujet actuel. Les Sœurs de Charité restèrent à l'hôpital de Calais jusqu'à la Révolution.

Les soins étaient donnés aux malades et aux vieillards par un médecin et un chirurgien de la Chambre des Pauvres. On pourrait assez facilement en dresser la liste presque complète. Parfois il y a un médecin spécialement attaché à l'établissement. En 1682, Me Ducrocq, médecin, reçoit 50 livres par an. En 1684, le budget prévoit une somme de 100 livres « aux médecins tant pour les visites qu'ils font en la maison des pauvres qu'à ceux de la ville ». En 1705, le chiffre des honoraires descend à 40 livres. C'est aussi le chiffre des honoraires attribués à Pierre-François Corroiette « élu médecin le

(1) Ibid. F[os] 360-364-365-368-369.

12 Janvier 1720, en remplacement de Oudart Camier décédé, » et il n'a pas varié pendant le XVIIIe siècle.

Les chirurgiens de la Chambre des Pauvres jouissaient, en vertu des lettres patentes, de privilèges spéciaux. Ils étaient exempts de tailles, impôts et logements de gens de guerre et pouvaient, après six ans de service, acquérir le droit de maîtrise, « sans être tenus de payer aucune jurande ny autres droits accoutumez aux réceptions des chirurgiens ». En 1672, les directeurs refusèrent de délivrer un certificat au sieur Carruel qui sollicitait cette faveur au bout de quatre années seulement de services. En 1718, une convention avec la Communauté des chirurgiens de Calais stipule que le sieur Antoine Volan sera pendant un an chirurgien « pour servir les pauvres de la ville dans leurs maladies et blessures en ce qui concerne l'art de chirurgie... » Il s'oblige aussi « de raser les pauvres de la Chambre en la basse ville et de traiter et médicamenter les pauvres de la ville et Courgain, comme faisoit cy devant le sieur Méquignon, moyennant 50l par an ». En 1735, la Communauté des maîtres chirurgiens jurés s'engage, le 28 Mars, à envoyer un chirurgien gratuitement à la Chambre des Pauvres « pour y aller pendant un mois, chacun à tour de rôle ». Ce système dura peu, car en 1739, nous voyons de nouveau un chirurgien, Charles Giroud, attaché spécialement à la Chambre, après avoir été interrogé par le sieur Caussin, médecin (1).

Un apothicaire était également rétribué par la Chambre des Pauvres qui lui donne en 1684, 150 livres par an. Ses émoluments ont beaucoup varié.

(1) Arch. Hosp. E 2, Passim.

Les chapelains se succédaient rapidement. C'étaient, pour la plupart, des prêtres âgés qui trouvaient dans ces fonctions une sorte de retraite. Ils devaient dire la messe à la prison chaque dimanche et fête, moyennant un supplément de 75[l] par an provenant d'une donation de la reine Anne d'Autriche et qui, s'ajoutant aux 300[l] de leur traitement et aux 60[l] données pour enseigner à lire aux enfants de la Chambre, leur constituait un revenu suffisant.

Quel était le nombre moyen des pensionnaires de la Chambre des Pauvres ? On sait qu'à l'origine, il n'y a que des orphelins et des orphelines. Le 1er Janvier 1660, la maison des orphelins renferme 31 garçons de 3 à 15 ans et celle des orphelines 53 filles de 2 à 20 ans. Les filles âgées de 12 à 18 ans sont nombreuses (1). Le chiffre varie sans cesse, car les orphelins et orphelines sont de bonne heure mis en apprentissage et remplacés par de nouveaux venus que l'on a parfois confiés, au dehors, à des veuves rétribuées, en attendant une place vacante.

En 1672, il y a 39 orphelins et 54 orphelines. De plus, on a recueilli « 11 vieux hommes et 12 vieilles femmes (2).

Au XVIIIe siècle, il semble qu'on diminue le nombre des enfants et qu'on augmente celui des vieillards et des infirmes. En 1754, la maison renferme 165 personnes, y compris le personnel et trois pensionnaires, car on

---

(1) Arch. Comm. GG, F° 22.

(2) Cf. Mss. de De Rheims, pour l'année 1672. Ce mss. appartient à M. le général d'Or.

disposait de quelques chambres pour recevoir des pensionnaires qui, moyennant une somme payée d'avance ou le don de ce qu'elles possédaient étaient hébergées à la Chambre des Pauvres. Une note du cueilloir de 1754 indique que sur 158 hospitalisés il n'y a que « 26 personnes en santé » (1). L'Assemblée du 16 Mars 1659 décida « que l'état intérieur de la Chambre soit dorénavant fixé à 135 personnes, sauf pour les enfants, qu'il y aura en outre cinq places pour les cas absolument indispensables, que le trésorier en exercice tiendra un état des personnes qui se présenteront pour entrer et qu'on remplacera sur cet état les vuides qu'il y aura ». A cette date, on compte dans l'hôpital « 135 personnes, hommes, femmes, garçons et jeunes filles, en ce compris les servantes et le cordonnier ; 1 idem reçue dans un cas pressant ; 2 pensionnaires ; 4 ouvriers : boulanger, tisserand, garçon tisserand, et chartier ; 23 petits enfants de 4 à 5 ans dans l'hôpital ; 30 enfants à nourrice ; 13 apprentifs ; Mlle Lefebvre, Supérieure par intérim ; soit 209 personnes au total » (2). Si l'on défalque les enfants en nourrice et les apprentis logés chez leurs maîtres, on peut remarquer que le chiffre est sensiblement égal à celui de 1754 et conclure que le nombre moyen des hospitalisés à divers titres s'est élevé à 150 environ.

Un règlement intérieur de 1754 nous donne une idée du régime auquel ces hospitalisés étaient soumis. De la nourriture, je ne puis rien dire, n'ayant sur les comptes que de brèves mentions des paiements trimestriels faits

(1) Arch. Hosp. E 2, F° 327-343.

(2) Ibid. F° 361r°.

aux bouchers, comme celles-ci par exemple : « Payé à Jean Lefebvre, boucher, pour viande qu'il a livré aux deux maisons des orphelins depuis le 11 Octobre 1659 jusqu'au 10 Février 1660, 45[l] ». Dans le 3e chapitre des dépenses du compte de 1684 « contenant la despence ordinaire quy se faict pour la subsistance des orphelins et pauvres Invalides » je relève ces chiffres : « Pour la maison des orphelins et orphelines dix livres par septmaine. Pour la maison des vieux et Invalides dix livres par septmaine » (1). Le blé est compté à part. Du reste il y a un boulanger dans la maison. Ce boulanger qui, en 1754, s'appelle Mathias est chargé de faire le pain. « Il n'en fera que du bis et du demy blanc ». Il a l'entretien du jardin et « il commandera les pauvres qui sont en état de travailler de s'y rendre avec luy les jours qu'il le trouvera nécessaire et ceux qui refuseront de travailler sous ses ordres le pouvant faire seront punis » (2). Il est probable que les produits de la ferme et du jardin entraient pour une grande part dans l'alimentation des hospitalisés.

Le linge est aussi confectionné dans la maison. Un tisserand y réside. Il doit apprendre son métier aux enfants que les directeurs lui confient. Le 24 Juillet 1711, le tisserand ainsi engagé est entretenu et touche 6 sols par semaine. Les pensionnaires ont un vêtement uniforme de couleur bleue. En 1723, le 14 Mai, une dame Anne Roque qui demande à entrer à l'hôpital stipule « qu'elle sera entretenue comme il convient, sans être

---

(1) Arch. Hosp. E 2, F° 28.

(2) Ibid. F° 326.

vêtue de bleu, mais de telle autre couleur qu'il plaira à MM. les Directeurs » (1). Un cordonnier fabrique les chaussures dans l'hôpital. Le 23 Septembre 1718, un compagnon cordonnier Jean Dodenthun, natif de Saint-Inglevert, s'engage à travailler pour la Chambre moyennant sa nourriture et cent sols par mois, pendant six ans, afin de gagner sa maîtrise (2). C'était là encore un des privilèges de la Chambre qui permettait aux ouvriers à son service de devenir maîtres sans bourse délier.

Les pensionnaires de l'hôpital n'y jouissent que d'une liberté restreinte. Le Portier ne doit pas ouvrir la porte sans nécessité. « Les dimanches et fêtes, il aura soin, depuis midi jusqu'après vêpres, d'examiner si l'on n'apporte point de l'eau-de-vie aux pauvres et si on n'emporte rien en fraude de l'hôpital » (3).

Les pensionnaires valides sont astreints au travail. Dès le début de la Chambre, s'il faut en croire un érudit calaisien, M. de Rheims (4), les directeurs avaient installé une manufacture de filets pour accroître les ressources de l'établissement. Il ne semble pas que cette manufacture ait subsisté longtemps, mais les hospitalisés étaient tenus d'aider aux travaux de l'intérieur. Ils assistaient aux funérailles des bourgeois notables moyennant une rétribution. La majeure partie des sommes ainsi obtenues était réservée à l'administration.

Les règlements prévoient, en cas de désobéissance, des punitions qui reflètent bien la mentalité de l'époque

---

(1) Ibid. F° 134.
(2) Ibid. F° 86.
(3) Ibid. F° 326.
(4) Mss. De Rheims déjà cité, même page.

et nous sembleraient aujourd'hui attentatoires à la dignité humaine. « Les pauvres qui désobéiront seront punis par la privation du dîner s'ils ont désobéi le matin ou du souper si c'est l'après-midy, sans préjudice des autres peines du cachot ou d'être chassés de l'hôpital suivant l'urgence du cas. On observera de punir le plus souvent par la privation du repas, afin que le même exemple serve à plusieurs. Celui qui devra être puni par la privation du repas sera obligé de se trouver à table avec les autres » (1).

Pour assurer l'ordre à l'intérieur, comme pour veiller au dehors sur les pauvres, la Chambre a un agent spécial. Le 8 Juillet 1718, « Josse Delplace, maître cordonnier en vieil est élu pour sergent de la Chambre des Pauvres en remplacement du défunt Jean Morel. » Il est remplacé à sa mort en 1730 par François Vadé, dit du Maine, compagnon tisserand, avec le titre d'archer de la Chambre des Pauvres. Parfois, c'est un ancien soldat qui occupe ce poste et il arrive que les Directeurs sont obligés de le révoquer à cause de son goût pour les liqueurs fortes et parce qu'il occasionne des scandales au lieu de les réprimer.

Tel quel, le régime était dur et certaines personnes demandaient à interner provisoirement à l'hôpital ceux de leurs enfants qu'ils voulaient corriger. On y enfermait aussi les filles de mauvaise vie (2).

---

(1) Ibid. F° 326.

(2) Ibid. E 2, 1er Juin 1703. Adjudication des « quatre petites loges et demeures pour y enfermer les filles de mauvaise vie ».

Les directeurs de la Chambre des Pauvres paraissent avoir veillé avec sollicitude sur les orphelins dont ils avaient la garde. On leur donne une instruction élémentaire. Le chapelain, ou à son défaut, un « écrivain » leur inculque les premiers principes de l'écriture et du calcul. Avant même que la générosité de Louis Gensse ait permis la création de véritables écoles, les directeurs paient un maître d'école chargé d'instruire, non seulement les orphelins, mais les enfants pauvres de la ville : « Payé à Monsieur Angrane, maistre d'escolle pour une année de ses gages pour instruire les pauvres de la ville, quarante livres » (1). Ailleurs nous voyons payer « à Mme Saint-Omer pour trois mois de gages pour enseigner les pauvres enfans du Courguin, 5^l^ ». Aux orphelins aveugles on fait apprendre la musique pour leur permettre de gagner leur vie : « Payé à La Fonteine, joueur de violons, pour avoir enseigné Toussain La Jeunesse trois mois, à raison de 30^s^ par mois, 4^l^ 10^s^ » (2).

Quand les orphelins avaient atteint l'âge moyen de douze ans, on les mettait en apprentissage. Le registre auquel j'emprunte la plus grande partie des éléments de cette étude contient de très nombreux contrats d'apprentissage. La durée de l'apprentissage est de deux à trois ans, selon les professions. Beaucoup sont placés chez des cordonniers ou des savetiers, d'autres chez des serruriers ou des tourneurs, des menuisiers ou des couvreurs. Les filles sont couturières pour la plupart. On fournit à

---

(1) Arch. Comm. GG, 84.

(2) Ibid. 10 Décembre 1682 et cette mention reparaît plusieurs fois.

tous un trousseau et les outils nécessaires. Pendant la première année ou les quinze premiers mois, la Chambre donne à l'apprenti un pain et paie au maître 6 sols par semaine ; après quoi l'apprenti gagnera sa nourriture et son entretien. Les directeurs font de fréquentes visites aux apprentis et surveillent l'exécution du contrat. En somme, ce mode d'assistance fonctionnait parfaitement et paraît avoir donné les plus heureux résultats.

Une autre charge, lourde pour la Chambre des Pauvres, était l'assistance aux enfants trouvés. Dès 1659, le carnet du trésorier en indique onze (1). On les place à Calais ou aux environs. Beaucoup meurent. Nombreuses sont les formules comme celle-ci : « Jeanne Martin pour la pension d'un enfant trouvé qui est mort, donné 50 sous » (2).

Quand la personne qui avait déposé l'enfant était connue, la Chambre des Pauvres la dénonçait au Procureur du Roy de la justice ordinaire de Calais « pour conclure par luy ainsy qu'il jugera bon estre ». Parfois, on fait une véritable enquête pour découvrir non seulement la mère, mais le père supposé. Les directeurs firent ainsi reporter à Ardres par le sergent de la Chambre un nouveau-né dont on avait découvert les parents. Les délibérations ne tarissent pas de plaintes sur la débauche des soldats de la garnison à qui on impute la responsabilité de trop nombreux abandons. Le mal prit de telles proportions que, en 1759, on décida d'envoyer à l'hôpital des enfants trouvés à Paris les enfants illégiti-

---

(1) Arch. comm. GG, 80. Dernier folio.

(2) Ibid. GG, 82. Avril 1659.

mes. Le 7 Avril l'assemblée autorise le sieur Tellier fils, trésorier en exercice « à en faire partir huit par le carosse prochain sous la conduite de deux femmes, et ainsi successivement » (1). Ce fut une série de lamentables convois et l'imagination ne se peut représenter sans quelque émotion cet exode de malheureux enfants, sans nom, sans affection, distingués les uns des autres par des rubans de couleur différente, « ruban soucy » ou « ruban citron », parfois même par de simples numéros. La moyenne des envois à Paris fut de 25 annuellement. La plupart arrivaient à Paris « languissants et exténués par une longue route et périssaient bientôt après. » Cet état de choses est du reste commun à toute la France. (2)

La Chambre des Pauvres, centralisant entre ses mains, toutes les fonctions d'assistance, jouait aussi le rôle de nos actuels bureaux de bienfaisance. Elle distribuait des secours aux pauvres de la ville non hospitalisés. La ville était divisée en cinq quartiers ainsi désignés dans un registre de 1659 : « 1° Quartier de la Royalle commençant à la rue de l'Hospital, finissant à l'endroit de la Grille. (81 noms de pauvres) — 2° Quartier du Moulin à vent, commençant au rang du Chat d'Or, finissant rue des Juifs (71 noms) — 3° Quartier de la Citadelle, commençant au rang du Perroquet, finissant l'Esplanade (20 noms) — 4° Quartier du Hâvre, commençant à la grande batterie, finissant au bout de l'Esplanade (69 noms). — 5° Pauvres

(1) Arch. Hosp. E 2, F° 361 v°

(2) Cf. Lettre de l'Intendant d'Amiens au subdélégué de Calais, dans E 2, F° 400.— 31 Octobre 1777.

du Courgain (71 noms). » (1) Au total 312 assistés et ce chiffre a son éloquence quand on le compare à la population probable de Calais à cette époque.

A titre d'indication de l'importance des secours distribués, notons que sur un registre indiquant les sommes remises chaque quinzaine par le trésorier aux directeurs pour les distribuer dans leurs quartiers respectifs, du 16 Avril 1659 (les premières pages manquent) au 24 Décembre de la même année, le total est de 1617 L. 1 s. 6 d. — La plus faible quinzaine (5 au 19 Septembre) est de 29 L. La plus forte (31 Octobre au 14 Novembre) est de 166 L. 10 s. 6 d.

Les secours sont tantôt en nature, pain, viande, vêtements, tantôt en argent. Les uns sont fixes et réguliers, les autres temporaires et occasionnels. Ce sont des aumônes : « à Pauline Carpentier, d'aumosne, 10 sous. — à Magdalène, orpheline, qui n'est pas encore inscrite sur le roolle, donné en pain et argent, en attendant. » Les secours réguliers sont proportionnés aux besoins et aux infirmités : « A Marie Roux reiglée à 20 sous donné à présent à cause de son indisposition 1 L. 10 sous. — à Jeanne Louis, jeune fille aveugle, 15 sous par semaine. » (2)

Beaucoup d'étrangers passent par la ville et vont frapper à la porte des directeurs. Ce sont des soldats blessés ou regagnant leur pays, des matelots, des prêtres catholiques anglais. Donnons quelques exemples :

« A un pauvre passant qui retourne à Brusselles, 10 sous. — A Pierre Durant, matelot de Saint-Malo pris

(1) Arch. comm. GG, 80.
(2) Arch. comm. GG, 82-84.

par les Espagnols et qui s'en retourne, 5 sous. — A 4 pauvres mariniers prins, 12 L. 6 d. — A deux prêtres irlandais passans pour Bouloigne, 1 L. — A un soldat suisse passant avec sa femme et ses enfants, — A un soldat espagnol passant, — A deux soldats venant de Dixmude... — A un pélerin de Saint Jacques, 5 sous. »

L'on prend garde parfois de ménager la juste fierté d'un malheureux et le directeur se borne à signaler le secours donné « à un pauvre ménage honteux. » Certaines mentions sont poignantes dans leur briéveté : « aux trois enfants de Duchesne qui souffrent faim, — à Lescargot, pour avoir à manger, 15 sous. »

La Chambre prend à sa charge les frais de rapatriement des étrangers. Elle donne le 17 Avril 1659, « à Abraham Boutry qui a cinq enfants » 9 livres pour retourner à Saint-Malo ; une autre fois, diverses sommes à Laurence Fauqueux pour s'en aller en Picardie, à Jeanne Martin pour retourner à Amiens.

Quelques formes d'assistance laissent pressentir nos conceptions modernes de relèvement par le travail, d'appui moral, de prêts d'honneur. On donne 15 livres à une fille séduite « pour la retirer du mal et la faire marier à Fretun. » On achète des outils à un couvreur, « un palot à une matlotte, » un coussin à une dentellière. Pierre Vimeux « qui se trouve à présent en nécessité » reçoit huit livres à titre de prêt et « il s'est engaigé de paier les dits 8 livres lorsqu'il pourra et cest argent retournera aux pauvres. » Un armurier emprunte 15 livres pour un an.

Mais c'est assez d'exemples caractéristiques et je dois clore une énumération déjà trop longue. Au dix-huitième siècle, le manque de ressources obligea la Chambre des

Pauvres à renoncer à secourir les pauvres de la ville et à se confiner dans l'administration de l'hopital.

En 1756, il fallut solliciter de l'Intendant l'autorisation d'une souscription libre et volontaire « applicable au soulagement des pauvres honteux et malades de Calais réduits à une indigence déplorable (1). En 1760, à la requête de M. Duteil, curé de Notre Dame, les échevins décidèrent de prendre 2000 L. sur les octrois pour le soulagement des pauvres et ils y furent autorisés par un arrêt du Conseil d'Etat du 17 Février 1760 (2). Un état des pauvres de Calais dressé le 7 Mars 1760 donne un total de 784 personnes « non compris les personnes dont les noms ne peuvent être rendus publics à cause qu'ils conservent des dehors nécessaires à leur crédit. » Les deux mille livres furent consacrées à acheter 80 setiers de blé roux, 1120 L. — 1 million de tourbes, 400 L. — 400 paires de sabots, 140 L. — 120 aunes de froc, 216 L. — et des bas de laine pour 124 L (3).

Ainsi, malgré le zèle et les efforts des directeurs de la Chambre des Pauvres, la misère était grande à Calais à la fin du règne de Louis XV. Les ressources de la Chambre diminuaient et il fallait se tourner vers le pouvoir central. L'administration jusque là autonome et jalouse de ses privilèges se voyait contrainte de rechercher un patronage qui était en même temps une tutelle plus étroite. — Il semble bien aussi qu'une évolution se produit dans les idées et dans les mœurs. Les bourgeois dont

(1) Arch. départem. C. 99 127-133
(2) Arch. départem. C. 100 155-170
(3) Ibid. C. 100 156

la fortune a diminué, en même temps que s'affaiblit le zèle religieux et charitable qui guidait et soutenait les fondateurs de la Chambre des Pauvres, n'apportent plus à leurs fonctions le même empressement.

Ces quelques notes ne comportent pas de conclusions précises. Elles n'ont d'autre prétention que d'apporter une modeste contribution à l'étude d'une question qui, si elle était faite dans chacune des villes de notre région, ne laisserait pas de jeter plus de clarté sur l'état social de notre pays aux derniers siècles et de permettre une intéressante comparaison entre les conceptions « charitables » du passé et les tendances « altruistes » d'aujourd'hui.

---

la fortune ordinaire [illegible] a affaibli le zèle [illegible] et charitable qui guidait et soutenait les fondateurs de la Chambre des Pauvres n'apportent plus à leurs fonctions le même empressement.

Ces quelques notes ne comportent pas de conclusions précises. Elles [illegible] que d'apporter une modeste contribution à l'étude d'une question qui a [illegible] été faite de [illegible] un peu plus de clarté sur l'état [illegible] notre passé [illegible] et de permettre une [illegible] [illegible]

Contribution à l'Histoire de la Lutte Économique entre les Villes et le plat-pays de Flandre

Aux XVIe, XVIIe et XVIIIe Siècles,

PAR

M. G. WILLEMSEN.

Contribution à l'Histoire de la Lutte Économique

ENTRE LES VILLES ET LE PLAT-PAYS DE FLANDRE

AUX XVIe, XVIIe ET XVIIIe SIÈCLES,

PAR M. G. WILLEMSEN.

L'histoire de la lutte économique entre les Villes et le Plat-pays de Flandre aux XVIe, XVIIe et XVIIIe siècles n'a pas encore été écrite, que nous sachions. Elle en est encore à la période des contributions.

La présente notice ne constitue qu'une modeste contribution nouvelle. Notre but est d'apporter quelques matériaux à pied d'œuvre à l'usage de celui qui entreprendra un jour d'étudier dans son ensemble cette lutte séculaire.

Déjà à la fin du XVe siècle les corporations de métiers étaient en pleine décadence. Celle-ci provenait de diverses causes tant intérieures, qu'extérieures. Nous n'avons pas à les exposer ici. M. G. Demarez nous a tracé un magistral tableau des origines de cette décrépitude (1). La concurrence faite par l'industrie du plat-pays à celle des villes en fut une des principales.

M. Pirenne a péremptoirement démontré que la draperie rurale provoqua la déchéance de la draperie urbaine. (2)

Le même auteur nous fait connaître que l'industrie des tapisseries en Flandre subit le même sort pour les mêmes causes (3).

Nous devons aussi faire mention de la belle étude de M. de Saint Léger : « La rivalité industrielle entre la ville de Lille et le plat pays et l'arrêt du Conseil de 1762, relatif au droit de fabriquer dans les campagnes » (4).

Cette compétition de l'industrie du plat-pays avec celle des villes se manifesta avec une apreté singulière dans tous les domaines.

Elle fut aussi ardente en Brabant qu'en Flandre et ailleurs.

Nous nous bornerons dans ce travail à apporter quelques éléments pour l'étude de la matière, en ce qui concerne spécialement la Flandre flamingante et principalement Gand et les contrées qui entourent cette ville.

---

(1) L'organisation du travail à Bruxelles au XVe siècle. — Bruxelles. — Lamertin, 1904.

(2) Une crise industrielle au XVIe siècle. (Bulletin de l'Académie Royale de Belgique. — Classe des lettres. — 1905 pp. 490 ss.)

(3) Note sur la fabrication des tapisseries en Flandre au XVIe siècle (Vierteljahrschrift für Social — und Wirthschaftsgeschichte 1906 — pp. 325 ss.)

(4) Annales de l'Est et du Nord. — 1906. II, pp. 367 ss.

Le protectionnisme le plus étroit dominait toute l'organisation industrielle antérieurement à l'époque dont nous nous occupons, et continua pendant la période que nous étudions, à être son unique raison d'être. Ce protectionnisme s'exerçait tant de métier à métier, que de l'ensemble des corporations à l'extérieur et au plat-pays.

Les querelles des métiers entre eux pour maintenir leurs privilèges et empêcher tous empiètements respectifs sont si nombreuses que les procès qui en naquirent sont innombrables,

Une grande quantité de litiges se mûrent entre les tailleurs et les fripiers. Les premiers prétendaient avoir le monopole de faire le vêtement neuf et prétendaient le défendre aux fripiers. Ils voulaient même interdire à ceux-ci la vente des vêtements confectionnés neufs (1).

Les mêmes difficultés surgirent à Gand entre les menuisiers et les charpentiers (2), les ferronniers et les armuriers (3), les carrossiers et les charrons (4), les merciers et les ciriers (5), les tanneurs et les corroyeurs (6).

Dans le courant du XVIIIe siècle, la plupart de ces différentes corporations, probablement fatiguées, épuisées et ruinées par les procédures dispendieuses qu'elles avaient soutenues l'une contre l'autre, firent la paix et se réunirent en un seul corps de métier :

---

(1) Recueil des Ordonnances des Pays-Bas. — 3e série VII — 176
(2) Ibid. Ibid. IX — 524
(3) Ibid. Ibid. IV — 660
(4) Ibid. Ibid. VII — 528
(5) Ibid. Ibid. II — 813
(6) Ibid. Ibid. IX — 524

Les merciers et les ciriers de Gand s'unirent le 8 Octobre 1667. Cette union fut approuvée par décret de Charles VI, du 29 Avril 1713 (1).

Par lettres patentes du 21 Juillet 1730 Charles II approuve et homologue deux ordonnances politiques en forme de réglement rendues par les Echevins de la Keure de Gand le 18 Octobre 1727 et le 27 Avril 1728 pour le métier des ferronniers et des armuriers de cette ville (2).

Un décret de l'Impératrice-Reine du 19 Août 1769 consacre l'union des tanneurs et des corroyeurs de Gand (3).

Un autre décret de cette souveraine du 21 Août suivant comporte l'unification des métiers des charpentiers et des menuisiers de la même ville (4).

Nous pourrions multiplier ces exemples, mais nous sortirions du cadre restreint que nous nous sommes tracé.

***

Si certains corps de métier, pressés par le besoin et la concurrence grandissante, mettaient fin à leurs querelles byzantines, si d'autres continuaient à se faire la guerre à propos de bagatelles, qui probablement prenaient à leurs yeux l'importance d'un gros évènement, il n'en est pas moins vrai que tous étaient d'accord pour continuer

---

(1) Recueil des Ordonnances des Pays-Bas - 3e série - II - 813
(2) Ibid. - Ibid. - IV - 324-660
(3) Ibid. - Ibid. - IX - 524
(4) Ibid. - Ibid. - IX - 525

le traditionalisme le plus étroit, et pour maintenir la protection commerciale et industrielle la plus resserrée non seulement contre l'étranger, mais surtout contre le plat-pays.

*
* *

Quoique la draperie fût pour ainsi dire anéantie en Flandre, elle était cependant encore exercée par quelques uns, et ces rares drapiers continuaient à vouloir faire survivre à elle-même une industrie expirante, si pas déjà morte.

C'est ainsi que sur leurs représentations, Charles, prince d'Espagne, confirme par lettres du 12 Avril 1515, après Pâques, un privilège accordé aux drapiers de Gand par Jeanne de Flandre et Guy, son frère, la veille de la Saint Barthélémy 1302, portant qu'on ne pourra présenter à la Halle aucune pièce de drap qui n'a pas été tissée et foulée à Gand (1).

Cependant, cette ancienne industrie, alors expirante, avait pris un essor considérable en Angleterre, à la suite de l'exode des tisserands flamands.

Ce fut un motif pour que dès le 15 Mai 1587 (2) les drapiers de Flandre obtinssent la défense d'importer d'Angleterre des draps de laine, des carisées, des baies, etc. Cette défense fut encore renouvelée diverses fois en

---

(1) Recueil des Ordonnances des Pays-Bas, - 2e série - I - 372

(2) Placcaerten van Vlaenderen - II - 519

même temps qu'il était pris des mesures relatives à l'exportation du lin, ainsi que nous le verrons plus loin.

Les drapiers parviennent à faire accentuer encore ces mesures de protection en faisant décréter par le placard du 4 Juin 1644 (1) l'interdiction de l'exportation des laines et des fils de laine. Il y est en même temps enjoint aux filetiers du plat-pays de vendre leur production aux marchés publics où elle ne pourra être achetée que par « *les hautlisseurs. bourgeteurs, sayeteurs etc.* » Les facteurs doivent faire connaître les noms de leurs commettants et doivent fournir caution que dans les trois mois ils apporteront attestation du magistrat du lieu que les fils sont parvenus à destination et y ont été mis en œuvre.

Ce placard avait été publié sous le prétexte de retenir l'industrie dans le pays, mais il n'est pas difficile de s'imaginer quel tort immense ces mesures prohibitives causaient à l'industrie rurale, sans qu'un profit quelconque en rejaillît sur l'industrie urbaine. En effet, la première continuait à prospérer au détriment de la seconde. Ce qui le démontre, c'est que les drapiers de Gand provoquèrent la publication d'un nouveau placard le 25 Août 1653 (2), qui cette fois porta sur les tissus même.

Il prescrit, en effet, que les étoffes de laine fabriquées au plat pays doivent être portées au « *comptoir* » le plus proche pour y être marquées, et être accompagnées d'un certificat d'origine émanant du magistrat du domicile du tisserand.

---

(1) Placcaerten van Vlaenderen. - IV - 972

(2) Ibid. - IV - 978

Cela ne suffit pas encore. Sur les plaintes des fabricants et des tisserands, l'entrée du drap étranger, y compris les tissus de coton, de soie, les indiennes etc., est strictement interdite par le placard du 1er Avril 1699 (1), publié sous forme d'Edit perpétuel. Ce même édit prescrit que les draps fabriqués dans le pays seront scellés sur le métier (Art. VIII). Le bout portant le scel doit être déposé à la Halle aux draps par le débitant (Art. XVI). Tous marchés de draps sont prohibés au plat-pays (Art. XXIII). Tous les draps doivent avoir la largeur de la fabrication du pays (deux aunes entre les lisières). L'édit contient encore diverses dispositions relatives aux longueurs des différents tissus (baies, carisées, etc.)

Cet édit provoqua des récriminations si générales que dès le 24 Juillet 1700 (2) un nouveau placard publié en vue du « bien général » permit l'importation des draps étrangers moyennant paiement des droits d'entrée. Ce nouvel édit contenait cependant encore une restriction : les marchands doivent vendre des draps de leur ville et du pays en proportion des draps étrangers.

On peut à bon droit supposer que ce semblant de liberté favorisa immédiatement le commerce du plat-pays, car à peine un mois plus tard, une ordonnance interprétative, datée du 18 Août 1700 (3), interdit, sous prétexte de fraudes possibles, la vente de draps étrangers au plat-pays.

Cependant, la rivalité entre les drapiers de Gand et

---

(1) Placcaerten van Vlaenderen - VI - 891
(2) Ibid. - VI - 902
(3) Ibid. - VI - 904

les marchands étrangers et ceux du plat pays continuait plus âpre et plus ardente que jamais. Il en résultait de nombreux procès qui avaient naturellement presque toujours une issue favorable aux fabricants gantois. Pour obvier à ces difficultés qui ne faisaient qu'entraver le commerce et l'industrie, Marie-Thérèse enjoignit par un décret du 1er Février 1757 aux Echevins de Gand de faire un règlement sur la fabrication du drap dans cette ville. Ce règlement fut homologué par ordonnance de l'Impératrice-Reine du 17 Février 1763 (1). En voici les dispositions principales : Les marchands de draps étrangers à la ville doivent faire draper tous les ans deux cents aunes à Gand même. Ils doivent passer cette commande avant le 25 Mars de chaque année. Les ordres pourront être exécutés par les drapiers en autant de pièces qu'il sera nécessaire pour qu'elles puissent être travaillées dans les bacs des foulons, tels que ces récipients existent. Si la commande porte sur plusieurs espèces ou qualités différentes, les marchands forains seront obligés de passer ces ordres de telle manière que les draps de chaque espèce ou qualité formeront le contenu d'un bac de foulon. Les draps ayant passé par les mains des wardeurs en crû, à sec et en humide, et scellés avant tension *(ongereckt goed)*, seront réputés marchands et devront être agréés par l'acheteur. En cas de désaccord sur le prix, celui-ci sera fixé par arbitres-experts, et à défaut de ceux-ci, par un expert à nommer par les échevins.

Le but de cette ordonnance est aisé à découvrir : favoriser l'industrie urbaine au détriment de la rurale ; rendre l'exercice de celle-ci presque impossible en li-

(1) Recueil des Ordonnances des Pays-Bas, - 3e série - IX - 5

vrant le marchand forain pieds et poings liés aux convenances, ou plutôt à l'arbitraire du fabricant gantois.

Un décret de Charles de Lorraine du 9 Mars 1767 va plus loin encore (1). Il autorise le magistrat de Dixmude à défendre la vente en détail des draps aux foires de cette ville. Cette autorisation était donnée parce que la même faveur avait été accordée à Ypres.

Comme on le voit, ce n'étaient pas seulement les villes de premier rang, mais aussi celles de second ordre qui se débattaient contre le marasme et la décrépitude de leur industrie drapière. Toutes s'imaginaient qu'elles favorisaient celle-ci et la feraient revivre en prenant ou en obtenant des mesures prohibitives et tracassières contre leur rivale rurale.

* * *

Ce que nous venons de dire de l'industrie drapière, s'applique d'une façon encore plus tangible à l'industrie linière (2).

Celle-ci avait pris dès le XVIe siècle la place de la draperie expirante ; elle prit son essor parallèlement à la décadence et à la disparition de celle-ci, pour à son tour et par les mêmes causes, tomber presque au néant.

---

(1) Recueil des Ordonnances des Pays-Bas, - 3e série - IX - 318

(2) Cf. notre étude : Contribution à l'histoire de l'industrie linière au XVIIIe siècle. (Annales de la Société d'histoire et d'archéologie de Gand. - Tome VII pp. 223 ss.) Nous renvoyons à ce travail pour tout ce que nous disons ici de l'industrie linière.

Elle s'exerçait par toute la Flandre, et resta rurale, comme elle le fut probablement à son origine. Son principal centre d'activité était Gand. Il importe de dire un mot de son organisation.

La filature se faisait à la campagne et était pratiquée par une quantité innombrable de femmes dont c'était l'unique occupation. Elles étaient tellement pauvres qu'elles étaient condamnées au célibat et vivaient pour la plupart en communauté afin de pouvoir améliorer leur triste sort. Elles travaillaient presque toutes pour compte propre, se rendaient hebdomadairement au marché le plus proche pour y acheter le lin peigné nécessaire à leur travail d'une semaine, au bout de laquelle elles y rapportaient le fil qu'elles avaient produit. Ce fil y était acheté par les retordeurs ou les marchands de fil en gros. Après torsion le fil revenait au marché où il était acquis par les tisserands. Ceux-ci habitaient la banlieue dans des huttes où ils exerçaient leur métier. Leur salaire était dérisoire et ils étaient considérés par leurs contemporains comme les gens les plus misérables de la société. Lorsque leur pièce était tissée, ces petits patrons isolés — car, en réalité ils l'étaient — portaient celle-ci au marché, afin de pouvoir se procurer la matière première nécessaire pour pouvoir mettre une nouvelle pièce sur le métier.

C'étaient les tisserands qui alimentaient principalement le marché de Gand. Leurs toiles y étaient presque exclusivement acquises par les marchands en gros qui n'achetaient en général que sur commande de leurs correspondants étrangers, moyennant une commission de 2 ou 2 1/2 %. Après avoir passé par les mains des blanchisseurs et des apprêteurs, qui leur donnaient leur dernière toilette, ces tissus étaient expédiés vers l'Italie, l'Espagne et les Indes.

Dans cette organisation la moindre hausse ou baisse de la matière première se répercutait chez tous ceux qui l'avaient travaillée ou achetée, depuis l'humble fileuse jusqu'à l'opulent marchand-commissionnaire, et principalement chez ceux-ci. Quoique disposant de capitaux relativement importants, ils étaient plus sensibles à ces fluctuations, car ils étaient toujours exposés à voir, en cas de hausse, la marchandise commissionnée leur rester pour compte à l'arrivée à destination.

Ils étaient donc les victimes à qui les variations de prix étaient le plus funestes.

Aussi n'eurent-ils jamais qu'un but : maintenir une stabilité presqu'immuable dans les prix ; et c'est, soutenus par les Echevins de la Keure, les Hommes du fief du Vieuxbourg de Gand et par les Etats de Flandre, qu'ils parvinrent pendant les XVIe, XVIIe et XVIIIe siècles à obtenir du pouvoir central la fermeture presque constante de la frontière à la sortie du lin.

Comme bien l'on pense, cette prohibition d'exportation, presque périodique, jetait le plus grand trouble dans les relations du producteur de la matière première avec ses acheteurs et provoquait nécessairement une baisse considérable par suite de l'accumulation du stock.

C'était le plat-pays qui le premier souffrait de cette situation anormale et artificielle. Aussi les réclamations se produisaient-elles violentes et au bout de fort peu de temps les mesures prohibitives, sans être abrogées, n'étaient plus appliquées, pour être remises en vigueur quelque temps après.

Mais cette ouverture et cette fermeture alternative des frontières ne produisait pas l'effet attendu. L'industrie linière dépérissait de plus en plus à Gand, tandis qu'elle prospérait au plat pays.

Cette prospérité de l'industrie linière rurale portait aussi un coup sensible aux finances urbaines, qui, le produit des droits de place aux marchés et celui du « *pondtgeldt* » (qu'on ne pourrait mieux comparer qu'aux droits d'octroi) diminuant sans cesse, se trouvaient privées des principales sources de leurs revenus.

Il n'est donc pas étonnant que les autorités urbaines aient toujours soutenu les marchands-commissionnaires dans leurs prétentions et aient toujours préconisé les mesures artificielles, espérant ainsi retenir une industrie qui leur échappait, d'autant plus qu'elles ne se doutaient ou ne voulaient pas se douter de la cause de cette décadence.

La cause de celle-ci fut nettement accusée par le Clergé de Bruges dans la réponse qu'il donna à la consultation qui lui fut demandée par les Etats de Flandre, ainsi qu'aux autres corps de la province, le 26 Février 1766, relativement aux dispositions du placard du 2 Mai 1619 sur la fabrication des toiles ; à son avis, ce n'est pas la rareté du lin, ni sa cherté qui sont les causes de la mauvaise qualité des toiles, mais bien leur fabrication vicieuse.

On peut y ajouter que les tisserands de toile de Gand n'employaient que du fil d'étoupe, tandis que les bonnes qualités étaient achetées à tout prix par l'étranger et exportées, soit à découvert, soit en fraude, non pour en faire de la toile, mais pour être employées dans la fabrication de la soie, du satin, d'étoffes d'or et d'autres tissus précieux.

Il faut dire encore que les marchands-commissionnaires s'en tenaient toujours aux anciens types qu'ils voulaient imposer à leurs correspondants étrangers, et que d'autre part les tisserands continuaient à tisser comme leurs ancêtres l'avaient toujours fait, n'ayant aucune initiative et victimes d'un traditionalisme étroit.

Aussi l'industrie linière rurale, libre de toute organisation corporative, libre de toute tradition. libre surtout de la tutelle des marchands-commissionnaires, produisait-elle des types nouveaux, créait-elle des débouchés là où les urbains avaient perdu la vente. Sa prospérité était grande et lui permettait de donner, notamment au Pays de Waes, des salaires supérieurs à ceux payés aux ouvriers des villes.

***

Ainsi que nous venons de le voir pour les deux principales et plus anciennes industries de Flandre, il y eut pendant les XVIe, XVIIe et XVIIIe siècles une lutte âpre et ardente des villes contre le plat-pays, lutte dans laquelle les ruraux restèrent finalement vainqueurs. Il en fut de même pour tous les autres métiers. Nous nous bornerons aux exemples les plus frappants.

Sous le prétexte qu'il se commet de nombreuses fraudes dans les marques, le poids et le titre des matières d'or et d'argent, une ordonnance du 8 Mai 1515 (1) ordonne à tous les orfèvres de Flandre de se rendre dans les six semaines, sous peine d'une amende de 3 L. parisis

---

(1) Placcaerten van Vlaenderen. — I — pp. 594 ss.

dans une des cinq villes dont dépend leur circonscription (Gand, Bruges, Ypres, Lille et Douay), de s'y faire connaître du Doyen et des Jurés du métier d'une de ces villes, y apporter et y déposer leur poinçon, soit qu'ils l'aient déjà ou qu'ils l'adopteront pour l'avenir, y donner leurs nom et prénom et faire connaître leur domicile. Il leur est défendu d'employer d'autres marques sous peine de faux, de confiscation des objets et de correction arbitraire. Les wardeurs des cinq villes peuvent faire toutes recherches dans leur ressort respectif et faire punir les contrevenants par le magistrat du lieu.

Tel était le principe : il s'agissait d'obvier aux tromperies sur la qualité de la marchandise vendue : mais le motif invoqué n'est que de surface, car quarante ans plus tard, nous voyons clairement où l'on voulait en venir. En effet, aux termes de l'article VIII de l'Ordonnance, Statut et Edit du 13 Avril 1551 (1) le métier d'orfèvre n'est plus autorisé que dans les villes closes, sous ombre de faciliter la surveillance des wardeurs. Cet édit fut renouvelé le 20 Octobre 1608 (2). Mais il faut croire que par la force des choses même des orfèvres s'étaient de nouveau établis au plat-pays, car un placard du 19 Septembre 1749 (3), constatant que les anciennes ordonnances ne sont plus observées, apporte une modification assez sensible aux édits précédents ; le dépôt des poinçons est toujours obligatoire — cela est compréhensible — mais le séjour dans les villes closes n'est plus exigé. Il suffit que celui

(1) Placcaerten van Vlaenderen. - I - 802.

(2) Ibid. - II - 445.

(3) Ibid. - VIII - 270.

qui exerce la profession d'orfèvre ait été admis comme Maître dans le métier. Ce placard est confirmé par un décret de l'Impératrice Marie-Thérèse du 26 Mars 1772 (1) s'appliquant à un cas particulier : les orfèvres du Pays de Waes sont soumis au ressort du métier de Gand dans lequel ils sont obligés de se faire admettre.

C'était un nouveau pas vers la liberté des professions.

Les mêmes mesures restrictives s'appliquaient aux chaudronniers ruraux.

Une ordonnance du Conseil de Flandre du 18 Décembre 1638 (2) interdit à quiconque d'exercer le métier de chaudronnier au plat-pays s'il n'a été reçu franc-maître dans une ville de Flandre. Cette ordonnance fut confirmée sur les plaintes des métiers de Gand, de Bruges et de Courtray par un placard du 16 Octobre 1679 (3) renouvelant les mêmes dispositions, qui ne tardèrent d'ailleurs pas à tomber en désuétude.

Les ferronniers et armuriers de Gand firent sanctionner l'intransigeance de leur protectionnisme particulariste par lettres patentes de Charles II du 21 Juillet 1730 (4) approuvant et homologuant deux ordonnances politiques en forme de règlement rendues par les Echevins de la Keure de Gand le 18 Octobre 1727 et le 27 Avril 1728 pour le métier des ferronniers et des armuriers de Gand. Aux termes de l'art. 8 de ce décret il est défendu

---

(1) Recueil des Ordonnances des Pays-Bas. -3e série - X - 243.

(2) Placcaerten van Vlaenderen - IV - 1014.

(3) Ibid. - IV - 1015.

(4) Recueil des Ordonnances des Pays-Bas - 3e série - IV - 660.

sous peine d'amende, de confiscation etc., d'introduire dans la ville des objets relatifs à ce métier.

Les carrossiers et les charrons de Gand avaient obtenu le 6 Novembre 1754 une ordonnance aux termes de laquelle l'entrée des ouvrages de charronnage exécutés ailleurs est interdite dans cette ville. Cette ordonnance ne resta pas longtemps en vigueur; et c'est dans des circonstances assez drôles qu'elle fut interprêtée contre le métier par un décret de Charles de Lorraine en date du 17 Novembre 1755 (1). Le greffier du Conseil de Flandre s'était fait faire un carrosse à Bruxelles. Lorsque la voiture arriva aux portes de Gand, le métier des carrossiers en interdit l'entrée. D'où procès devant le Conseil de Flandre. Les carrossiers et charrons ne furent pas les bons marchands de l'affaire, car c'est à ce moment que parut le décret interprétatif dont nous venons de parler. Il ordonnait que les carrosses ou autres voitures que les particuliers de Gand font faire à Bruxelles ou ailleurs pour leur usage, peuvent entrer librement. Il portait en outre abolition du procès pendant.

Les passementiers-rubaniers éprouvèrent à certain moment que leur industrie traditionnelle déclinait et que des moyens de production nouveaux leur causaient une concurrence désastreuse. Songèrent-ils un instant à mettre leur industrie à la hauteur des inventions nouvelles ? Oh, non ! Ils se plaignirent qu'à certains endroits et notamment au plat-pays « on fabrique des passemens et ouvrages de soie et de filoselle sur des moulins qui produisent autant que seize passementiers, » mais « de moin-

(1) Recueil des Ordonnances des Pays-Bas, 3e série - VII - 528.

dre qualité. » Ces derniers mots sont caractéristiques de l'époque qui nous occupe. Chaque fois qu'une méthode nouvelle de fabrication est mise en œuvre, les métiers interviennent et déclarent inévitablement les produits de qualité inférieure. Dans le cas présent ces plaintes produisirent leur effet, à tel point qu'une ordonnance du 27 Novembre 1664 (1) défendit de fabriquer des passements et des rubans sur des moulins. L'ancienne pratique doit continuer à exister : le tissage du ruban sur métier.

Un siècle plus tard surgirent des doutes sur le point de savoir si l'ordonnance du 27 Novembre 1664 était encore en vigueur. Ces doutes constituent une preuve irréfragable que la méthode nouvelle de fabrication avait subsisté malgré les défenses, qu'elle avait continué à être pratiquée et qu'elle ruinait le procédé traditionnel. Aussi un décret de Marie-Thérèse du 26 Juillet 1770 (2) prescrit-il la republication de l'édit du 27 Novembre 1664, en y ajoutant une nouvelle clause prohibitive : l'entrée des rubans travaillés sur moulins est strictement interdite.

Les meuniers urbains se sentaient aussi constamment atteints par la concurrence des ruraux. Aussi sur représentations de ceux de Gand, Audenarde et Courtray obtinrent-ils sans peine par le placard du 23 Octobre 1663 (3) la défense aux habitants du plat-pays de posséder des moulins à la main *(handtmolens ofte queerens)* au moyen desquels ils faisaient la mouture pour eux et leurs voisins. Ce placard n'était d'ailleurs que la republication

(1) Placcaerten van Vlaenderen. - IV - 991.

(2) Recueil des Ordonnances des Pays-Bas. - 3e série - X - 64.

(3) Placcaerten van Vlaenderen. - IV - 995.

de ceux des 21 Février 1541 et 9 Juin 1628. Il avait en outre une portée fiscale.

Les tanneurs trouvèrent également nécessaire de se faire protéger. L'art. XLV du décret du 7 Aout 1754 (1) relatif au réglement de la ville de Courtray porte en effet que les cuirs préparés hors de la ville, entrant pour la consommation paieront les doubles droits.

Les pelletiers, à leur tour, en vue d'éviter les abus et les empiètements des ruraux, obtinrent le 29 Octobre 1725 (2) des lettres patentes de Charles II portant homologation d'une ordonnance de la Keure de Gand du 7 Janvier 1640 relative à leur profession. Nous y voyons que nul ne peut vendre à Gand des pelleteries, manchons et autres objets de même nature, sans être franc-maître pelletier.

Les tailleurs dont les démêlés avec les fripiers donnèrent lieu aux solutions et aux décisions les plus étonnantes et les plus bizarres, parvinrent aussi à faire homologuer par décret de Marie-Thérèse du 28 Novembre 1752 (3) un projet de règlement pour leur métier; l'art. 12 défend d'importer à Gand des vêtements confectionnés et de les y vendre, à peine de confiscation et d'amende pour chaque pièce de vêtement introduite.

Les sauniers du plat-pays furent également l'objet de représailles de la part de leurs confrères urbains. Et ceux-ci obtinrent d'autant plus facilement gain de cause

---

(1) Placcaerten van Vlaenderen. - VIII - 422 ss.

(2) Recueil des Ordonnances des Pays-Bas. - 3e série - III - 608.

(3) Recueil des Ordonnances des Pays-Bas - 3e série - VII - 176.

auprès du pouvoir central, qu'ils avaient le talent de faire valoir auprès de celui-ci que l'existence de sauneries au plat-pays permettait et facilitait aux ruraux d'échapper au fisc.

C'est ainsi qu'un placard du 31 Mai 1673 (1) interdit de faire provision de sel blanc au plat-pays, où il ne pourra être vendu que par petites quantités. Il ne peut être déchargé et réuni en fortes quantités que dans les villes closes.

Mais cet édit fut si peu observé qu'un autre placard du 22 Décembre 1679 (2) ordonne la démolition de toutes les sauneries du plat-pays et prescrit que le matériel en soit transporté dans les villes closes, où seule cette industrie peut être exercée.

Ce nouveau placard fut bientôt lettre morte ; en effet, il dut être republié le 1er Décembre 1685 (3), à la sollicitation des mandataires « de la Généralité des Raffineurs de sel en nôtre ville de Gand. »

Il fut encore republié le 17 Juillet 1732 (4) à la requète des Etats de Flandre et à l'instigation des raffineurs de sel de Gand.

Toutes ces republications ne furent d'aucune utilité, et si les placards furent observés pendant quelque temps, ils furent rapidement oubliés, si bien que dans la seconde moitié du XVIIIe siècle la plupart des villages avaient

---

(1) Placcaerten van Vlaenderen - IV - 996.
(2) Ibid. - IV - 998.
(3) Ibid. - VI - 767.
(4) Ibid. - VI - 765.

au moins un saunier qui en général exploitait en même temps une huilerie et une savonnerie.

Cette dernière industrie fut aussi l'objet des vexations des savonniers urbains. Le prétexte était la mauvaise qualité des marchandises fabriquées et l'usage d'ingrédients dangereux et insalubres. C'est ainsi qu'un placard du 31 Août 1576 (1), soi-disant parce que certains savonniers emploient de l'huile de foie de morue, de l'huile de baleine, etc. dans la confection de leurs produits, défend à ces industriels d'en détenir, et prescrit en outre qu'aucune savonnerie ne pourra être établie ou mise en activité sans que le Magistrat du lieu n'y fasse immédiatement appliquer les réglements relatifs à la savonnerie en vigueur à Bruges, Gand etc.

Ce placard n'empêcha pas les savonniers du plat-pays de continuer à faire une redoutable concurrence à ceux des villes ; à tel point qu'un autre placard du 8 Mars 1597 (2) édicte les mêmes mesures et qu'une ordonnance royale du 4 Septembre 1623 (3) les renouvela mais toujours sans succès.

Les merciers-ciriers de Gand se firent octroyer une ordonnance-réglement pour leur métier le 8 Octobre 1667, elle fut homologuée par décret de Charles VI en date du 29 Avril 1713 (4). L'art. 1 interdit l'entrée dans la ville de toute cire blanche ou jaune qui n'aura pas été préalable-

---

(1) Placcaerten van Vlaenderen. - II - 543.

(2) Ibid. - II - 557.

(3) Ibid. - II - 573.

(4) Recueil des Ordonnances des Pays-Bas - 3e série - II - 813.

ment expertisée, et l'art. 11 dit que nul ne peut acheter, laisser ou faire acheter des cierges ou des bougies si ce n'est chez les francs-suppôts du métier.

Les bouchers de Gand firent aussi décréter et homologuer par un acte de Charles VI du 17 Février 1724 les ordonnances de la Keure relativement à leur métier rendues le 20 Février 1686 et le 30 Octobre 1703 (1). Ces ordonnances sont édictées sous le prétexte du tort fait à la corporation par les non bouchers débitant de la viande. Mais comme le motif invoqué eût pu paraître d'un égoïsme un peu trop féroce, les bouchers firent valoir aussi et principalement qu'il fallait éviter qu'on ne livrât à la consommation de la viande de mauvaise qualité. Et pour obvier à ces maux possibles et éventuels les bouchers seuls sont autorisés à débiter de la viande à la Boucherie, et il est défendu d'en acheter ailleurs. Toute importation de viande est interdite.

C'était la consécration d'un monopole de plus.

*
* *

Tous ces monopoles et privilèges sanctionnés et consacrés par le pouvoir central devaient inévitablement mener à des abus criants. Et ce sont ces abus même qui, avec la concurrence du plat-pays, conduisirent à la liberté.

Le premier exemple de sanction légale de la liberté du travail que nous avons rencontré, date du commencement de la seconde moitié du XVIIIe siècle. Il est typique par la qualité même de l'employeur.

---

(1) Recueil des Ordonnances des Pays-Bas - 3e série. III 385 et 599.

En 1755 des pièces d'artillerie et des munitions devaient être transportées par eau de Gand à Malines, pour compte de l'Etat. Le munitionnaire de Gand, Waudripont, fit faire l'embarquement par des militaires, au lieu d'avoir recours aux débardeurs attitrés, les « *Kraen-Kinders,* » « attendu le prix exorbitant que ces manœuvres mettent à leur travail. » D'où mécontentement des débardeurs qui intentèrent devant le Conseil de Flandre un procès au munitionnaire. Le major d'artillerie, Walther de Waldenart, avertit aussitôt le pouvoir central et le 28 Avril 1755 (1) Charles de Lorraine rendit un décret aux termes duquel il est loisible à tous ceux qui sont chargés de quelque ouvrage pour le compte du Gouvernement, de se servir de telles personnes qu'ils trouveront convenir ou qui se présentent pour travailler à plus bas prix, sans qu'il soit permis à aucun corps de métier de s'opposer à ce choix. En même temps défense était faite au Conseil de Flandre de connaître du litige pendant.

Ce fut un rude coup pour les « *Kraen-Kinders.* »

Peu d'années plus tard, Marie-Thérèse fait un nouveau pas vers la liberté, non pas au profit de l'Etat seul, mais à l'avantage de la Communauté des citoyens. Par un décret du 1er Septembre 1760 (2) elle fit défense aux corps de métier de Bruges d'affranchir dorénavant aucun ouvrier ou valet et permit aux maîtres d'employer tels ouvriers qu'il leur plaira, soit bourgeois de la ville, soit ruraux, soit étrangers. Le préambule nous

---

(1) Recueil des Ordonnances des Pays-Bas. - 3e série - VII - 467.

(2) Ibid. - Ibid. - VIII - 389.

apprend que ce décret fut rendu parce qu'il y avait manque de bras, qu'il existait des abus criants et plus encore parce que la même disposition avait été prise à Gand.

En 1769 la ville de Bruges sollicite du Gouvernement la suppression du métier des peaussiers, chamoisiers, mégissiers, etc. de son ressort. Un décret de l'Impératrice du 24 Août 1769 (1) acquiesca à cette demande, sur avis conforme du Conseil privé qui déclare « que l'essor de l'industrie et du commerce est entravé par les privilèges et les droits exclusifs des métiers. »

Un autre décret de Marie-Thérèse du 15 Septembre 1774 (2), aussi relatif à Bruges, statue que le droit exclusif du métier des chapeliers de Bruges ne porte pas sur la vente des chapeaux fabriqués ailleurs. Celle-ci est libre.

Peu de mois plus tard, soit le 13 Juillet 1775 (3), sur rapport au sujet des représentations des maîtres-chapeliers de quelques villes contre les prétentions des « soi-disant francs garçons chapeliers », soutenant qu'ils doivent être employés à la fabrication des chapeaux, exclusivement à tous autres — « prétention contraire à la liberté du commerce et à la faveur due à l'industrie et qui tend à la destruction de la fabrication des chapeaux. » — Marie-Thérèse rendit une autre ordonnance aux termes de laquelle les chapeliers de Bruxelles, Louvain, Malines, Gand, etc. peuvent employer tels ouvriers que bon leur semble, tant indigènes qu'étrangers, sans distinguer s'ils

(1) Recueil des Ordonnances des Pays-Bas, - 3e série - IX - 526.

(2) Ibid. - Ibid. - X - 500.

(3) Ibid. - Ibid. - XI - 51.

ont appris le métier dans la ville même ou ailleurs. Il est en outre interdit aux ouvriers ayant appris leur métier dans ces mêmes villes, d'exclure directement ou indirectement des manufactures les ouvriers quelconques qui y sont employés et de molester à ce sujet soit les maîtres, soit les ouvriers, sous peine d'être réputés perturbateurs du repos public et d'être châtiés comme tels.

C'était la proclamation de la liberté complète, mais pour un métier seulement. Un décret de l'Impératrice du 16 Juin 1778 (1) alla plus loin en éconduisant de leurs prétentions les métiers d'Alost qui demandaient que nul ne fut admis à exercer un métier dans le rayon de cette ville et de sa pointabilité, s'il n'était franc de la ville même.

D'ailleurs depuis le 26 Mars 1772 (2) un décret de l'Impératrice avait déjà supprimé l'apprentissage obligatoire dans le métier des retordeurs de Gand. Il suffisait d'avoir fait le chef-d'œuvre pour être reçu.

*
* *

Comme on le voit, la concurrence du plat-pays, où le travail était absolument libre, avait porté de rudes coups aux métiers urbains dans toutes les branches de l'activité industrielle. Si pendant quelque temps les corporations des villes avaient cru résister à cette ruée en obtenant de l'Etat des mesures prohibitives, elles furent finalement

---

(1) Recueil des Ordonnances des Pays-Bas. - 3e série - XI - 275.

(2) Ibid. - Ibid. - X - 243.

submergées par l'assaut des ruraux contre leurs privilèges. C'est ainsi que nous voyons dans la seconde moitié du XVIIIe siècle le Gouvernement suivre les aspirations du plat-pays vers la liberté du travail, et sanctionner l'existence de celle-ci par des décrets successifs qui devaient promptement amener la disparition du monopole des corporations de métier.

Si maintenant nous jetons un coup d'œil sur le terrain commercial proprement dit, nous voyons la même lutte se dérouler, aussi âpre et aussi ardente, pour aboutir également au triomphe du principe de la liberté.

Ici encore nous nous bornerons aux exemples qui nous paraissent le plus frappants.

Au mois de Mai 1555 Charles-Quint octroya au village de Lokeren, situé à trois milles de Termonde et à quatre milles de Gand, la tenue d'un marché hebdomadaire. Cet octroi excita la colère de ces deux villes. Peu après la mort de Charles-Quint les Termondois commencèrent à ravager Lokeren et les environs, puis d'accord avec les Gantois ils intentèrent un procès au Magistrat de Lokeren, à ceux des seigneuries y enclavées et aux manants de la paroisse aux fins de voir annuler l'octroi accordé. D'après une tradition populaire ce litige dura cent et neuf ans et se termina par la victoire des ruraux (1).

---

(1) Pour ce qui concerne l'octroi du marché de Lokeren, voir - Annales du Cercle Archéologique du Pays de Waes, - Tome II - pp. 229 ss.

Ce qu'il y a de plus important dans cette affaire, ce n'est certes pas la durée séculaire du litige, mais ce sont bien les arguments que l'on fit valoir de la part des villes, d'autant plus que dans n'importe quelle circonstance où il s'agissait de difficultés économiques entre les villes et le plat-pays, ce sont toujours les mêmes doléances de la part des premières. Les voici dans l'espèce qui nous occupe : Lokeren se trouve au bord d'une rivière qui permet la communication par eau entre Anvers et Gand, Termonde également. Mais cette dernière ville est fort ancienne et possède des privilèges qui remontent à la plus haute antiquité, elle lève des droits de tonlieu, de pont, d'assise (droit de place au marché), de pavé et plusieurs autres qui lui sont absolument nécessaires pour pouvoir entretenir ses remparts et payer les aides et subsides au souverain. D'autre part le commerce local de Gand et de Termonde va énormément souffrir, car les manants de Lokeren qui venaient autrefois s'approvisionner dans ces villes le feront dans leur paroisse, ainsi que ceux de plusieurs villages voisins. Les maisons urbaines ne trouveront plus de locataires, les propriétaires seront ruinés et Sa Majesté ne parviendra plus à se faire payer ses impôts. De plus, les céréales et les matières alimentaires au lieu de se concentrer, pour la vente, dans les villes, s'éparpilleront entre les mains des revendeurs, deviendront l'objet d'accaparements et renchériront tellement que la famine est à craindre.

Les ruraux, eux, trouvaient qu'il était vexatoire de leur imposer des déplacements lointains et onéreux pour se fournir d'ustensiles, de vêtements, etc. L'existence des marchés ruraux fera prospérer l'agriculture, enrichira le pays, fera augmenter la valeur des propriétés et fera croître le bien-être général. D'ailleurs la liberté du commerce est de droit naturel.

Comme on le voit, c'était la lutte entre le protectionnisme le plus étroit et la liberté la plus large.

Nous allons examiner comment de part et d'autre on poursuivit la réalisation de ces théories si contradictoires.

Nous ne voulons pas énumérer ici tous les placards, décrets et ordonnances qui interdisaient presque périodiquement la sortie des grains et le commerce des céréales au plat-pays, tantôt sous prétexte de guerres, tantôt pour motif de cherté et de rareté. Il importe cependant de dire un mot de quelques unes d'entre elles. La première ordonnance que nous rencontrons pour cette période de trois siècles qui nous occupe, nous démontre clairement que les causes de prohibition alléguées dans les innombrables décrets qui se suivirent, ne furent pas l'expression de la réalité. En effet, cette ordonnance, datée du 14 Février 1512 (1513 n. s.) (1), rendue sur les représentations de ceux de Gand, Bruges et Ypres porte qu'il ne convient, ni n'est permis à qui que ce soit d'établir et d'entretenir des marchés au plat-pays et hors des villes privilégiées pour y vendre, acheter ou livrer des céréales soit ouvertement, soit subrepticement *(bedectelic)* à cause du dommage financier causé aux villes, auxquelles le produit des droits de marché doit servir pour le paiement des impôts *(domeynen en subventien)* et aussi parce que les marchés urbains seront finalement ruinés et tom-

(1) Recueil des Ordonnances des Pays-Bas. - 2e série - I - 240.

beront au néant ; ce décret, disons-nous, défend de tenir des marchés en dehors des villages et autres lieux où il s'en est tenu de temps immémorial.

Mais cette dernière prescription ne subsista pas longtemps. Dès le 26 Novembre 1520 (1) la « clause de style », pourrait-on dire, fut : la vente et l'achat des céréales sont interdits ailleurs qu'aux marchés des villes closes. D'autres dispositions non moins vexatoires pour les ruraux se rencontrent dans ces ordonnances. Une des plus souvent édictées est la suivante : tous marchés de grains sur pied ou en grange sont nuls et abolis (2) ; d'autres fois, la vente sur échantillon comportant plus que l'existence au marché du jour est défendue (3) ; d'autres fois encore il est interdit de vendre plus que pour les besoins de l'acheteur ; quelquefois enfin il est ordonné aux manants du plat-pays de porter toutes leurs céréales aux marchés des villes, ou bien de les y déposer et ils ne peuvent garder à leur disposition qu'une provision de blé pour un temps variant entre un et trois mois (4). A certain moment cependant le commerce des céréales est déclaré libre, à condition qu'elles soient vendues aux marchés publics ; mais il faut qu'il en reste une quantité suffisante dans le pays pour que les habitants puissent se les pro-

---

(1) Recueil des Ordonnances des Pays-Bas. - 2e série - II - 43.

(2) Plac. du 23 Sept. 1531 (Plac. van Vlaeu. I. 638) ; Plac. des 8 Mai 1532, 8 Octobre 1535, 24 Novembre 1544, (Ibid. I. 641 ss.); Plac. du 10 Septembre 1597 (Ibid. II. 588) ; Plac. du 16 Juillet 1699 (Ibid. VI. 852); Plac. du 26 Août 1709 (Ibid. VI. 861) etc.

(3) Plac. du 17 Décembre 1589 (Plac. van Vlaend. IV. 950).

(4) Voir les placards énumérés supra, note 2.

curer à prix raisonnable et ne soient pas victimes de « l'avarice et cupidité des censiers » (1).

Les aliments étaient l'objet des mêmes mesures restrictives au profit des villes et au détriment du plat-pays.

Des lettres patentes du 13 Avril 1515 (2) prohibèrent le « revendaige » des « chairs, poissons, buere, vollilles ne autres choses » sous prétexte de cherté.

Le 8 Mai (3) de la même année, sous le même prétexte, un placard interdit de vendre et d'acheter en gros au plat-pays : du beurre, du fromage, des porcs, des moutons et autres animaux, ainsi que l'orge, les haricots, les pois etc. Toutes ces denrées doivent être portées et vendues aux marchés des villes closes. Les dispositions de ce placard furent renouvelées le 12 Octobre 1598 (4). Ces édits furent loin de produire ce qu'on en attendait, et tout en nuisant considérablement à la prospérité du plat-pays, ils firent un tort considérable à certaines catégories de marchands urbains. C'est ainsi que par une déclaration du 12 Mars 1599 (5) édictée sur les plaintes des bouchers des villes, le commerce du bétail fut déclaré libre...mais pour les bouchers seulement.

C'était une consécration nouvelle du monopole et des privilèges d'une corporation au détriment de la masse.

---

(5) Ordonnance de Charles VI, du 22 Janvier 1726 (Recueil des Ordonnances des Pays-Bas, 3e série. IV. 3).

(2) Recueil des Ordonnances des Pays-Bas. - 2e série - II - 43.

(3) Placcaerten van Vlaenderen, - I - 691.

(4) Ibid. - II - 594.

(5) Ibid. - II - 596.

Cette question de la cherté des aliments fut d'ailleurs toujours une cause de récriminations de la part des urbains. Ceux-ci se plaignaient encore en 1766 que le beurre, les œufs et les autres produits de la ferme leur coutaient plus cher qu'aux ruraux, à cause précisément des achats faits en gros à la campagne par les revendeurs. Ils exigeaient que toutes ces denrées ne pussent être vendues qu'aux marchés des villes. Ici encore le prétexte invoqué était « l'avarice et la cupidité des censiers » (1).

Le commerce des bois de construction et des combustibles fut aussi l'objet de vexations successives.

Une ordonnance du 10 Septembre 1525 (2) édicte que le bois à brûler, la tourbe et autres combustibles ne peuvent être vendus en gros au plat-pays, le commerce n'y est permis que pour la consommation. Le surplus doit être transporté et vendu aux marchés urbains.

Un placard du 11 Janvier 1548 interdit d'acheter du bois de chauffage pour le revendre, dans le rayon de deux milles des villes. Tous contrats relatifs à ces marchés sont nuls (3).

Enfin un décret du 16 Octobre 1715 (4) apporte de nouvelles restrictions au commerce des bois en statuant que le bois « crû » ne pourra être vendu aux marchés par quantité d'une valeur moindre que 3 L de gros.

---

(1) Archives de l'Etat à Gand. - Pays de Waes. - Reg. 2926 passim.

(2) Placaerten van Vlaenderen, - II - 586.

(2) Placaerten van Vlaenderen, - I - 682.

(4) Ibid. - IX - 926.

C'était monopoliser le commerce du bois et des combustibles entre les mains de quelques gros marchands.

Aussi vers 1772 les charpentiers etc. de Gand, appuyés par les Echevins de la Keure représentent-ils au Gouvernement qu'il y a « un demi-siècle et contre tous les principes qui doivent diriger le commerce et l'industrie dans les villes, cinq à six personnes se sont emparées du négoce des bois servant aux ouvrages dans cette ville....» Il fut fait droit à cette requête par un décret de Marie-Thérèse en date du 26 Septembre 1772 (1) accordant pleine liberté à tous de faire le commerce des bois à Gand, sans être assujetti à aucun corps de métier.

Un autre commerce spécial fut aussi l'objet de restrictions de la part du Gouvernement. Par lettres-patentes de l'Empereur Maximilien du 29 Mars 1508 (1509 n. s.) (2), renouvelant une ordonnance des Echevins de Gand de 1413, il est défendu de vendre du fil de lin dans des couvents, des béguinages ou dans quelque autre lieu de Gand ou en dehors pour en laisser trafiquer. Ces lettres-patentes avaient été accordées sur les supplications du métier des tisserands de coutil. Ceux-ci prétendaient que le commerce qu'en font les revendeurs *(voorcoopers)* en fait hausser le prix de deux ou trois deniers *(penninck)*.

* * *

(1) Recueil des Ordonnances des Pays-Bas, - 3e série - X - 307.
(2) Ibid. - 2e série - I - 81.

Si nous passons du trafic de quelques articles spéciaux au commerce en général, nous nous trouvons immédiatement devant une situation identique : protection et monopole au détriment du plat-pays.

Par lettres-patentes du 4 Avril 1514 (1515 n. s.) (1), renouvelant d'autres lettres-patentes du 27 Février 1432 et du 22 Décembre 1507 (2), Charles, prince d'Espagne, sur les représentations du Magistrat de Gand, des doyens, jurés et suppôts des métiers, défend à quiconque d'exercer le commerce dans le rayon d'une lieue de la ville, s'il n'y est franc.

Peu d'années après, le 29 Avril 1523 (3), l'Empereur confirme par lettres l'octroi de Jean-sans-Peur du 3 Avril 1410 (1411 n. s.), en vertu duquel nul ne pouvait, à moins d'appartenir à un métier, tenir taverne, ni brasser, ni vendre du vin ou de la cervoise dans le rayon d'une lieue de la ville d'Ypres. Cet octroi accordé pour arrêter la ruine de la ville ne put empêcher le désastre final.

Deux siècles plus tard, d'autres mesures restrictives furent prises en vue de favoriser le commerce urbain. Un placard du 10 Janvier 1724 (4) édicte qu'aucune marchandise venant de l'extérieur ne peut être déchargée au plat-pays. Elles doivent être transportées dans les villes closes.

C'était par le fait même, interdire tout commerce aux habitants de la campagne. Et tel était bien le but que

(1) Recueil des Ordonnances des Pays-Bas - 2e série - I 349.
(2) Ibid. Ibid. - II 28.
(3) Ibid. Ibid. - II 274.
(4) Placcaerten van Vlaenderen - IX - 1129.

poursuivaient les Villes et les Etats de Flandre. En 1733 (1) ces derniers présentèrent requête au Gouvernement pour obtenir l'interdiction de la tenue de tous marchés et de tout négoce quelconque dans les faubourgs et au plat-pays. L'argumentation de cette requête mérite qu'on s'y arrête : Depuis quelques années les villes se sont tellement dépeuplées qu'elles ne sont plus en état de faire face à leurs charges par suite de la diminution constante, faute de consommation, de leurs accises et impôts. Le nombre des maisons inoccupées est considérable, leurs propriétaires ne sont pas seulement privés de leurs revenus, mais ils doivent entretenir leurs immeubles et payer les impôts qui frappent ceux-ci. De là un avilissement général dans le prix des maisons et, par contre-coup, des loyers. Il en résulte que les propriétaires et les rentiers qui n'ont pas d'autres ressources, sont réduits à la misère, eux et leurs familles. La cause de ces malheurs est que les habitants du plat-pays « *qui devroient s'occuper de la culture des terres et nourrir du bétail* », ont la prétention de se livrer au commerce « *des marchandises, fabriques et denrées* », alors que le négoce ne peut se faire que dans les villes closes. Ce « *renversement d'ordre* » expose la province à une ruine certaine et totale. Les faubourgs et les villages sont remplis d'artisans et leurs boutiques garnies de toute espèce de marchandises et « *fabriques* ». Les habitants des villes et des villages vont y faire tous leurs achats à plus bas prix que dans les

(1) Cf. G. Willemsen et Em. Dilis. — Un épisode de la lutte économique entre les villes et le plat-pays de Flandre dans la seconde moitié du XVIIIe siècle (Annales du Cercle Archéologique du Pays de Waes - Tome XXIII - pp. 273 ss.)

villes, parce que les marchandises n'y paient d'abord ni les droits urbains, n ceux de Sa Majesté ; enfin, la totalité de ce qui se vend au plat pays y a été introduit par contrebande et, souvent même, provient de vol.

Cette argumentation n'était pas neuve. Elle avait déjà servi, en termes à peu près identiques en Flandre au XIVe siècle et en Brabant au XVe, dans le but d'arriver à un résultat semblable (1). Elle est encore utilisée par le Magistrat de Gand pour obtenir les lettres par lesquelles l'Empereur et l'archiduc Charles lui permettent, le 12 décembre 1514 (2), de percevoir les sommes nécessaires pour racheter les rentes que les forains et les étrangers avaient à charge de la ville. Les échevins gantois avaient, en outre, fait valoir que les arrérages ne sont pas dépensés à Gand par les crédirentiers, et que ceux-ci, en cas de retard dans le paiement des intérêts, font saisir des bourgeois de Gand et leurs marchandises.

*
* *

Nous venons de voir qu'un des principaux arguments des villes et notamment de Gand, pour obtenir la prohibition de tout commerce au plat-pays, consistait à faire valoir que les marchandises qui y étaient vendues, ne payaient pas les droits urbains : *pontgelt.*

La dénomination de ces droits fut modifiée en ce qui concerne Bruges, par ordonnance du 30 avril 1594 et

---

(1) Cf. Des Marez - op. cit. - pp. 422 ss.

(2) Recueil des Ordonnances des Pays-Bas - 2e série - I - 304.

changée en *stickgelt* (1). Les francs-bourgeois *(vrye poorters)* de la ville en sont exempts.

Une ordonnance du 7 Juin 1644 (2) exempta de même les bourgeois et habitants *(poorters ende inwoonders)* de Gand de tous droits de tonlieu perçus dans la ville, sous quelque nom qu'ils puissent exister (*Zeeuwsche thollen, water thollen, veurthollen, gheleyden, peerdtgelden, ridder thollen, wyn thollen, walle thollen)* et même de ceux existant sous une dénomination déguisée, telle que : *lastghelt, verificatieghelt, annotatieghelt, boeckghelt, stoopghelt, royngheIt, sendeghelt*, etc., etc. Cette exemption fut accordée parce que les Gantois avaient consenti un prêt hypothécaire sur les tonlieux existants et à venir.

Si les Brugeois et les Gantois étaient exempts de tous droits de ville, ils n'avaient garde de cesser de les faire payer sur les marchandises du plat-pays entrant chez eux.

Cette perception donna lieu aux récriminations constantes des industriels ruraux, tant et si bien qu'un décret de Charles de Lorraine du 26 Juin 1756 (3) exempta toutes manufactures indigènes du *pontgelt* de Gand, à condition qu'elles fussent accompagnées d'un certificat d'origine émanant du fabricant.

Cette fois ce furent les Gantois qui se plaignirent amèrement. Et, malgré le décret, ils continuèrent à faire payer les droits, si bien que le comte de Cobenzl fut obligé d'en rendre un nouveau le 11 Mars 1758 (4), confir-

---

(1) Placcaerten van Vlaenderen - IV - 723.
(2) Ibid. - IV - 740.
(3) Ibid. - IX - 683.
(4) Ibid. - IX - 683.

mant le précédent et faisant défense au Magistrat de Gand de présenter encore aucune réclamation ou représentation à cet égard, lui annonçant qu'elles ne seront plus reçues.

La perception des droits n'en continua pas moins, et elle ne cessa qu'à la suite d'une ordonnance du Conseil des domaines et finances du 7 Mars 1774 (1), qui revint purement et simplement au décret du 26 Juin 1756, sauf quelques dispositions spéciales pour les marchandises de provenance étrangère.

Cette fois encore, ce fut une victoire économique pour le plat-pays, qui n'avait pas un instant cessé de soutenir que la liberté du commerce est de droit naturel, et qui sut faire partager ses convictions par le Gouvernement (2).

Nous croyons pouvoir conclure de tous ces faits que l'industrie urbaine ne parvint pas, malgré ces tentatives continues, à annihiler, ni même à diminuer les progrès de l'industrie rurale. Au contraire, celle-ci ne fit que gagner en importance et en prospérité, à mesure que sa concurrente des villes voyait sa déchéance s'accuser de plus en plus. Il ressort aussi de ces faits que la chûte de l'une est due à l'esprit de routine et au manque d'initiative de ceux qui l'exerçaient et qui prétendaient ne tenir

(1) Archives de l'Etat à Gand - Pays de Waes - Reg. 2926 - f[iis] 96 ss.

(2) Cf. G. Willemsen et Em. Dilis. - Op. cit.

aucun compte des désirs du consommateur, dès que ceux-ci rompaient avec la pratique séculaire du producteur, tandis que l'ascention de l'autre était la conséquence de la liberté du travail dont elle jouissait et des efforts qu'elle faisait pour approprier sa production aux goûts du preneur.

Quant aux corporations de métier même, elles ne répondaient plus, déjà au XVe siècle, à aucune nécessité sociale, et elles avaient perdu tout caractère propre à la fin du XVIIIe (1). Elles se désagrégèrent lentement, et dans la seconde moitié du XVIIIe siècle, les abus qui y régnaient et les exigences de leurs « *suppôts* » avaient obligé le Gouvernement à entrer dans la voie de la liberté du travail, d'abord en ce qui concernait les travaux qu'il faisait exécuter, ensuite en ce qui regardait la masse. Aussi peut-on se demander si les corporations de métier furent, en réalité, supprimées en Flandre à la suite des événements de 1789 et si elles n'avaient pas déjà disparu de fait, et déjà bien antérieurement.

En ce qui concerne le commerce proprement dit, nous l'avons vu prospérer au plat-pays, alors qu'il dépérissait dans les villes, malgré les efforts de celles-ci.

En un mot, l'issue de cette lutte fut le triomphe de la liberté pure et simple sur la liberté du monopole et du privilège.

(1) Cf Des Marez. - Op. cit.

TABLE DES MATIÈRES

PAGES

Comité d'honneur du Congrès IV

Bureau de la Société Dunkerquoise VIII

Commission d'organisation du Congrès. . . . IX

Liste des adhérents. X

Ouvrages envoyés XL

Compte-rendu du Congrès. 1

Travaux du Congrès 61

L. Lefebvre. — Le Brunin, *Société Littéraire Lilloise* 63

C. Looten. — Trois manuscrits du Comité Flamand concernant la Rhétorique Berguoise dite “ de Roeyaerts ” 113

C. Looten. — La Bibliothèque de Bouchette. . 121

J. Dewachter. — Recul du français en Belgique à notre époque 125

A. de Cannart d'Hamale. — Jean Cannart, Chancelier de Bourgogne 139

C. Richard. — Le Clergé et l'application de la Constitution civile (1789-1792) 147

PAGES

Dr Lancry. — La Dot Agraire Communale à Fort-Mardyck et à Beuvraignes 163

Ch. Petit-Dutaillis. — Les Lettres de rémission des Ducs de Bourgogne 187

J. de Pas. — Les Coches d'eau de St-Omer vers Dunkerque et les autres Villes de la Flandre Maritime aux XVIIe et XVIIIe Siècles . . . 195

Baron de Maere d'Aertrycke. — Considération sur la Bataille de Dunkerque ou des Dunes (1658) 239

Baron de Maere d'Aertrycke. — Mémoire relatif aux dates des inondations dans la plaine maritime Franco-Flamande 245

H. Douxami. — L'origine et la formation du Pas-de-Calais 267

P. Lennel. — L'assistance publique à Calais de 1659 à la Révolution. 293

G. Willemsen. — Contribution à l'histoire de la lutte économique entre les villes et le plat-pays de Flandre aux XVIe, XVIIe et XVIIIe siècles 327

Table des matières 367

www.ingramcontent.com/pod-product-compliance
Lightning Source LLC
Chambersburg PA
CBHW060957220326
41599CB00023B/3743

* 9 7 8 2 0 1 4 5 1 1 8 4 0 *